教育部区域国别研究中心（备案）洛阳师范学院意大利研究中心资助
洛阳师范学院河洛文化特色学科资助
洛阳师范学院河洛文化专题数据库暨通俗读物资助
洛阳师范学院国家级项目培育基金（项目号：180131211053）资助

突尼斯政治转型研究

李竞强 著

中国社会科学出版社

图书在版编目(CIP)数据

突尼斯政治转型研究 / 李竞强著. —北京：中国社会科学出版社，2020.10（2025.6 重印）

ISBN 978 – 7 – 5203 – 6736 – 3

Ⅰ.①突⋯　Ⅱ.①李⋯　Ⅲ.①政治体制改革—研究—突尼斯　Ⅳ.①D741.421

中国版本图书馆 CIP 数据核字（2020）第 113434 号

出 版 人	赵剑英
责任编辑	范晨星
责任校对	李　剑
责任印制	李寡寡

出　　版	中国社会科学出版社
社　　址	北京鼓楼西大街甲 158 号
邮　　编	100720
网　　址	http://www.csspw.cn
发 行 部	010 – 84083685
门 市 部	010 – 84029450
经　　销	新华书店及其他书店
印　　刷	北京明恒达印务有限公司
装　　订	廊坊市广阳区广增装订厂
版　　次	2020 年 10 月第 1 版
印　　次	2025 年 6 月第 2 次印刷
开　　本	710 × 1000　1/16
印　　张	18.75
插　　页	2
字　　数	298 千字
定　　价	99.00 元

凡购买中国社会科学出版社图书，如有质量问题请与本社营销中心联系调换
电话：010 – 84083683
版权所有　侵权必究

序

突尼斯是北非马格里布地区最北端的一个蕞尔小国，但在北非古代史上，它又是闻名遐迩的迦太基帝国的诞生地，并且创造了彪炳史册的迦太基文明。在近代，突尼斯自1881年沦为法国的"保护国"，经历了法国长达75年的殖民统治和全民族长期不懈的浴血抗争，最终于1956年摆脱殖民枷锁获得独立。独立后的突尼斯共和国，在"国父"布尔吉巴的领导下，选择了宪政社会主义的发展道路，并在政治、经济、社会、宗教和文化等诸领域全面推动突尼斯历史的演进。由于突尼斯独特的历史叙事及其自身的禀赋和国情，突尼斯的发展道路特别是它的政治发展和嬗变，在北非马格里布地区独树一帜，颇具典型性和一定的代表性，因而很值得进行系统和深入的探究。

《突尼斯政治转型研究》一书正是作者对突尼斯政治发展进行系统和深入研究的一种尝试。一般来说，政治学的研究范畴通常被粗略地划分为两大类：一类认为政治学是研究社会中各类政治关系的科学，是关于社会政治及其发展规律的科学，或是研究社会各种政治势力关系发展规律的科学；另一类认为政治学的研究对象是国家，或以国家为中心的各种政治现象和政治关系。显然，本书的主要研究对象属于后者，其聚焦点是国家的政治体制、行政机构、政党制度，以及影响政治体制发展演变的各种要素等。本书的总体框架由七章构成，开篇以近代以来突尼斯的政治改革为铺垫，追溯了突尼斯近代的政治变革历程。在此基础上，重点探讨了突尼斯共和国建立后的政治发展。涉及内容主要包括：现代突尼斯政治体制的形成与社会经济的互动；突尼斯行政机构的改革；突尼斯的政党制度；军队与安全机构的政治地位；社会组织和国际政治对突尼斯政治体制嬗变的作用等。整体上看，本书在占有大量翔实文献史料和各种相关信息资源的前提下，通过对现代突尼斯政治发展不同阶段中若干重大问题的多维度比较研究，大致勾勒出突尼斯政治发展的脉络和演进轨迹。同时，书中对某些问题的论述和解析也提出了一些具有新意或"自得之见"的观点和看法，体现了作者对现代突尼斯政治发展的深刻认知。

关于突尼斯的政治转型研究，是竞强在攻读硕士和博士学位期间一直关注的问题，并为此长期刻苦钻研，辛勤耕耘，在国内一些学术刊物陆续发表了多篇相关论文：诸如《突尼斯政治民主化中的欧洲因素探析》《论突尼斯政治伊斯兰的历史演进和政治影响》《试论民主转型时期突尼斯的政党制度》《突尼斯民主转型时期的安全治理》，等等。即将付梓的《突尼斯政治转型研究》一书，实际上也是他对自己长期专注于突尼斯政治发展研究的一个初步总结，抑或是他对前期研究积淀的汇总。本书的雏形源于2014年的毕业博士论文《现代突尼斯政治改革研究》，后来几年又经过多次的补充和修改，最终形成此书。由于目前国内世界史学界对突尼斯的研究一直处于薄弱和边缘状态，本书的出版将丰富国内世界史学科的研究内容，同时也能对国内相关学界和同行进一步深化突尼斯政治发展问题的探索提供有益的参考和借鉴。

坦率地说，本书依然稚嫩。但凡一种成熟和独辟蹊径的研究，除了需要掌握丰富的图书文献史料、大量前沿研究成果和信息外，还需要一种超常的视野和"审美观"，以及缜密的因果逻辑思维和判断力，唯此才能使相关立论中肯贴切、严丝合缝，客观反映事物的原貌，从而具有说服力和可信性。确实，以这样的标准来衡量，《突尼斯政治转型研究》一书尚存缺憾和不足。例如，书中对布尔吉巴和本·阿里这样的重要人物在突尼斯政治发展不同阶段所发挥作用的整体解析和评估还不够充分和严谨，有些阐释甚至令人产生前后不能互为支撑乃至彼此矛盾和自我否定的感觉。这些缺憾和不足折射出作者在科学攀登的道路上仍然需要不断地磨炼和反思，渐次强化治学悟性，努力实现自我超越。当然，所有这一切的大前提是要立志高远，不能满足现状，并且善于在迷惘和困顿中寻找新的科研突破点。我相信，在未来的治学道路上，竞强会在已有科研积淀的基础上，设定更高的奋斗目标，坚持不懈地朝着既定的方向迈进。

是为序。

王铁铮
2020 年 8 月于西北大学中东研究所

目 录

绪 论 ……………………………………………………………（1）
  一 研究缘起 …………………………………………………（1）
  二 理论线索 …………………………………………………（7）
  三 研究维度 …………………………………………………（11）
  四 文献回顾 …………………………………………………（19）
  五 研究思路 …………………………………………………（30）

第一章 近代以来突尼斯政治改革 ……………………………（33）
  第一节 侯赛因王朝改革 ……………………………………（33）
    一 "自治"与"独立"的艰难抉择 ………………………（33）
    二 早期现代化尝试 ………………………………………（35）
    三 宪法的引入和实践 ……………………………………（36）
  第二节 法国殖民改造 ………………………………………（39）
    一 "保护国"下的双轨制 …………………………………（39）
    二 殖民经济的调整与发展 ………………………………（40）
    三 同化政策的实施 ………………………………………（42）
  第三节 突尼斯改革主义传统 ………………………………（43）
    一 突尼斯改革主义传统的形成 …………………………（43）
    二 突尼斯改革主义传统中的宪法因素 …………………（44）
    三 突尼斯政治改革中的世俗化与西化倾向 ……………（44）
  第四节 突尼斯的政治变革 …………………………………（45）
    一 突尼斯政治变革的发生 ………………………………（45）
    二 突尼斯进入政治过渡 …………………………………（50）

三　联合政府的执政实践 …………………………………… (54)
　　四　埃塞卜西新政 ………………………………………… (60)
本章小结 ……………………………………………………… (67)

第二章　现代突尼斯政治体制的形成及与社会经济的互动 ……… (69)
第一节　现代突尼斯政治体制的形成 ………………………… (69)
　　一　现代突尼斯政治体制形成的多重因素 …………………… (69)
　　二　现代突尼斯政治体制的结构 ……………………………… (72)
　　三　现代突尼斯政治体制的特点 ……………………………… (75)
第二节　现代突尼斯的社会政策 ……………………………… (77)
　　一　民粹主义政策 ……………………………………………… (78)
　　二　法团主义政策 ……………………………………………… (79)
　　三　侍从主义政策 ……………………………………………… (81)
第三节　现代突尼斯民族经济的建立与转型 ………………… (82)
　　一　突尼斯在"非殖民化"中建立民族经济 ………………… (82)
　　二　"社会主义实践"后国有经济初具规模 ………………… (84)
　　三　"改革开放"确立外向型经济模式 ……………………… (89)
　　四　"结构调整"后加速融入全球市场 ……………………… (92)
第四节　突尼斯旅游业发展战略 ……………………………… (95)
　　一　新自由主义改革与突尼斯旅游业发展战略的出台 ……… (95)
　　二　旅游业对国民经济的贡献 ……………………………… (101)
　　三　发展旅游业的负面影响 ………………………………… (106)
　　四　转型时期突尼斯旅游业的发展 ………………………… (109)
本章小结 …………………………………………………… (113)

第三章　突尼斯行政机构改革 …………………………………… (115)
第一节　"总统君主制"的建立 ……………………………… (115)
　　一　突尼斯民族国家形成的有利条件 ……………………… (115)
　　二　突尼斯民族国家构建的过程 …………………………… (116)
　　三　"总统君主制"的建立 ………………………………… (119)
第二节　行政机构改革 ……………………………………… (120)

一　"宪政社会主义"阶段行政机构大力扩充 …………… （120）
　　二　自由化过程中行政权力的变化 …………………… （122）
　　三　"新时代"技术官僚机构的形成 …………………… （124）
第三节　总统权力的变化与统治方式的变革 …………………… （126）
　　一　"布尔吉巴主义"主导下的总统制 ………………… （126）
　　二　"变革"新时代的总统制 ………………………… （128）
　　三　强人政治的强盛与没落 …………………………… （131）
　　四　布尔吉巴与本·阿里总统制的异同 ………………… （131）
　本章小结 …………………………………………………… （133）

第四章　突尼斯政党制度沿革 …………………………………… （135）
第一节　"新宪政党"与现代突尼斯政治体制的建立 …………… （136）
　　一　新宪政党的建立 …………………………………… （136）
　　二　"布尔吉巴主义"的胜利 …………………………… （137）
　　三　新宪政党1958年重组 ……………………………… （138）
　　四　新宪政党在突尼斯威权主义体制建立中的作用 …… （140）
第二节　"社会主义宪政党"与突尼斯政治体制改革 …………… （141）
　　一　1963—1964年新宪政党改革 ………………………… （141）
　　二　社会主义宪政党与"宪政社会主义试验" ………… （143）
　　三　突尼斯一党制的正式确立 ………………………… （144）
第三节　"宪政民主联盟"与突尼斯"民主化" ………………… （144）
　　一　社会主义宪政党的复兴与宪政民主联盟的建立 …… （144）
　　二　一党主导下多党制的运行 ………………………… （146）
　　三　政治改革的缓慢推进 ……………………………… （147）
第四节　突尼斯政党制度的新发展 ……………………………… （150）
　　一　中东剧变以来突尼斯政党的演变 ………………… （150）
　　二　突尼斯政党制度与政治转型的关系 ……………… （156）
　　三　突尼斯政治转型时期政党制度的现实困境 ……… （158）
　本章小结 …………………………………………………… （162）

第五章 军队与安全机构政治地位嬗变 (164)

第一节 军队与安全机构的建立 (164)
一 突尼斯军队的建立 (164)
二 突尼斯共和国沿袭法国警察制度 (166)
三 军队与安全机构的职能和作用 (167)

第二节 军队现代化和安全机构扩充 (168)
一 突尼斯军队走向现代化 (168)
二 突尼斯警察地位和作用上升 (171)
三 军队的边缘化和安全机构的渗透 (172)

第三节 转型时期突尼斯的安全困境和安全治理 (173)
一 突尼斯的多重安全困境 (173)
二 突尼斯安全困境成因 (180)
三 突尼斯安全治理及其成效 (183)
四 安全治理对突尼斯政治转型的影响 (190)

本章小结 (192)

第六章 非政府组织与突尼斯政治体制改革 (194)

第一节 突尼斯的政治社会与非政府组织 (194)
一 国家主义发展战略下非政府组织的地位与作用 (194)
二 国家对非政府组织的控制 (195)

第二节 突尼斯非政府组织的发展 (196)
一 突尼斯的公共领域 (196)
二 社会组织发展的条件与障碍 (197)
三 社会组织与政治社会的互动 (198)

第三节 突尼斯的政治参与和政治稳定 (200)
一 突尼斯政治参与机制 (200)
二 突尼斯政治参与的维度与限度 (202)
三 突尼斯的政治参与和政治稳定 (206)

第四节 突尼斯总工会的历史演变及其影响 (208)
一 突尼斯工会的发展演变历程 (208)
二 突尼斯工会对工人运动的贡献及不足 (211)

三　工会对于突尼斯政治转型的影响 …………………………（219）
　本章小结 ………………………………………………………………（227）

第七章　国际政治与突尼斯政治体制改革 ………………………（229）
　第一节　欧盟的影响 …………………………………………………（230）
　　一　欧洲国家资助突尼斯维持侍从主义体制 ……………………（230）
　　二　"欧盟—地中海民主促进机制"推动突尼斯转型 ………（232）
　第二节　美国的影响 …………………………………………………（239）
　　一　美国援助是突尼斯威权主义体制得以维持的
　　　　重要保障 …………………………………………………………（239）
　　二　美国中东战略为突尼斯提供了政治体制维系的
　　　　大环境 ……………………………………………………………（241）
　　三　美国中东北非政策间接引发突尼斯政治变革 ………………（243）
　第三节　阿拉伯—伊斯兰世界的边缘地带 …………………………（244）
　　一　现代化过程中的疏离 …………………………………………（245）
　　二　新传统主义的回归 ……………………………………………（246）
　　三　地区政治的再次聚焦 …………………………………………（248）
　本章小结 ………………………………………………………………（250）

结　论 ………………………………………………………………（252）
　　一　现代突尼斯的政治演变 ………………………………………（252）
　　二　突尼斯政治改革的成就与失误 ………………………………（253）
　　三　突尼斯发生政治变革后的政治走向 …………………………（255）
　　四　突尼斯政治转型的前景探析 …………………………………（257）

参考文献 ……………………………………………………………（269）

附录　突尼斯大事年表 ……………………………………………（278）

后　记 ………………………………………………………………（288）

绪 论

一 研究缘起

突尼斯位于非洲北端，西与阿尔及利亚为邻，东南与利比亚接壤，北、东临地中海，隔突尼斯海峡与意大利相望，海岸线全长1300公里。突尼斯国土面积162155平方公里，人口1070万（2011年），90%以上为阿拉伯人，其余为柏柏尔人。阿拉伯语为国语，通用语为法语。伊斯兰教为国教，主要是逊尼派，少数人信奉天主教、犹太教。[①] 突尼斯国土虽小，人口虽少，但仍不失为一个伟大的国家。突尼斯不仅是一个有着悠久历史的文明古国，而且在现代史上也居于重要地位。迦太基曾在这片土地上创造了辉煌历史，法蒂玛王朝曾在此立足，狮王查理曾在此折戟，沙漠之狐曾在此遁迹。突尼斯境内既有古罗马斗兽场遗址，也有著名的凯鲁万古城。在这片土地上，汇集了罗马、希腊、伊斯兰和希伯来等多种文明。突尼斯是文明交往当之无愧的基地之一。

同时，突尼斯也是一个具有自己独特风格的国家。从17世纪开始，突尼斯就以一个实际上的独立国际关系行为体处理国内事务和参与国际事务。从19世纪开始突尼斯便尝试进行现代化。先是军事现代化，后来扩展到政治领域的现代化。突尼斯的"立宪"传统历经几代民族主义者，一直延续至今。突尼斯作为法国曾经的保护国，深受西方文化影响，建国后在西化的道路上走得很远。世俗化和西方化曾是现代突尼斯的标签。

然而，国内尚缺乏对这个非洲国度的全面研究。这一方面是由于突

[①] http://www.fmprc.gov.cn/mfa_chn/gjhdq_603914/gj_603916/fz_605026/1206_606308/.

尼斯国土面积狭小、人口规模小、资源贫乏和国际地位较低的现实原因；另一方面也反映了国内非洲研究力量的缺乏。学界在优先关注大国和关键国家的同时难免忽视对一些小国的研究。不过，笔者有意在这个陌生的领域"探险"。

中东北非陷入政治动荡以来，国内外学术界投入了很大的精力关注这个北非弹丸小国。但是，更令学界感兴趣的是突尼斯的政治体制。毫无疑问，突尼斯当前的变革植根于其历史。但这个过程是如何展开，又是如何裂变的？恐怕必须追溯现代突尼斯政治体制的改革过程了。这也是本书的出发点。转型问题是阿拉伯国家面临的共同课题。第二次世界大战以来，随着民族独立和国家体系的建立，从传统到现代的转型便一直伴随着阿拉伯国家的发展。国际形势的变化不仅为阿拉伯国家的转型增加了内容，而且加剧了这种趋势。美苏冷战分裂了阿拉伯阵营，而冷战的结束则推动了阿拉伯国家的分化。2001年"9·11"事件爆发后，国际形势发生了新的变化，阿拉伯国家既受到了恐怖主义的威胁，也被迫为恐怖主义买单，政治转型出现了新的历史轨点。2008年国际经济危机爆发，阿拉伯国家从20世纪70年代引进的新自由主义发展模式遭遇了前所未有的危机，因而面临新的转型挑战。因此，一方面，总结归纳阿拉伯国家转型的共性特征，挖掘其历史根源构成了转型问题研究的主要任务；另一方面，比较分析不同阿拉伯国家转型的个性特点，深度解析其经验教训，形成了转型问题研究的重要目标。

中东北非国家虽然以伊斯兰文化为纽带联系在一起，被作为国际政治中的一个次体系，但这一区域内的许多国家都有自己的独特特征。突尼斯虽然地狭人少，但是历史悠久，文明交往经验丰富。突尼斯作为一个地中海国家，受到了迦太基、罗马、希腊、阿拉伯、伊斯兰、奥斯曼所代表的多个文明的熏陶。突尼斯的民族性中拥有多个文明的基因。同时，突尼斯种族单一，是中东北非国家中同质性最高的国家之一。交往的深度和广度，与独特的民族性是突尼斯进行制度文明创新的基础。

作为中东政治变革先行者的突尼斯，改革主义是突尼斯近现代历史发展的一条主线。不仅其政治、经济、社会的发展有赖于此，而且几代改革家的实践使得改革主义成了突尼斯的政治传统之一。改革主义被视作当代政治的合法性根源之一。

现代突尼斯政治变革的源头在于19世纪中叶的现代化改革。突尼斯是中东北非地区第一批开始现代化的国家之一。与奥斯曼帝国、埃及一样，突尼斯的现代化改革肇始于军事现代化。1837年，艾哈迈德贝伊开启了突尼斯的现代化。突尼斯首先从军事领域着手，不仅建立了常备军，而且还成立了军事学院，创办了军事企业。然而，突尼斯缺乏足够的资金支持耗资巨大的军事现代化，被迫转入经济领域，开拓财源。因此，突尼斯被迫向列强转让特许权，并在英法之间寻求平衡。这样做的后果是突尼斯被迫卷入了资本主义世界体系，成为列强的殖民对象和掠夺猎物。经济上的依附必然导致政治上独立自主地位的丧失。由于突尼斯自然资源和人力资源的弱势地位，突尼斯可以说在列强的扩张浪潮面前鲜有还手之力，很快陷入了殖民地状态。殖民列强对突尼斯的影响最为直接和明显，以至于无法脱离外部因素而讨论突尼斯的内政。

1857年，突尼斯被迫开启了改革君主专制的"立宪改革"。这一改革虽然被"自由""民主""平等"等词汇装饰，但其直接结果却是为列强入侵打开了方便之门。1861年，突尼斯颁布了阿拉伯—伊斯兰世界的第一部宪法，成为第一个向君主立宪制转变的国家。但是，突尼斯的这一壮举仅仅为其以后的历史镌刻了新的起点，而不是像其宣称的制度转变。从此，"立宪"成为突尼斯的一个政治传统，这一接力棒在各个时代的民众中间前后相继，一代接一代传承。

突尼斯没有能力，也没有条件实施君主立宪。况且列强早已迫不及待地想将其置于自己的独占控制之下。1878年"柏林会议"之后，法国获得了这一"特许权"，开始了对突尼斯的征服和统治。1881年，法国正式出兵突尼斯，并迅速占领了突尼斯全境，突尼斯沦为法国的保护领地。突尼斯腐朽的封建专制统治并没有在"立宪改革"之后为民众带来幸福生活，反而加重了税收，加大了盘剥，引发了民众反抗。因此，法国殖民入侵并没有遭遇强烈的抵抗。法国殖民者因应这一形势，总结阿尔及利亚的经验教训后，采取了间接统治方式。法国虽然引入了一整套殖民统治机构，但仍然保留了贝伊和旧的统治系统。突尼斯维持了一种二元政治体系，开始了传统与现代的变奏。法国统治的前30年以其现代化的管理体系和行政效率促进了突尼斯的政治经济发展，基本上没有遇到民众的大规模抗议。然而，民族主义在中东北非地区的兴起和两次世界大战改变了这一地区的政治形势。"青年突尼斯"出现之后，地区民族主义也开始在突尼斯生根发芽。法国殖民统治不再为大多数民众所接受，突尼斯需要本国的、全新的政治体制。"立宪"与民族主义相结合，成为突尼斯民族解放运动的主旋律。

现代突尼斯的第二次转型是在1956年突尼斯摆脱法国殖民统治成为独立国家之后。经过长期的斗争和精明的妥协，哈比卜·布尔吉巴带领突尼斯人民取得了民族独立。由于这一结果是通过分阶段和渐进主义实现的，所以被纳入了主张渐进主义的"布尔吉巴主义"的实践成果。布尔吉巴在1934年创建"新宪政党"之后，在争取民族独立解放的过程中将现实主义、理性主义和渐进主义相结合，形成了发展中国家独树一帜的"布尔吉巴主义"。突尼斯虽然在一年时间里就废除了君主制，转向了共和制，但突尼斯的非殖民化过程也是渐进的。突尼斯吸取了埃及、叙利亚等国的教训，一方面保持与前宗主国法国和其他西方国家的密切联系，另一方面开启了大张旗鼓的社会改革。宗教、教育、社会福利、计划生育等不仅是改革的重点，而且也是成就最大的领域。与此同时，突尼斯开始了政治、经济重建。突尼斯充分发挥了"新宪政党"在民族独立解放过程中形成的地位，以这一组织为基础巩固了新威权主义体制。"立宪改革"在这一时期转变成了威权主义在政治、经济和社会领域的全面建立。1961年，突尼斯宣布实行"宪政社会主义"后，逐渐实现了其政治经济目标。布尔吉巴统治时期以其独特的个人魅力和教师式的启蒙口吻为特色，"与不发达作战"是其政治经济的核心目标。为了实现这一目标，突尼斯需要进行社会革命，培养大量的人才，全面改造国民的思想，快速发展经济，以及维持布尔吉巴指导下的政治发展。但是，当经济发展低于预期，人民生活水平停滞、甚至倒退的时候，接受现代教育的年青一代开始脱离"最高斗士"的领导并开始反叛他。这一次，提出挑战的是伊斯兰主义者。

突尼斯的伊斯兰主义主流派别持温和倾向，但他们同样无法容忍文化上的疏离。因为这使他们感觉在自己的国家像个"外国人"。布尔吉巴的西方化和世俗化政策激起了伊斯兰文化的又一次复兴。布尔吉巴对伊斯兰主义者的不妥协立场将突尼斯引向了内战的边缘。最终，突尼斯被宰因·阿比丁·本·阿里拯救。本·阿里以和平政变推翻了布尔吉巴的统治，并以"变革"的清新形象出现。国际社会一片欢腾，似乎"民主"就在眼前。本·阿里统治之初，以《民族宪章》凝聚了人心。大量政治犯获释、流亡人士获准回国。更为重要的是，伊斯兰主义者被允许参与政治。本·阿里还改组了"社会主义宪政党"，将其更名为"宪政民主联盟"。通过修改宪法，本·阿里废除了终身总统，并明确规定总统连任不能超过两次。另外，多党制也成为突尼斯政治的典型特征。然而，本·阿里的"变革"并没有完全按预定路线进行。本·阿里终结了布尔吉巴的终身制，但为自己创造了一个终身职业——总统。本·阿里在实行多党制的时候，继续维持宪政民主联盟独大，并对反对党进行严格控制；在推动政治发展的过程中将政治稳定列为优先目标；在推翻一个政治联盟的同时创建了一个新的政治联盟，并将裙带主义作风发挥到了极致。突尼斯的经济发展为政府政策提供了很好的注脚。当经济发展迅速的时候，"变革"为民众所接受，突尼斯的中产阶级也逐渐壮大。然而，当国际经济危机波及边缘国家之时，突尼斯难逃厄运，民众开始呼唤真正的"变革"。本·阿里最后时刻维持统治的祈求被民众的"离开"（degage）所驱退。2011年1月14日以来，突尼斯又一次面临政治变革。

2011年以来，突尼斯经历了其近现代史上第三次转型。本·阿里政权被推翻之后，反对派开始接管新政府。同时，广大民众积极参与到政治重建当中。从2011年1月14日开始，过渡政府在10个月内重新安排了选举。10月23日，突尼斯制宪议会经过选举正式产生。获胜的三大党复兴运动、共和大会党和突尼斯自由劳动联盟组成了联合政府。复兴运动在联合政府当中居于主导地位，伊斯兰主义者在突尼斯现代史上第一次有机会实践自己的理念。再加上制宪议会重新制定宪法的崇高使命，伊斯兰主义者也有机会把自己的治国理论付诸实施。但实际情况并非如此。

在联合政府执政时期，突尼斯面临严重的安全问题和经济发展难题。一方面，政治参与迅速扩展，民众对几乎所有的议题开始发表看法。这在意识形态方面首先出现了严重的分歧。突尼斯长期以来形成的世俗主义理论仍然在发挥作用，伊斯兰主义者在实施其文化战略时遭遇了严重的挑战。另一方面，新政府在应对各种社会矛盾时表现不佳，与民众的较高期望形成了巨大的反差。青年人失业、住房、医疗、社会保障和公平、正义等，仍然是民众最为关心的社会问题。但新政府在短期内很难促使国家在经济、社会方面走上正轨。恐怖袭击接连发生，在很大程度上打击了旅游业，也使得外部投资踟蹰不前。突尼斯在这一阶段的政治转型没有达到预期效果。唯一值得称道的是，联合政府最终维持了政治稳定。各个社会组织齐心协力，化解了因两位左翼政党议员先后被刺杀而爆发的政治危机。无论如何，突尼斯成功制定了新宪法，并进行了全国大选。与埃及、利比亚、也门、叙利亚相比，突尼斯的转型相对平和，效仿西方的新政治制度初步建立起来。

  2015年经过选举上台的赛义德·埃塞卜西总统带领突尼斯开始了巩固转型成果的新阶段。从政治转型的角度看，突尼斯的立宪制度重新成为重要的政治基础。突尼斯新政府的主要任务就是培养有利于政治转型的政治文化；努力恢复并发展经济，使得民众在新的制度下获益；认真推行公平正义，推动公平分配，保障社会福利，让民众有获得感。同时，突尼斯新政府需要证明新的政治制度能够正常运行，在这一机制下各项社会经济问题都能得到合理解决，但实际情况更为复杂。由于恐怖主义的威胁，突尼斯政府不得不将相当一部分精力投入到保持政权安全方面。同时，突尼斯的经济发展始终未见复苏的迹象。突尼斯财政对外部援助的依赖不降反增。另外，突尼斯的各项事业还受到腐败的威胁。腐败不仅存在于行政部门，还存在于安全机构、关税部门。这加剧了突尼斯在国家治理中实现"良治"的难度。沙赫德总理发起了反腐败风暴，在突尼斯政坛形成了一定震慑。但是，突尼斯由于恐怖主义威胁一再延长紧急状态，反腐败机制缺乏，政党政治发挥不力。突尼斯新政治制度的运作过程中"人治"色彩越来越浓。突尼斯的西式政治制度仍然很脆弱。但是，突尼斯将发展什么样的政治制度，比利时利日大学社会学教授穆罕默德·纳什博士认为，这取决于突尼斯人民在利用传统政治基础上进行怎样的创新了。[1] 因为，西

---

[1] Mohmed Nachi, "Transion to Democracy in Tunisia: Learning about Citizenship in a National and Transnational Context", *Social Sience Information*, 2016, p. 7.

方国家同样面临国内诸多问题的困扰，他们的自由主义民主模式已经遭到了挑战。

综观突尼斯近代以来的历史，"转型"是一个关键的特征。因而，理解并解释突尼斯近现代史的一个有效视角就是以"转型"理论来进行重新衡量。

二　理论线索

本书坚持以马克思主义理论、"转型"理论、"文明交往论""威权主义政治转型理论"和现代化理论指导研究。在研究方法上，本书将采用跨学科的方法指导研究，挖掘支撑中心论题的各个方面。本书的写作始终关注现代化转型问题，具体表现在政治、经济、社会、思想和文化等方面。本书希望通过使用历史学、政治学、社会学等方面的学科知识探讨突尼斯的社会、政治、经济等方面，剖析影响突尼斯政治体制改革的方方面面。

关于1956年以来突尼斯政权的性质，不能因为其短暂的"宪政社会主义"实践产生分歧。[①] 根据目前对中东北非国家政权形态流行的分类方法，2011年之前突尼斯属于威权主义国家。因此，论述现代突尼斯政治体制改革将主要在威权主义（Authoritarinism）政体的框架内展开。但对于近代以来突尼斯转型的整体性质方面，本书试图以宏观视野进行论述。从世界历史的进程来看，欧美发达资本主义国家在19世纪以来先后实现了经济、政治、社会和文化方面的现代化，建立了资本主义市场经济体系、自由主义民主政治，以及体现自由主义民主价值的社会规范和文化体系。意大利著名政治学家乔万尼·萨托利指出，"民主在今天是一个文明的产物，确切地说，民主是西方文明的产物"。[②] 民主概念形成于公元前5世纪，在雅典城邦曾经有过短暂的实践。在19

[①] 国内有学者将其归于"民主社会主义"阵营，有人甚至在21世纪推敲其构建社会和谐的做法。参见陈匡民、张小键《试论宪政社会主义的内涵和实质》，《科技信息》2010年第27期；向文华《突尼斯宪政民主联盟的宪政社会主义实践》，《当代世界社会主义》2009年第6期。

[②] ［美］乔万尼·萨托利：《民主新论》，冯克利、阎克文译，上海人民出版社2009年版，第3页。

世纪之前，民主一般仅指政治民主，但在 19 世纪后期以来，民主的内涵越来越丰富，民主的种类也越来越多，从而使得这一概念超出了政治制度的定义。目前，与政治民主并存的还有社会民主、经济民主等概念，还有一度存在的工业民主等。[①] 萨托利认为，关于民主的定义应该兼顾描述性和规范性，即同时确定是什么和应是什么。在他看来，民主概念主要还是指的是政治民主，即"人民的权力"，权力属于人民的一种政治制度。罗伯特·达尔认为，民主需要满足以下五个条件：有效的参与、选票的平等、充分的知情权、对议程的最终控制和成年人的公民权。[②] 此外，萨托利还为政治民主与社会民主、经济民主等划清了界限。他认为政治民主是主导的统领性民主，其他民主则必然是次级民主。如果一级实体——政体——不是民主政体，次级实体也绝少有机会以民主方式存在和繁荣。[③] 萨托利这种观点代表了西方主流观点，是一种现实主义观点。历史唯物主义相信经济基础决定上层建筑，生产力的发展导致生产关系的变革，社会经济领域的进步导致民主制度的建立。虽然上层建筑对生产力发展具有反作用，但那也是在上层建筑已经建立起来之后才发生的变革。本书关于政治转型的研究也是基于这样一种认识，即经济基础和上层建筑的相互作用是突尼斯政治转型的基本矛盾。近代以来突尼斯在器物方面的进步与政治制度的调节之间存在密切关系。突尼斯的政治转型受到了经济社会变迁和外部因素的广泛作用，但总的趋势是以更高的发展阶段和更为先进的政治制度的建立为总方向的。

此外，关于民主的种类，学界有不同的分类。巴里·霍尔登提出了五种类型的民主制度：激进民主、新激进民主、多元民主、精英民主和自由民主。罗伯特·达尔则提出了麦迪逊民主、人民主义民主和多头统

---

① 与政治民主强调政治和法律上的平等不同，社会民主强调的是地位平等，经济民主关心或反映的是财富的平等。工业民主由韦伯夫妇提出，指代从工厂民主到一种专职的"功能性"代表制的完整制度，也就是说，从工业基层民主到与其相配的政治宏观民主。参见［美］乔万尼·萨托利《民主新论》，冯克利、阎克文译，上海人民出版社 2009 年版，第 21、22 页。

② ［美］罗伯特·达尔：《论民主》，李风华译，中国人民大学出版社 2012 年版，第 33—34 页。

③ ［美］乔万尼·萨托利：《民主新论》，冯克利、阎克文译，上海人民出版社 2009 年版，第 23 页。

治民主的三分法。哈贝马斯也提出了不同的民主分类法。从世界历史发展的进程来看，资本主义制度首先兴起于西欧，然后逐渐扩展到世界其他地区。与此相对应的是西方自由主义民主理论的建立和不断完善的过程。突尼斯作为地中海南岸国家，较早受到西方现代化潮流的冲击，在政治制度的发展过程中也受到西方自由主义民主制度的深刻影响。突尼斯作为后发现代化国家，在发展进程中受到西欧国家的普遍影响。突尼斯的现代化在很大程度上是模仿西方价值和采用西方自由主义民主体系的过程，这一过程延续至今。

另外，突尼斯政治转型的突出特征是延续性（continuity）和稳定性（stability）。1956—2011年，突尼斯只经历了两任总统，而且政权交接是在和平政变的形式下完成的。在二人统治的大部分时间，突尼斯都保持了政治稳定，没有发生大的政治危机。威权主义政治是突尼斯取得成功的关键。

威权主义政体在突尼斯的建立比较顺利。布尔吉巴和本·阿里所依赖的统治工具是同一个政党，这为政策的延续奠定了基础。突尼斯独立之后，布尔吉巴和新宪政党成员成为当然的统治者，得到了国内外各方政治势力的支持。在法国的支持下，新宪政党党员很快填补了殖民者撤退后留下的职位空缺。新宪政党成为执政党，掌握了全国的政治资源，并形成了对政权的垄断。布尔吉巴以其卓越的领导才能赢得了民众的赞扬和尊敬，这进一步转变成了个人崇拜。不仅新宪政党没有有力的竞争者，布尔吉巴本人也成为超越众人之上的"国父"。布尔吉巴以其独特的"布尔吉巴主义"在国际政治领域也取得了丰硕的成功，成为著名的不结盟运动领导人之一。

本·阿里政权的权威首先建立在对布尔吉巴政权的改进和"变革"上。本·阿里缺乏布尔吉巴的个人魅力，但其统治之初的各项政策极具效率，为其赢得了国内外的支持者。本·阿里统治初期，国内达成了共识，政治较为清明，经济改革较为顺利，西方国家乐见一个繁荣、稳定的突尼斯出现在其南部。然而，本·阿里的统治也面临挑战。本·阿里对伊斯兰主义者政策的变化引起了后者的反弹。本·阿里政权对伊斯兰政党的镇压是突尼斯政治伊斯兰势力走向极端化的关键因素。政治参与扩大和"控制民主"成为威权政权转型的两难选择。显然，本·阿里选择了维持威权政体,并致力于推动缓慢的政治转型。虽然本·阿里的统治与布尔吉巴有诸多不同,但毋庸置疑,本·阿里时期的突尼斯仍然是典型的威权主义国家。事实上,本·阿里的统治更加依赖强制机构。

本书的目的在于探讨突尼斯政治体制改革的内容和动力,挖掘这一威权政体转型的深层原因。根据威权主义政权转型理论,这一政体是现代化过程中的过渡政体。其产生、发展和消亡的动因都存在于现代化过程之中。因此,探析突尼斯的现代化进程是把握突尼斯威权主义政权转型的重要内容。本书首先假定,经济发展的速度和状况影响威权主义政权的维持和变革,经济发展的临界点与政治危机的临界点相对应。威权主义政体的自上而下的改革往往是在经济发展较为顺利和平稳的情况下发生的,当经济发展停滞或倒退时,则出现危机,甚至难以维持。不过,经济运行平稳时发生的改革一般幅度较小,政治体制调整内容有限。一旦经济、社会面临危机,威权主义政治体制便遭到猛烈挑战,从而不得不以变革维持该体制的运行。当然,这一联动机制中还存在其他变量,诸如社会、文化因素和外部因素等。考虑到突尼斯是世界体系中的一个小国,外部环境和压力对其整个发展极为关键。另外,社会、文化等因素也会对威权主义政体的转型产生间接作用。

值得指出的是,突尼斯在保持政治稳定的同时,在权威合理化和机制制度化方面做出不懈努力。突尼斯建立了有效的中央集权制度,军队被限制在军营之内,市场经济发展迅速,政治文化不断演化都指向了这一方向。由此也表明突尼斯的政治现代化之路是较为顺畅的。但是,突尼斯并没有实现顺利转型,政治改革事实上进入了死胡同。经济现代化与政治现代化之间出现了脱节,原因在于突尼斯的"权力私有化(Privatization of Power)"。与经济自由化相伴随,政治改革出现了"私有化"特征。总统及与总统联系的内部统治集团掌握了权力,使得权威合理化和机制制度化只剩下空壳。威权政体对政治参与的限制导致威权统治出现了倒退的迹象,即其权力继承和政治发展向"世袭君主制"发展。在这种情况下,政治体制的延续和稳定变成了威权统治的深化和专制倾向的加强,而不是适应经济现代化和政治改革的要求。因此,本书还将关注经济自由化与政治改革的关系,并将涉及政治精英的地位和作用。

三 研究维度

（一）转型问题的重新提出

2011年中东北非陷入政治动荡之后，学界对传统转型理论进行了反思。毛里塔尼亚学者乌尔都·穆罕麦都与美国学者提姆 D. 塞斯克明确提出，传统转型理论需要重新调整，以适应中东国家表现出来的新特征。[①]

在《牛津高阶英语词典》中，transiton 一词的释义是"从一种状态或状况向另一种状态或状况转变的一个过程或阶段"。这种"转变"事实上指代的范围相当广泛。既包括身份、地位等的转变，也包括制度的转变。另外，transformation 一词也被用于界定转型。同样，上述英语词典对其释义为"彻底的变化，改变，转变，改革"。国内学者在实践中，往往以"转型（transformation）"和"转轨（transition）"翻译国外学者的概念。[②] 对于二者的适用问题，丹麦社会学家米米·拉尔松进行了区分。他认为，"转轨"在概念上被理解为一种直线的演进过程，他更强调政治和经济制度改革进程的结果，是一种向着已知和确定目标的改革。而"转型"指改革的进程并非直线和可以预测的，而是一种向着崭新的和未知的目标的改革。[③]

20世纪70年代中期以后，随着所谓的"第三波"浪潮的展开，"转型"理论曾经风靡一时。对西方国家，尤其是美国援助政策而言，研究者对威权主义国家的政治转型充满了乐观。他们认为：（1）任何努力摆脱专制政体的国家都是在向西式自由主义民主制度转型。论者认为全世界近200个国家正在经历转型，其中包括5个中东国家；（2）政治转型将经历几个不同的阶段，主要包括开放—转型—巩固三个阶段；（3）选举在转型过程中至关重要；（4）转型国家的经济发展水平、政治历史、制度遗产、族群构成和社会文化等结构性特征无足轻重，即使

---

① Mohammad-Mahmoud Ould Mohamedou, Timothy D. Sisk, Bring Back Transitology: Democratization in the 21st Century, GCSP Geneva Papers, Research Series, No. 13, November 2013.

② 朱晓中主编：《中东欧转型20年》，社会科学文献出版社2013年版，第8页。

③ Mimi Larsson, "Political Action in a Post-Socialist Society", http://www.Anthrobase.com/Txt/L/Larsson_ M_ 02. htm.

是民族国家建构还没有完成的国家也能成功实现转型；（5）"第三波"转型的发生主要是存在广泛共识的政治精英推动的结果。[①] 但是，"第三波"转型并没有向着西方理论家的观念前进。正如有批评者称，这种"转型"存在很强的"目的论"色彩，西方学者往往建立了转型的单一模型，并将其等同于西方价值，但现实中的发展往往与西方学者的理论不符。现在传统转型理论研究范式已被学者放弃。

乌尔都·穆罕麦都与提姆 D. 塞斯克指出，当前的"转型"完全不同于 20 世纪 70—90 年代对南欧、拉丁美洲、东欧或非洲的研究。"转型"研究将更加注重转型的次序、条件以及过程，研究的视野以全球化的视野代替地区主义的研究视角。[②] 他们把转型定义为"一个逐渐向代表、包容、透明、尊重人权等为标志的政治体系过渡的缓慢的变化、运动、进步的政治和社会经济过程"。[③] 这本质上是从"旧制度"向新秩序的转变。这包含以下基本特征：（1）转型可以发生在任何结构背景中；（2）转型往往以波浪式运动；（3）转型可能旷日持久；（4）不存在转型的唯一道路；（5）转型既是一种奠基运动，也是一种进步性运动；（6）转型可逆；（7）转型存在内在的冲突；（8）经济在转型过程中居于核心地位；（9）转型是一个全面的过程；（10）转型可以分为若干次序和阶段；（11）角色扮演在转型过程中至关重要。[④]

因此，"转型"可以被视为一个动态的、长期或者短期的阶段，是一个发生起点随机、结果开放的过程。而且，从价值取向来看，转型更多地指一种进步的过程，最终的结果也以其进步性进行客观评价。由于政治转型的结果不确定，转型的方式也不完全一样，不同国情下，可能会有不同的转型路径。但只要是适合本国国情的道路，都是合适的也是恰当的。转型的过程中必然存在各种矛盾和冲突，有些条件下可能会转化为严重的对抗、内战或秩序的崩溃。社会经济问题是各种矛盾和冲突

[①] Thomas Carothers, "The End of the Transition Paradigm", *Journal of Democracy*, 13.1 (2002), pp. 5 – 21.

[②] Mohammad-Mahmoud Ould Mohamedou, Timothy D. Sisk, Bring Back Transitology: Democratization in the 21st Century, GCSP Geneva Papers, Research Series, No. 13, November 2013.

[③] Ibid..

[④] Ibid..

的根源，转型的过程必然面对各种经济和社会问题。如果对相关问题处理不当，可能会出现转型的逆转。如果一种新制度能够适应社会经济发展的需要，并以新的制度确定下来，就证明转型取得了成功。因而，转型成功的标志是重新建立一种更为稳定的制度。

（二）转型研究考察的主要问题

转型问题研究的主要问题包括转型的动力、方式、次序和影响因素等。转型问题的研究可以从短期阶段性转轨，也可以从长期转型展开研究。

1. 转型的动力

18世纪以来，世界上几乎所有的国家都经历了从传统向现代的转变。从长时段的视角来看，一种历史进程的改变与其社会经济状况的变化之间有着密切的关系。因此，转型过程中主要的矛盾就是传统与现代的矛盾。一方面，先进的国家已经克服了传统制度的束缚，进入更高阶段的发展，对后发国家确立了各项标准；另一方面，后发国家受到先进国家的压迫，难以突破本身传统的限制，在苦苦探寻赶超策略。因此，转型的动力从根本上而言就是现代社会的诱惑。

2. 转型的方式

任何社会结构都可能出现转型。即使根据西方自由主义民主制度的规范，鲜有国家能达到所谓"民主国家"的标准。[①] 即使现有的西方自由主义民主国家在制度方面相对比较健全，但也需要根据社会经济状况的变化做出调整。后发国家在转型的过程，面临的任务也不尽相同，从民族国家构建、内部整合，到政治转型和制度升级，都有所表现。

关于转型的方式，大致可以分为激进和渐进两种方式。这两种方式可能还会演变出其他的变体。以苏联解体后中东欧国家为例，实际的转型往往是混合形式的。如持续激进型、稳步前进型、激进流产、渐进型和有限改革型。[②] 后发国家转型的方式可以分为维持现状型、革命型、实用主义型。自19世纪以来，有相当多的国家抗拒变迁，试图维持现状，在转型方面往往以保守著称。如奥斯曼帝国、伊朗等。但这种抱残

[①] 陈尧：《新权威主义政权的民主转型》，上海人民出版社2006年版，第220页。
[②] 朱晓中主编：《中东欧转型20年》，社会科学文献出版社2013年版，第15页。

守缺的方式很难成功，最终在内外因素的压力下迅速崩溃。在后发国家，革命型转型方式较为普遍。这种转型方式以血腥暴力和大开大合而著称。比如在中东国家当中，对于资本主义和社会主义发展道路的选择往往会在同一个国家的不同历史阶段出现。如埃及、突尼斯等国。叙利亚、伊拉克在转型时期，曾经出现了政变频繁发生的状况。还有一些国家在转型的过程中，根据国内外情况的变化采取实用主义的策略，以不同的节奏推动转型。比如土耳其在建国之初的改革较为迅猛，但在后来则以小幅改变替代。另外，由于转型的可逆，一些国家在转型过程中交替采用不同的转型方式，比如埃及。

3. 转型的次序

如前所述，对于转型的侧重点的不同，往往形成了不同的战略。转型的次序对于转型能否成功至关重要。尤其对于强调行为体在转型过程中中心地位的转型理论而言，转型次序的不同可能导致不同的结果。后发国家与先进国家的差距是广泛的，在制度建构方面面临的形势也大不相同。近代以来，西方发达国家转型的次序，包括民族国家形成、自由化发展、社会治理革新以及政治转型的演变等不同的发展阶段。就政治转型的过程而言，各转型环节的次序也是不确定的。

2011年以来，突尼斯和埃及不同的转型道路就是不同次序选择的结果。

4. 转型的结果

关于中东欧转型完成的标准，有的学者认为可以从经济指标、政治指标和机构指标来判断。经济指标指的是否完成了一揽子经济改革任务。机构指标是指国际金融组织对转型的评判。政治指标以加入欧盟为经济转轨完成的重要标志。[①] 但是，中东国家由于历史文化的特殊性，显然很难以中东欧国家的标准进行评判。中东地区已经存在阿拉伯国家联盟、伊斯兰会议组织等众多国际组织，但这些组织在一体化程度方面显然无法和欧盟相提并论。另外，由于中东国家地缘政治的特殊性，相关国家的转型也不能以是否加入西方主导的国际组织为标志。再者，中东国家在国际体系当中的从属地位也决定了完全遵循西方价值标准的转

---

① 朱晓中主编：《中东欧转型20年》，社会科学文献出版社2013年版，第17页。

型只能是失败的转型。中东国家的转型如果要取得成功，必须在制度方面实现创新。由于中东国家目前还没有表现出制度创新的明显标志，其未来是不可预测的，因而其未来转型结果是开放的。正如奥唐奈和施密特指出的，转型的结果充满了不确定性[1]，转型也绝不是一种线性发展历程，因而转型的结果是开放的。

总体而言，转型是朝着更加进步的方向发展，转型的结果是一种更完善的制度、更完善的秩序。但由于转型过程的复杂性和不确定性，转型的结果只能做阶段性的总结。近代以来的转型，以民族国家的建立和统一民族国家的形成为标志。部族主义、教派分裂、民族分裂是转型的逆转。独立的民族国家建立后，在改革传统制度的过程中，以现代民主国家制度的建立为标志。军政权、威权主义国家、君主制是转型逆转的表现。但是转型也可能会产生负面的结果，让转型国家背上沉重的负担。20世纪80年代末以来，中东欧国家在转型过程中付出了许多社会和生活代价：（1）人们享受了更多的自由，但不得不面对持续转型带来的经济和心理压力；（2）生活的关键词从政治变为经济，但"一切向钱看"影响公民间传统的友好和互助关系，人们变得自私，不再关注集体和国家大事；（3）因产业结构调整，产业工人和农民成为经济转型的输家；（4）农民遭受双重压力，国家对农业投资不足，同时向外国农产品开放市场；（5）经济发展不平衡，导致受影响较大的农村和小城镇居民开始涌向大城市，甚至移居国外；（6）人口下降，老龄化、预期寿命小于西欧国家。男性预期寿命小于女性，因为前者承受社会经济变革的压力更大；（7）对模范人物完全颠覆。媒体追逐的成功人物不是知识精英，也不是通过积极创造附加值的人，而是那些卖弄时髦，急于炫富的人。同时，随着知识精英处于弱势甚至消失，年轻一代对接受教育不再有兴趣，文盲开始增加。[2] 以上这种弊端不仅存在于中东欧转型国家，也存在于中东地区。突尼斯在转型过程中农村地区的深刻变革导致农民生活困难，政府投资重点的转移，导致地区差距被拉大，社

---

[1] [美] 吉列尔莫·奥唐奈、[意] 菲利普·施密特：《威权统治的转型：关于不确定民主的试探性结论》，景威、柴绍锦译，新星出版社2012年版，第2页。

[2] 朱晓中主编：《中东欧转型20年》，社会科学文献出版社2013年版，第21页。

会生活领域的变革受到全球化的加成作用而愈益严重。这种转型的阶段性特征进一步影响了突尼斯政治变革以来的新的阶段的转型。

5. 转型的影响因素

影响转型的因素可以分为内部因素和外部因素。内部因素包括地理位置、资源禀赋、人口构成、民族、教派、社会经济发展阶段、分配结构、政党制度、政治文化、思想传统等各个方面。

外部因素既包括全球层面，也包括地区层面。全球层面的因素包括技术革命、权力转移、环境变化、经济格局、文化政治运动等。地区层面的因素包括地区争端、区域融合、社会思潮、文化联系以及民族、宗教问题等。

对于转型的过程来看，内部因素和外部因素有时候是割裂的，有时候是相互联系的。随着全球化趋势的推进，内外联动的趋势在加强。"多米诺骨牌效应""蝴蝶效应"和"滚雪球效应"多有体现。但最终，影响各国转型的归根结底还是本国国情的发展变化。

在突尼斯政治发展进程中，内部因素和外部因素都具有重要作用。内部因素主要包括：执政党、军队、官僚机构、伊斯兰组织等。外部因素可能处于次要地位，但很难忽视其对整体进程的作用。

执政党的建设是突尼斯威权主义政体得以维持的关键因素。突尼斯的现代史是新宪政党从一党统治转为一党独大的历史，如果没有这一组织，突尼斯很难维持长期的政治稳定和有效的政治动员。新宪政党不仅为突尼斯的现代化提供了组织保证，还为威权主义的维持提供了统治机器。然而，执政党自身存在的弊端导致其无法适应政治发展需求，从而阻碍了政治改革。

总统和官僚机构是突尼斯威权主义体制改革的目标和手段。突尼斯要实行立宪政治，归根结底需要对总统权力和行政权进行限制，使其处于有限状态。但是，突尼斯的政治、经济、文化发展离不开政府主导体制的广泛干预。突尼斯经济发展必须在政府计划和政府争取外资的情况下发展，从而为威权主义政体的维持取得支持。因此，突尼斯威权主义体制改革在这一领域处于矛盾状态，这也是其政治发展缓慢的原因之一。

军队和安全力量是突尼斯威权主义体制维持的暴力机器。威权主义同时存在同意结构和强制结构。虽然突尼斯以军队的职业化和小型化为特点，但军队在维护政权稳定方面的作用不容忽视。此外，突尼斯庞大的警察队伍很好地补充了这一缺陷，起到了维持威权主义政体的作用。特别是对政治伊斯兰的应对，体现了安全机构的威力。

伊斯兰组织既不代表过去，也不是未来政治力量，而是突尼斯始终无法摆脱的有机构成部分。然而，对于突尼斯的威权主义政体而言，它却是一个反体制力量。伊斯兰组织的支持率和活跃程度往往是威权主义政体危机的风向标。

在推动突尼斯威权主义政体政治转型方面，外部因素不容忽视。美国的"大中东计划"和欧盟的"伙伴计划""邻居计划"等都是重要的"民主促进"机制。作为地中海小国，突尼斯无法回避，只能接受。此外，欧盟等国利用依附体系推动的经济自由化也对突尼斯的政治转型产生了深远影响。然而，由于突尼斯独特的地缘政治地位和伊斯兰因素等使其有能力对这种外部强加的"民主促进"机制进行选择性的接受和抵制。欧盟和美国从各自的国家利益和全球战略出发，进行选择性的干预，维持了突尼斯的威权主义政体。突尼斯和外部大国的博弈对其政治转型产生了复杂的作用。

（三）转型的内容

转型是从旧制度演进到新制度的过程，在现代化阶段是从传统到现代转变的过程。由于后发国家在近代以来，大部分的历史处于现代化的阶段，因而转型的主要内容是现代化的转型，少部分的内容是从现代到后现代的转型。

政治转型，是在政治结构分化、政治制度专门化、政治文化中现代风格占有越来越多的优势。或者行政机关、官僚政治、立法和党派制度都比较健全的制度。[①] 换而言之，是新的政治制度不断建立和巩固的过程。

经济转型的核心是工业化，是传统和现代工业二元结构向现代工业主导结构转变的过程，也是全球化经济结构分工不断完善的过程。

社会转型是社会动员和社会分化程度不断提高，在主要领域角色分

---

① 钱乘旦主编：《世界现代化历程·总论卷》，江苏人民出版社2012年版，第5—6页。

化与专门化不断得到增强；持续的结构分化与变迁，在政治、经济、生态等方面，出现了很多新的组织体系；组织系统与身份系统的变化，最终导致了一种具有高度流动性而意义模糊的身份系统。[①] 社会转型是从对现代的抗拒转为接受，接受融合的过程。

思想文化转型是指整个文化体系转型的过程。对阿拉伯—伊斯兰国家而言，思想文化体系的更新与转型尤为重要。在这些国家转型的过程中，伊斯兰文化属性和西方基督教文化属性之间的张力始终存在。从西方引入的思想文化体系随着在政治、经济、社会领域的"西化"而进一步加剧。这种文化的冲突甚至有上升到"文明冲突"的可能。虽然迄今还没出现"文明的冲突"，在全球化背景下文化的冲突产生的恶劣影响却影响到了几乎所有的转型国家。与此同时，政治伊斯兰作为一种文化思潮此起彼伏，反复干扰阿拉伯—伊斯兰国家的转型。

（四）转型的困境与前景

转型意味着和"旧制度"告别，和旧的习惯告别，和旧的经济制度告别，和旧的社会体系告别。虽然这种告别是为了更好的未来，或者更好地适应当前的发展趋势，但这种告别往往是痛苦的。由于转型过程还意味着利益和分配体系的调整，许多既得利益者的地位和生活因此而受到影响。

转型的过程既是建立制度的过程，也是创新引领，不断进步的阶段。如果创新不足，不但旧有的矛盾难以消弭，新的问题也无法得到解决。人们对美好未来的憧憬与转型体制的不稳定之间的反差使得社会动荡加剧。因而，转型时期形成了困境。

自 2011 年以来，一场自下而上的政治运动推动了中东各国的转型过程。世界局势的深刻变化提供了有利于转型的时机。如果能够有效应对，阿拉伯—伊斯兰国家能够迎来新的发展机遇，建立稳固的政治体制。但从中东北非陷入动荡以来的历史来看，转型虽然发生了，但尚未展现出成功的前景。在中东地区，"失败国家"增多了，地区国家之间的争斗更显白热化，外部的干预力度继续保持在一个较高的水准。除了个别国家，如突尼斯、土耳其外，其他国家的转型还处于低端徘徊

---

① 钱乘旦主编：《世界现代化历程·总论卷》，江苏人民出版社 2012 年版，第 8 页。

状态。

如果把转型的目标设定为国家的解放和个人的解放,即摆脱外部强加的社会制度和控制,突破意识形态的羁绊、建立稳定的现代化政治制度,① 那么中东国家转型的前景则更为黯淡。

四 文献回顾

突尼斯独立以前,关于它的研究一般被限定在法国史的研究层面。突尼斯独立之后,西方学者开始以其作为国家治理的经典案例进行研究。原因在于,客观上突尼斯是一个同质化程度很高,且同时与东西方保持密切交往的阿拉伯—伊斯兰国家;主观上哈比卜·布尔吉巴总统采取了社会改革和西化的发展方式,积极向西方靠拢,在东西方争夺的关键时刻,使得突尼斯成为西方国家青睐并乐于援助的第三世界国家。国外关于突尼斯国家治理的研究大致经历了三个时期:20世纪60年代之前,相关研究比较零散;20世纪70年代中后期到21世纪初,逐渐形成了关于突尼斯的系统研究;2011年关于突尼斯的研究主要集中在转型研究。

第一,关于现代突尼斯的研究兴起于20世纪60年代,主要探究了突尼斯国家治理体系的形成。《突尼斯——现代化政治》一书考察了突尼斯共和国的建立,以及突尼斯在地区和国际政治、经济大变革形势下的变革。《独立以来的突尼斯——一党政府的活力》,从政治比较学的角度论述了新宪政党的发展历程和独特作用,并指出突尼斯建立的政治体制是"总统君主制"。该书资料翔实,重点突出,是认识突尼斯政治治理体系形成的重要著作。《现代世界中的马格里布》从殖民主义的遗产出发,论证了马格里布各国的历史进程,体现了左翼学者对帝国主义和资本主义的批判意识。该书论据充分,说理深刻,是在西方主导的学术界中难得的清醒之作。《突尼斯变革》从社会学的角度集中论述了突尼斯20世纪50年代和60年代的重要变革,其中对于突尼斯的农村与社会变革进行了深入剖析。该书资料翔实,方式新颖,是较早论述突尼斯社会治理的重要著作。

---

① 朱晓中主编:《中东欧转型20年》,社会科学文献出版社2013年版,第20页。

第二，20世纪70年代中后期开始，突尼斯国家治理遭遇了严重危机，关于其治理体系发展的论著日渐增多。《突尼斯——从布尔吉巴到本·阿里》[1] 从历史学的角度揭示了本·阿里取代哈比卜·布尔吉巴的过程，认为这一温和政权更迭过程在突尼斯历史上具有重要意义。《突尼斯——改革的政治经济学》[2] 是最早论述本·阿里政权国家治理战略的论文集，包括政治、经济、外交、社会等方面的内容。作者认为突尼斯的改革在于构建国家治理全新的政治、社会和经济基础。《伊斯兰政治化：突尼斯案例》[3] 从大量的官方和非官方资料出发，考察了突尼斯最为重要的伊斯兰政党——复兴运动的发展历程。作者认为复兴运动与政府的斗争加剧了其内部激进派和温和派的分裂，受政治环境影响最终使其走上了激进化的道路。《突尼斯经济和政治变革——从布尔吉巴到本·阿里》[4] 审视了突尼斯的经济治理和社会治理，认为突尼斯法团主义政治经历了形成和演变的过程。该书论证严密，结构完整，是研究突尼斯政治经济的重要参考著作。《突尼斯——政治变革与就业》[5] 论述了突尼斯最大社会政治问题：就业问题。该书视角独特，立论清晰，是研究突尼斯国家治理的重要著作。《本·阿里的突尼斯——政权反对者》[6] 集中论述了"突尼斯奇迹"的形成，以及社会组织的崛起过程和主要反对派的活动。该书视角独特，材料丰富，是研究突尼斯政治治理的重要著作。《欧洲与突尼斯——通过联系推动民主化》[7] 考察了推动突尼斯政治改革的外部因素，即欧盟的"民主促进"机制的现实作用。

---

[1] Mohsen Toumi, *La Tunisie: De Bourguiba A Ben Ali*, Paris: Presses Universitaires de France, 1989.

[2] I. W. Zartman, *Tunisia: the Political Economy of Reform*, L. Rienner, 1991.

[3] Mohamed Elhachmi Hamdi, *The Politicisation of Islam: A Case Study of Tunisia*, Routledge, 1998.

[4] Emma C. Murphy, *Economic and Political Change in Tunisia: from Bourguiba to Ben Ali*, Palgrave Macmillan, 1999.

[5] Tahar Letaief Azaïez, *Tunisie: Changements Politique et Emploi (1956 – 1996)*, Editions L'Harmattan, 2000.

[6] Olfa Lamloum, Bernard Ravanel, *La Tunisie de Ben Ali: La societe contre le regime*, Editions L'Harmattan, 2002.

[7] Brieg Powel, *Larbi Sadiki Europe and Tunisia: Democratization via Association*, Taylor & Francis, 2010.

作者从欧盟"民主促进"机制的具体运作和突尼斯的政治改革关系角度评估了双方关系的演进。该书逻辑严谨，引证丰富，是研究突尼斯政治治理的重要参考。《突尼斯——现代马格里布的稳定和改革》[1] 论证了所谓的"突尼斯模式"的核心内容。作者通过深入研究，将其总结为稳定和改革两大内容。《本·阿里的突尼斯（1987—2009）——阿拉伯现代化案例研究》[2] 运用精英理论，通过实证研究详细考察并比较了突尼斯前后两任总统统治下政治文化、经济发展方式、精英集团的变化。作者认为突尼斯长期保持了威权主义政权，但威权色彩在本·阿里时期已经有所弱化。遗憾的是，作者也未发现该政权即将崩溃的征兆。

就突尼斯研究而言，国内外已经有相当数量的著作问世，但以国外著作最为全面、丰富。国外学者对阿拉伯/中东国家转型发展研究一直比较重视。国外学者对阿拉伯国家的转型研究以重大历史事件如殖民体系的瓦解、苏东剧变的发生、"9·11"事件的爆发，以及中东北非政治动荡的发生等为标志展现了明显的阶段性特征并出版了相应的代表性著作。S. N. 艾森斯塔特的《现代化：抗拒与变迁》比较现代化的成功与失败的案例，其中涉及阿拉伯国家的社会转型问题。凯马尔·H. 卡尔帕特《当代中东的政治和社会思想》第一部分对阿拉伯国家政治与社会思潮的形成及演变进行了深入论述。罗斯诺发表在《比较政治》上的《向民主转型——建构一个作用模型》[3] 一文开拓了阿拉伯/中东国家转型问题研究的最早先例。他对政治转型成功的必要条件进行了详细论述，认为政治转型存在"准备阶段"和"决定阶段"。吉列尔莫·奥唐奈、菲利普·施密特和劳伦斯·怀黑德合著的《威权主义民主转型——对不去稳定民主的试探性结论》[4] 一书从转型条件、新旧精英的关键抉择等方面对威权主义转型进行了深入论述。他们尤其重视精英的

---

[1] Christopher Alexander, *Tunisia: Stability and Reform in the modern Maghreb*, Routledge, 2010.

[2] Steffen Erdle, *Ben Ali's "New Tunisia" (1987-2009): A Case Study of Modernization in the Arab World*, Berlin: Klaus Schwarz Verlag, 2010.

[3] D. A. Rustow, "Transitions to Democracy: Toward a Dynamic Model", *Comparative Politics*, 1970.

[4] Guilermo O'Donnel, Phillip Schmitter, Lawrence Whitehead, *Transitions From Authoritarian Rule: Tentative Conclusions about Uncertain Democracies*, Johns Hopkins University Press, 1986.

作用。进入 20 世纪 90 年代后，在继续探讨威权主义国家转型问题的同时，关于阿拉伯/中东国家的国家治理问题开始受到重视。如斯蒂芬·金在《中东北非新威权主义国家》[①] 一书中以比较研究方法，考察了突尼斯、埃及、叙利亚等国的历史演变，认为他们在合法性构建、政党制度、社会关系等方面经历了重大调整。2010 年年底，中东剧变以来，国外学界对中东研究进行了反思，长时段的研究著作开始涌现。2013 年乌尔都·穆罕麦都与提姆 D. 塞斯克合撰的《重新采用转型学——21 世纪的民主化》[②] 一文在学界产生了较大影响。作者从自己生活工作的经历出发，明确提出了以转型理论指导阿拉伯/中东问题研究的观点。艾美乐·阿卡萨里主编的《新自由主义治理和中东北非国家的未来》[③] 一书集中论述阿拉伯/中东各国新自由主义治理模式的形成及转变问题。

第三，2011 年以来，中东形势发生重大变革。由于突尼斯是此次变革的第一个国家，西方学者的研究开始转向了该体系的解体和重构方面。《突尼斯——后革命时期经济模式的构建》[④] 论述了新形势下突尼斯经济治理的关键问题，即金融、债务、就业和对外贸易等。作者认为自由主义的经济政策已经过时，应该引入"北京共识"，体现了对"华盛顿共识"下国家治理体系的反思。《政党政治和北非转型前景》[⑤] 对比了突尼斯、摩洛哥、阿尔及利亚革命前后的政党政治。《突尼斯政治发展——本·阿里时代的参与和治理》[⑥] 论述了本·阿里时期突尼斯的政治发展历程，并指出政治参与和政治治理是其中两个关键因素。突尼斯本来应当向现代治理发展，但威权主义政治阻碍了这

---

① Stephen J. King, *The New Authoritarianism in the Middle East and North Africa*, Indiana University Press, 2009.

② Mohammad Mahmoud Ould Mohamedou, Timothy D. Sisk, "Bring Back Transitology: Democratization in the 21st Century", *Geneva Centre for Security Policy*, 2013.

③ Emel Aksali, *Neoliberal Governmentality and the Future of the State in the Middle East and North Africa*, Macmillan: Palgrave, 2015.

④ Moncef Guen, *Tunisie: Pour un Modèle Economique Postrévolutionnaire*, Editions L'Harmattan, 2013.

⑤ Lise Storm, *Party Politics and the Prospects for Democracy in North Africa*, Boulder, Colo.: Lynne Rienner, 2014.

⑥ Aude-Annabelle Canesse, *Les politiques de développement en Tunisie: de la Participation et de la Gouvernance sous l'ère Ben Ali*, 2014.

种趋势。《北非的政治和宪政转型》① 论述了政治转型的变量——政党的作用,其中复兴运动在突尼斯立宪制度的重新确立过程中发挥了非常重要的作用。

总体而言,西方学者讨论突尼斯政治问题时本能地从能否"西化"以及如何"西化"的角度进行研究,西方本位主义和西方中心论的观点非常流行。目前还没有完全以国家治理为分析手段进行的研究。

就突尼斯转型问题而言,主要分布在以下几个方面:

首先,国外关于突尼斯的研究著作虽不及埃及等国翔实,但也有大量专题研究成果存世。

例如,妮娜·纳尔逊的《突尼斯》② 简明扼要地介绍了突尼斯的历史文化与地域分布。霍华德·C. 里斯等人合著的《突尼斯共和国地区手册》③,也呈现了相似的内容。哈罗德·D. 纳尔逊主编的《突尼斯》④ 从历史背景、社会环境、经济、政府政治、安全力量等各个方面全面介绍了现代突尼斯。详细描述了突尼斯的社会、经济、政治、国家安全等各个领域的状况。米拉·祖斯曼所著《突尼斯农村的发展和分化——布尔吉巴时期》⑤,详细论述了布尔吉巴时期突尼斯农村的发展与出现的问题。查尔斯·A. 米考德等人合著的《突尼斯——现代化的政治》⑥ 论述了突尼斯从被殖民到走向现代化过程中的社会变化和政治发展,着重论述了现代化发展战略的选择。斯通等人合著的《突尼斯的变革》⑦ 一书为了解突尼斯独立初期的社会变化提供了深刻的观点。美国突尼斯研究专家肯尼思·帕金斯的两本著作《突尼斯——伊斯兰和欧洲世界的

---

① Justin Frosini, Francesco Biagi, eds., *Political and Constitutional Transitions in North Africa*, Routledge, 2015.

② Nina Nelson, *Tunisia*, London: B. T. Batsford Ltd., 1974.

③ Howard C. Resse, Thomas D. Bamford, Sharon Camp, Grant V. McClanahan, Taine Tompkins, *Area Handbook for the Republic of Tunisia*, 1970.

④ Harold D. Nelson (ed.), *Tunisia: A Country Study*, 1979.

⑤ Mira Zussman, *Development and Disenchantment in Rural Tunisia: The Bourguiab Years*, Boelder, San Francisco, Oxford: Westview Press, 1992.

⑥ Charles A. Micaud, Leon Carl Brown, Clement Henry Moore, *Tunisia: Politics of Modernization*, New York, London, Frederick A. Praeger, 1964.

⑦ Russell A. Stone, John Simmons, *Change in Tunisia: Studies in Social Sciences*, New York: State University of New York Press, 1976.

十字路口》① 与《突尼斯现代史》② 是研究现代突尼斯的重要文献。在前一本书中,作者梳理了突尼斯自远古时代到现代的发展历程,并着重描述了现代突尼斯的社会、经济、政治、文化。在后一本书中,作者分阶段述及突尼斯的政治发展过程,对本书的写作具有重要参考意义。艾兹丁·穆杜德的《发展中国家的现代化、国家和地区差异——1881—1982突尼斯历史考察》③ 通过对突尼斯的专题研究,深入考察了突尼斯发展的困境,以及突尼斯在转型过程中的地区差异问题。作者认为,突尼斯政府虽然投入了大量精力,转移了大量资源,但无法扭转这一影响突尼斯发展的根本性问题。埃玛·C. 墨菲所著《突尼斯经济与政治改革——从布尔吉巴到本·阿里》④ 对突尼斯独立以来的经济发展和政治改革进行了深入论述,并揭示了突尼斯的法团主义政治的兴起与没落过程。美国北非研究专家克里斯托弗·亚历山大所著《突尼斯——现代马格里布的稳定和改革》⑤ 一书从国家构建、威权主义与改革—稳定关系,以及外部环境等方面探讨了现代突尼斯的政治发展。他认为改革与稳定是突尼斯威权主义政治的主要标志。斯蒂芬·厄尔多所著《本·阿里的新突尼斯(1987—2009)——阿拉伯世界威权主义现代化案例研究》⑥ 一书对突尼斯威权主义政体进行了详细论述,是目前这方面最翔实的论著。作者以精英理论为指导,对本·阿里时期突尼斯的威权主义政治体制进行了深入论述。

其次,威权主义及其转型方面也有大量的著作出版。斯蒂芬·厄多

---

① Kenneth J. Perkins, *Tunisia: Crossroads of the Islamic and European Worlds*, Croom Hlin, London, Sydney: Westview Press, 1986.

② Kenneth J. Perkins, *A History of Modern Tunisia*, Cambridge: Cambridge University Press, 2004.

③ Ezzeddine Moudoud, *Modernization, the State, and Regional Disparity in Developing Countries: Tunisia in Historical Perspective*, 1881 - 1982, Boulder, San Francisco & London: Westview Press, 1989.

④ Emma C. Murphy, *Economic and Political Change in Tunisia: From Bourguiba to Ben Ali*, New York: ST. Martin's Press Inc., 1999.

⑤ Christopher Alexander, *Tunisia: Stability and Reform in the Modern World*, London & New York: Routledge, 2010.

⑥ Steffen Erdle, *Ben Ali's "New Tunisia" (1987 - 2009): A Case Study of Authoritarian Modernization in the Arab World*, Berlin: Klaus Schwarz Verlag, 2010.

尔的《本·阿里的新突尼斯（1987—2009）——阿拉伯世界威权主义现代化案例研究》一书对突尼斯威权主义政体进行了深入研究，并论述了在突尼斯政治发展过程中精英的变化。玛莎·普利浦斯汀·鲍苏尼和米歇尔·潘勒·安格里斯特主编的《中东威权主义——政权和维持》[①]一书，从各个威权国家政权的表现和挑战两个方面讨论了这一群体性特征在中东的特殊反映。斯蒂芬·金所著《中东北非的新威权主义》[②]以阿尔及利亚、埃及、叙利亚、突尼斯为例论证了旧威权主义向新威权主义国家的转变。作者以政策、统治联盟、政治机构、合法性等为变量考察了在这一转变过程中的各种变化。纳斯特奥卡与泽胡尼主编的《中东政治参与》[③]着重考察了中东威权主义国家的政治参与的本质，并以巴林、埃及、摩洛哥、突尼斯等为例进行了案例分析。2003年英国皇家国际事务研究所出版的《伊斯兰教、政治和多元主义——土耳其、约旦、突尼斯、阿尔及利亚的理论和实践》[④]一书考察了土耳其、约旦、突尼斯、阿尔及利亚等国政治发展进程中表现出的特点和实践经验，作者将伊斯兰教这一中东地区持续存在的重要政治文化变量融入了研究过程中，为笔者提供了有益的理论参考。安德鲁·鲍罗维伊克所著的《现代突尼斯——一个民主学徒》[⑤]一书，考察了本·阿里的政治改革和外交政策，提出了"控制中的民主"等概念，对于了解本·阿里时期政治改革的种种举措具有参考价值。突尼斯大学的萨多克·沙阿巴尼博士所著的《走向突尼斯多元主义之路的本·阿里》[⑥]一书，详细论证了本·阿里统治初期的各种多元主义改革，对于了解本·阿里政治理念和

[①] Marsha Pripstein Posusney, Michele Penner Asngrist (eds.), *Authoritarianism in Middle East: Regimes and Resistance*, Boulder & London: Lynne Rienner Publishers, 2005.

[②] Stephen J. King, *The New Authoritarianism in the Middle East and North Africa*, Bloomington: Indiana University Press, 2009.

[③] Ellen Lust Okar & Saloua Zerhouni (eds.), *Political Participation in the Middle East*, Boulder & London: Lynne Rienner Publishers, 2008.

[④] The Royal Institute of International Affairs, *Islam, Politics and Pluralism: Theory and Practice in Turkey, Jordan, Tunisia and Algeria*, New York: The Brookings Institution, 2003.

[⑤] Andrew Borowiec, *Modern Tunisia: A Democratic Apprenticeship*, Westport, Connecticut & London: Praeger publishers, 1998.

[⑥] Sadok Chaabane, *Ben Ali on the Road to Pluralism in Tunisia*, Washington, D. C., American Educational Trust, 1997.

改革贡献提供了重要资料。阿扎姆·S. 塔米米所著的《拉希德·格鲁希——一个伊斯兰主义民主人士》[1] 一书，引用了大量伊斯兰复兴运动内部资料，为理解突尼斯著名反对派领导人拉希德·格努希的政治观念提供了有益参考。诺顿主编的《中东市民社会》[2] 一书，为理解阿拉伯世界国家与社会关系，尤其对认识威权主义体制下各种反对党、社会团体的地位和作用提供了良好视角，其突尼斯专章也使笔者对突尼斯总工会有了更为深入的认识。

最后，作为地中海国家的一员和美国"大中东民主倡议"关注的国家之一，突尼斯的政治改革也受到了欧盟和美国"民主促进"项目的影响，目前已有相当数目的作品问世。

吉勒斯皮和理查德·杨主编的《欧盟和民主促进——以北非为例》[3] 一书，包括几位作者对欧盟"民主促进"计划的战略、策略和方法等方面的论述。卡罗尔·考斯格鲁夫·图舍特所著的《欧盟与非洲——从联系国到伙伴》[4] 一书，考察了欧盟与非洲国家关系的演变，归纳了双方关系发展的轨迹，并详细考察了双方签订的各种协定的作用和地位。弗朗西斯科·卡瓦图塔和杜拉克·文森特主编的《欧盟和美国在北非的外交政策——反向还是相向？》[5] 一书，考察了欧盟与美国北非外交政策的异同点，分析了安全、权力、利益在二者外交政策中的地位，并且从阿尔及利亚、突尼斯、埃及、摩洛哥等国的外交实践中进行了实证分析。诺瓦所著的《欧盟—地中海伙伴计划和大中东倡议——竞争还是互补项目？》[6] 一

---

[1] Azzam S. Tamimi, *Rachid Ghannouchi: A Democrat Within Islamism*, New York: Oxford University Press, 2001.

[2] Augustus Richard Norton (ed.), *Civil Society in the Middle East*, Vol. 1, Leiden, New York & Koln: E. J. Brill, 1995.

[3] Richard Giliespie, Richard Youngs (eds.), *The European Union and Democracy Promotion: The Case of North Africa*, London & Portland: Frank Cass, 2002.

[4] Carol Cosgrove Twitchett, *Europe and Africa: from association to partnership*, Hants: Saxon House, 1978.

[5] Francesco Cavatorta, Vincent Durac (eds.), *The Foreign Policies of the European Union and the United States in the North Africa: Diverging or Converging Dynamics?*, London & New York: Routledge, 2010.

[6] Aylin Unver Noi, *The Euro-Mediterranean Partnership and the Broader Middle East and North Africa Initiative: Complementary or Complementary Projects?*, New York: University Press of America, 2011.

书，详细考察了欧盟和美国的"欧盟—地中海伙伴计划"和美国的"大中东倡议"的内容，并比较了二者的"民主促进"模式的异同。维提斯所著的《自由的艰难行进——阿拉伯民主建构中的美国作用》[①] 一书，考察了"民主促进"机制在美国外交政策中的演变过程以及美国政策的调整，论证了美国在阿拉伯国家政治变革过程中的作用。

国内这方面的著作有杨鲁平、林庆春的《列国志·突尼斯》和译著《突尼斯史》。国内关于阿拉伯/中东国家转型的研究经历了两次范式的变化，可以概括为两个阶段。改革开放以前，"革命范式"居主导地位，研究的主要内容是中东国家的民族解放运动和反帝斗争；1979年以来"发展研究"是主流范式，研究的主要内容是中东国家的发展问题和现代化问题。如刘中民《挑战与回应——中东民族主义与伊斯兰教关系评析》[②] 则以挑战—应战思路探究了中东民族主义的变化及伊斯兰教所发挥的历史作用。哈全安在《中东国家现代化历程》[③] 中以现代化变革考察了中东国家的历史变迁，选取了土耳其、埃及、伊朗等国作为分析对象。王铁铮主编的《世界现代化历程·中东卷》[④] 是世界现代化历程系列丛书，该书探讨了世界历史视野下的中东转型与发展。陈德成主编的《中东政治现代化——理论与历史经验的探索》[⑤] 结合理论探索和案例总结，是关于阿拉伯/中东政治转型的综合性论著。王林聪著的《中东国家民主化问题研究》[⑥] 探究并初步总结了中东国家的政治变革之路。王泰、陈小迂著的《追寻政治可持续发展之路——中东现代威权政治与民主化问题研究》[⑦] 是关于转型研究的最新成果，集中论述了中东威权主义国家的转型问题。王三义著的《工业文明的挑战与中东近代

[①] Tamara Cofman Wittes, *Freedom's Unsteady March: America's Role in the Building Arab Democracy*, Washington, D. C., Brookings Institutions Press, 2008.
[②] 刘中民：《挑战与回应——中东民族主义与伊斯兰教关系评析》，世界知识出版社2005年版。
[③] 哈全安：《中东国家现代化历程》，人民出版社2006年版。
[④] 王铁铮主编：《世界现代化历程·中东卷》，江苏人民出版社2010年版。
[⑤] 陈德成主编：《中东政治现代化——理论与历史经验的探索》，社会科学文献出版社2000年版。
[⑥] 王林聪：《中东国家民主化问题研究》，中国社会科学出版社2007年版。
[⑦] 王泰、陈小迂：《追寻政治可持续发展之路——中东现代威权政治与民主化问题研究》，社会科学文献出版社2016年版。

经济的转型》①从历史角度分析了近代以来中东国家的经济转型问题。冯璐璐著的《中东经济现代化的现实与理论探讨》②则研究了全球化形势下中东国家经济转型问题。杨光主编的《中东发展报告》③系列从动态角度分析了中东国家经济转型的基本态势。另外，有一些论著从国别角度论述了中东国家的转型，如王铁铮主编的《沙特阿拉伯国家与政治》④探究了现代沙特阿拉伯国家转型，毕健康著的《埃及现代化与政治稳定》⑤总结了埃及转型的特点和主要问题。

国内突尼斯研究在宪政社会主义研究方面最为集中。比如，唐大盾等著的《非洲社会主义：历史、理论、实践》⑥，陈匡民、张小键合作的论文《试论宪政社会主义的内涵和实质》⑦，向文华的论文《突尼斯宪政民主联盟的宪政社会主义实践》⑧。

关于阿拉伯—伊斯兰世界政治变革的专著目前只有陈德成主编的《中东政治现代化——理论与历史经验的探索》⑨、王林聪著的《中东国家民主化问题研究》⑩，哈全安、周术情所著的《土耳其共和国的政治民主化进程研究》⑪与杨鲁萍的《全球化与中东政治民主化》⑫等著作。此外，还有许多中东研究学学者在他们的著作中探讨了中东国家的政治民主以及相关问题，诸如《现代海湾国家政治体制研究》⑬《伊斯兰教与中东现代化进程》⑭《当代中东热点问题的历史探索——宗教

---

① 王三义：《工业文明的挑战与中东近代经济的转型》，中国社会科学出版社2006年版。
② 冯璐璐：《中东经济现代化的现实与理论探讨》，人民出版社2009年版。
③ 杨光主编：《中东发展报告》，社会科学文献出版社2012—2018年版。
④ 王铁铮主编：《沙特阿拉伯国家与政治》，三秦出版社1998年版。
⑤ 毕健：《埃及现代化与政治稳定》，社会科学文献出版社2005年版。
⑥ 唐大盾等：《非洲社会主义：历史、理论、实践》，世界知识出版社1988年版。
⑦ 陈匡民、张小键：《试论宪政社会主义的内涵和实质》，《科技信息》2010年第27期。
⑧ 向文华：《突尼斯宪政民主联盟的宪政社会主义实践》，《当代世界社会主义》2009年第6期。
⑨ 陈德成主编：《中东政治现代化——理论与历史经验的探索》，社会科学文献出版社2000年版。
⑩ 王林聪：《中东国家民主化问题研究》，中国社会科学出版社2007年版。
⑪ 哈全安、周术情：《土耳其共和国的政治民主化进程研究》，上海三联书店2010年版。
⑫ 杨鲁萍：《全球化与中东政治民主化》，《西亚非洲》2001年第6期。
⑬ 安维华等：《现代海湾国家政治体制研究》，中国社会科学出版社1994年版。
⑭ 彭树智主编：《伊斯兰教与中东现代化进程》，西北大学出版社1997年版。

与世俗》①《伊斯兰教与当代世界》②《动荡中东多视角分析》③《面向21世纪的中东》④《沙特阿拉伯的国家和政治》⑤《沙特阿拉伯——一个产油国人力资源的发展》⑥《中东史》⑦《世界现代化历程·中东卷》⑧《现代政治与伊斯兰教》⑨《伊斯兰与冷战后的世界》⑩《当代世界的民主化浪潮》⑪《中东国家现代化历程》⑫《当代中东政治制度》⑬，等等。上述著作对中东国家政治发展变革的历史和现状都进行了广泛的研究，并得出了一般性的结论，对把握中东国家政治现代化的共同历史特征提供了有价值的参考。中国的中东研究专家研究中东国家政治变革问题一般涉及伊斯兰教、经济发展、世俗化、社会变迁、军人干政、外部干预等因素，这为从事相关研究的后来者提供了很好的思路。然而，国内学者关注的对象仍然集中在传统中东大国，对于北非地区阿拉伯国家涉猎较少。2010年年底中东北非地区陷入动荡，使得学者们开始将目光投向了北非地区——突尼斯、利比亚、埃及等国，北非阿拉伯国家在短时期内成为研究的热点。这方面的成果集中收录在马晓霖主编《阿拉伯大剧变——西亚北非大动荡深层观察》⑭一书中。学者们对此次中东北非大变局进行了热烈的讨论，涉及经济、政治、文化等方面，但是专门论及突尼斯政治转型的文章并不多，全面探析突尼斯政治变革的文章更是屈指可数。

---

① 杨灏城、朱克柔等：《当代中东热点问题的历史探索——宗教与世俗》，人民出版社2000年版。
② 金宜久：《伊斯兰教与当代世界》，东方出版社1995年版。
③ 王京烈等：《动荡中东多视角分析》，世界知识出版社1996年版。
④ 王京烈等：《面向21世纪的中东》，社会科学文献出版社1999年版。
⑤ 王铁铮主编：《沙特阿拉伯的国家与政治》，三秦出版社1997年版。
⑥ 黄民兴：《沙特阿拉伯——一个产油国人力资源的发展》，西北大学出版社1998年版。
⑦ 彭树智主编：《中东史》，人民出版社2010年版。
⑧ 王铁铮主编：《世界现代化历程·中东卷》，凤凰出版传媒集团、江苏人民出版社2010年版。
⑨ 刘靖华、东方晓：《现代政治与伊斯兰教》，社会科学文献出版社2000年版。
⑩ 东方晓：《伊斯兰与冷战后的世界》，社会科学文献出版社1999年版。
⑪ 丛日云：《当代世界的民主化浪潮》，天津人民出版社1999年版。
⑫ 哈全安：《中东国家现代化历程》，人民出版社2006年版。
⑬ 王彤：《当代中东政治制度》，中国社会科学出版社2005年版。
⑭ 马晓霖主编：《阿拉伯大剧变——西亚北非大动荡深层观察》，新华出版社2012年版。

不过，需要指出的是，近几年完成的研究生学位论文中出现了一些关于突尼斯的专题研究，包括湘潭大学硕士刘海燕和徐华强的《突尼斯个人身份法改革研究》[1]和《突尼斯宪政发展研究》[2]，笔者完成的硕士学位论文《哈比卜·布尔吉巴外交思想及实践研究》[3]，以及吉林大学硕士坎戴西的学位论文《突尼斯政治转型道路中的优势和障碍》[4]。湘潭大学两位同学在法律史方面的专长使其对突尼斯法律制度的传统和重要内容做了评析，为本书的写作提供了很好的帮助。特别是他们在法律制度方面的论述，很好地佐证了本书关于突尼斯司法制度的分析。吉林大学留学生坎戴西的文章考察了突尼斯的经济、教育、国民素质、媒体等影响突尼斯转型的因素，也给笔者提供了有益参考。

国内关于欧盟和美国"民主促进"计划也有不少著作。如《欧盟的民主治理研究》[5]《欧盟的中东政策研究》[6]《美国民主制度输出》[7]等。

五 研究思路

本书研究的主题是突尼斯的政治转型问题，时间跨度从1837年近代突尼斯开始转型到2018年3月突尼斯政治转型初步奠基为止，主要论述近代以来突尼斯的历次转型的发生、演进和发展的历史，以及与此相关的问题，采用的是归纳与演绎的研究路径。对于2011年以来突尼斯政治转型的历史，本书专列一章进行了论述，并初步得出了结论。本书采取的是现实与历史相结合的方法。彭树智先生指出，"如果能充分发挥关注现实的优势，从而追溯历史，反思现实，再从历史高度审视现

---

[1] 刘海燕：《突尼斯个人身份法改革研究》，硕士学位论文，湘潭大学，2011年。
[2] 徐华强：《突尼斯宪政发展研究》，硕士学位论文，湘潭大学，2012年。
[3] 李竞强：《哈比卜·布尔吉巴外交思想及实践研究》，硕士学位论文，西北大学，2011年。
[4] 坎戴西：《突尼斯政治转型道路中的优势和障碍》，硕士学位论文，吉林大学，2013年。
[5] 纽松：《欧盟的民主治理研究》，时事出版社2011年版。
[6] 汪波：《欧盟的中东政策研究》，时事出版社2010年版。
[7] 刘国平：《美国民主制度输出》，社会科学文献出版社2006年版。

实,那就更完美了"。① 本书希望结合"关照现实"与"反思历史",解析近代以来突尼斯政治转型的历史,分析这一过程中转型问题的具体内涵和对当前问题的启示意义。

本书主要分为五个部分,对突尼斯政治转型的动力、方式、次序、危机进行了深入论述,并对其结果提出了试探性结论,尝试以中国视角分析解决危机的方法和途径。第一部分为绪论,第二部分为第一章,第三部分为第二章,第四部分为第三至七章,最后一部分为结论。

第一部分为绪论,介绍选题目的和意义,梳理相关研究成果,分析资料来源与研究方法,以及本课题的创新之处,概括主要内容,分析转型研究的价值和意义。阐发转型理论对突尼斯近代以来历史发展的意义。

第二部分主要论述了突尼斯近代史上的政治改革,并归纳了突尼斯的改革主义传统,剖析了突尼斯立宪制度的演变历史。宪法改革在突尼斯政治发展史上居于重要地位,探索这一传统的起源和发展演变有利于增强对突尼斯政治改革理念的认识。

第三部分考察突尼斯威权主义政治体制的形成,以及该体制下社会、经济、政治的互动。论述了突尼斯威权主义体制的形成和演变,总结了这一体制形成的影响因素,内部结构和主要特点。第二章还论述了突尼斯威权主义体制下经济转型和社会转型,主要分析了新自由主义经济改革产生的社会和经济影响。第二章还分析了突尼斯政治转型的发生、演变过程,并归纳总结了各种触发因素,探究了新的转型过程中出现的危机,以及突尼斯政治转型的成就和失败。

第四部分主要论述了影响突尼斯政治转型的相关复杂因素,包括官僚机构、政党、军队和安全机构、非政府组织、国际政治因素等。

第三章主要从行政部门改革的角度论述了突尼斯国家治理方式的演变,并分析了在这种治理方式下出现的危机及其结果。

第四章论述了突尼斯政党制度的演变,并分析了突尼斯政治转型过程中政党的作用及其局限性。

第五章论述了突尼斯军队和安全机构政治地位的嬗变,总结了突尼

---

① 彭树智主编:《中东国家通史·叙利亚黎巴嫩卷》,商务印书馆2003年版,第434页。

斯国家机器在政治转型过程中的作用和影响。

第六章论述了突尼斯非政府组织的成长，并分析了非政府组织对政治转型的影响，总结了非政府组织的局限性。

第七章论述了外部干预力量对突尼斯政治转型的影响，包括全球与地区层面，涉及殖民时代至中东北非动荡以来的关键转型。

本书的最后一部分为结论。在结论部分，笔者试图归纳突尼斯政治转型的轨迹、主要经验和教训，通过对突尼斯政治转型的分析，探究突尼斯实现符合国情的民主制度的可能性，并尝试以"中国视角"分析突尼斯政治转型中应对危机的方法和途径。

第一章　近代以来突尼斯政治改革

1705年，希腊裔奥斯曼禁卫军军官侯赛因·本·阿里在突尼斯击败穆拉德王朝末代统治者易卜拉欣后自立为贝伊，开创了侯赛因王朝250多年的基业。经过历代贝伊的努力，突尼斯实现了稳定，逐渐发展为现代民族国家。进入18世纪，在内外压力逼迫下，突尼斯近代政治改革拉开了帷幕。此后，虽然历经曲折过程，改革主义传统一直延续了下来。

第一节　侯赛因王朝改革

一　"自治"与"独立"的艰难抉择

侯赛因王朝建立后，突尼斯的政治地位主要取决于该政权与奥斯曼帝国、欧洲列强的互动。首先，侯赛因·本·阿里结束了奥斯曼征服后军阀混战（1573—1705年）的纷争局面，在突尼斯建立了秩序。他虽然出身马穆鲁克，但由于奉行亲阿拉伯政策，赢得了突尼斯当地贵族的支持，其政权逐渐发展成了与阿拉伯—伊斯兰文化紧密相连的地方政权。贝伊的财政收入主要来自税收和商贸，而不再是海上掠夺和所获赎金。这使得侯赛因王朝迥然区别于摩洛哥、阿尔及尔等地的军事贵族。突尼斯获封为"地中海最文明的领地"。[①] 侯赛因王朝历代贝伊的治理为突尼斯自我发展奠定了基础。

其次，奥斯曼帝国不断衰落，逐渐失去了对马格里布阿拉伯属地的

[①] Jacob Abadi, *Tunisia since the Arab Conquest: The Saga of Westernized Muslim State*, Ithaca Press, 2013, p.271.

控制。1587年，奥斯曼帝国马格里布属地分裂为阿尔及尔、突尼斯、的黎波里三个领地。突尼斯由奥斯曼苏丹任命的帕夏管理，帕夏任期为一年。但是权力被奥斯曼帝国派驻突尼斯的禁卫军掌握，帕夏沦为名义代表。侯赛因王朝建立后，奥斯曼苏丹承认了其统治权力，并授予其帕夏称号。突尼斯贝伊由侯赛因的后代世袭。随着奥斯曼帝国的不断衰落，突尼斯贝伊的自主性不断增强。中央政府与地方政权的关系越来越松散。侯赛因王朝对奥斯曼帝国最大的贡献莫过于派兵助战了。例如，突尼斯先后参加了诺瓦里诺海战和克里米亚战役。[1] 突尼斯之所以没有脱离奥斯曼帝国而独立，一方面是由于存在大量土耳其人，他们在侯赛因王朝统治集团中具有举足轻重的地位。另一方面，土耳其的文化影响也是难以割舍的因素。突尼斯的伊斯兰国家属性，统治者们的土耳其血统都是双方之间联系的牢固纽带。此外，欧洲列强咄咄逼人的扩张势头也迫使突尼斯为其安全寻找一个依靠。

最后，欧洲列强，特别是法国、意大利、英国在北非地区的争夺，进一步影响了突尼斯贝伊的政治选择。英国控制了马耳他，法国占据了阿尔及尔。前者代表的基督教新教势力和后者代表的天主教势力对突尼斯的自治地位造成了极大威胁。为了保证其自治地位，突尼斯必须依赖奥斯曼帝国的军事力量。但是，法国和英国等国以提供贷款和贿赂贝伊大臣获得了贝伊的信任和好感。法国为了自身独占的利益极力怂恿贝伊脱离奥斯曼帝国而独立，对贝伊的选择形成了一定的影响。1836年8月5日，法国首相阿道夫·提耶尔照会欧洲各国，法国将保证突尼斯的独立地位。[2] 在西方文化的影响下，突尼斯贝伊也不断倾向于现代化的西方。争取完全独立逐渐成为一个诱人的选择。

因此，自艾哈迈德贝伊（1837—1855年在位）开始，突尼斯对奥斯曼帝国的独立倾向与日俱增。1830年签订的《法突条约》中，突尼斯贝伊第一次采用了"国王"的称号。

1846年，艾哈迈德完成了对法国的访问，却忽视了对奥斯曼帝国

---

[1] Jacob Abadi, *Tunisia since the Arab Conquest: The Saga of Westernized Muslim State*, Ithaca Press, 2013, p.283.

[2] Ibid., p.227.

的访问。艾哈迈德贝伊还用阿拉伯语取代了土耳其语作为宫廷语言,并向欧洲各国派驻了外交使团。1877年,赫尔丁首相由于其亲奥斯曼倾向被罢免。

二 早期现代化尝试

近代欧洲兴起之后,突尼斯得风气之先,率先在北非地区开始了现代化改革。受埃及总督穆罕默德·阿里的影响,艾哈迈德贝伊1837年上台后推行了一系列改革,开启了现代化进程。不过,和当时奥斯曼帝国推行的现代化改革一样,突尼斯早期现代化以军事和经济现代化为主要内容。

艾哈迈德贝伊的改革包括以下内容:(1)艾哈迈德贝伊推行教育改革。1842年11月1日,他任命30名教师(马利克和哈奈菲教法学派各占一半)在宰图纳大学讲授新课程,并在该校设立图书馆。(2)艾哈迈德贝伊于1846年废除了奴隶制。(3)同年,突尼斯成立国家银行。(4)在艾哈迈德贝伊时期,突尼斯从欧洲各国购入大量火枪、大炮、军舰等先进武器,并在巴杜宫开办培养新型人才的军事院校。在他的努力下,突尼斯建立了一支由步兵、炮兵和骑兵组成的30000人的军队(战时可以扩展至45000人)。[1]

从突尼斯早期进行政治现代化的动力看,欧洲因素是突尼斯君主们进行现代化改革主要推动力。首先,正如亨廷顿所言,19世纪君主国的现代化动力是抵御帝国主义。[2] 突尼斯在阿尔及利亚1830年沦为法国殖民地之后加快了军事现代化步伐。但突尼斯军事改革的成果在1855年克里米亚战役中损失殆尽。此役,突尼斯损失了8000名士兵。[3] 突尼斯的军事改革效仿法国,从装备、军服、训练等方面完全照搬,法国军官充斥军队和军事院校。[4] 但法国并不希望一个独立而强大的国家出现在北非。法国一方面向突尼斯提供改革需要的技术和装备,另一方面以

---

[1] Jacob Abadi, *Tunisia since the Arab Conquest: The Saga of Westernized Muslim State*, p. 278.
[2] [美]塞缪尔·P. 亨廷顿:《变化社会中的政治秩序》,王冠华、刘为等译,上海世纪出版集团2008年版,第129页。
[3] Jacob Abadi, *Tunisia since the Arab Conquest: The Saga of Westernized Muslim State*, p. 280.
[4] Ibid., p. 285.

经济实力钳制突尼斯的改革。在缺乏经济支撑的情况下，改革不仅遭遇了失败而且产生了与改革意图相反的效果。改革所耗费的资金加重了国家财政困难，拓展财源的努力促使突尼斯开始社会、经济、政治转型。为了筹措购买军事装备的资金，突尼斯被迫转让特许权，放弃国家对贸易的控制。其次，英法在突尼斯的激烈争夺，以及法国对北非地区的政治压力最终迫使突尼斯贝伊实行"立宪改革"。19世纪，突尼斯作为奥斯曼一个事实上的自治属国推动现代化之时，来自西班牙的犹太人、马耳他人、意大利人等大量在突尼斯居留、定居。尤其到了19世纪中叶，大量欧洲人涌入了突尼斯。[1]

三 宪法的引入和实践

突尼斯政治现代化的开端是1861年"立宪改革"。突尼斯军事现代化尝试转向了政治现代化实践。艾哈迈德贝伊之后，穆罕默德贝伊和穆罕默德·萨迪克贝伊完成了制宪，并于1861年颁布。而且，虽然突尼斯当时的统治者在制度方面有所创新，其重点并不在争取权威合理化和扩大政治参与方面。在艾哈迈德时期，农民首次获准参加军队，打破了马穆鲁克对军事的垄断，开启了平民参与政治的先河。[2] 在1861年"立宪改革"时，突尼斯当时的封建王朝的合法性仍然来自奥斯曼帝国的任命，统治权在贵族中间分享。突尼斯在阿拉伯—伊斯兰世界率先实施宪法，走出了君主立宪的关键一步。

为了在突尼斯取得特权地位，英国、法国可谓不择手段，从强制贷款到获取治外法权、商品免税进入市场、争取特许权等不一而足。在欧洲列强的压力下，穆罕默德贝伊（1855—1859年在位）统治时期开始成立委员会论证立宪政治。穆罕默德·萨迪克贝伊（1859—1882年在位）与拿破仑三世1860年在阿尔及尔会晤后决定颁布宪法，引入君主立宪政体。

1857年，穆罕默德贝伊签署了"基础法案"（Ahd al-Aman, "The Fundamental Pact"），开启了制宪历程。1861年，穆罕默德·萨迪克贝

---

[1] Kenneth Perkins, *A History of Modern Tunisia*, Cambridge University Press, 2004, p. 21.
[2] Ibid., p. 15.

伊正式颁布宪法。从宪法规定的内容看，除规定居民平等权的内容外，主要为保障突尼斯外国人和少数族群利益的条款。宪法对平等权的规定如下：（1）不论宗教、语言和肤色，给予君主所有的臣民平等保护。保障他们的财产和尊严。（2）平等缴税。（3）在法律面前，穆斯林和非穆斯林一律平等。（4）固定而且公平的征兵保障。对外国人和少数族群权利的规定如下：（1）非穆斯林信教自由，坚持宗教无强迫原则。（2）迪米①有在涉及他们的刑事法庭中指定其社区领导人作为法官的权利。（3）在涉及欧洲公司时，设立穆斯林和友邦联合商业裁判所。（4）穆斯林和非穆斯林平等适用习惯法。（5）对自由贸易提供不干涉、不介入的国家保障，并承诺这种机制不受破坏。（6）在遵守当地法律的情况下，君主的臣民和外国人在产业和服务方面享有平等权利。（7）君主的臣民和外国人拥有土地和不动产的平等权利。② 1858年8月30日，在突尼斯城还建立了市议会。但是，基础法案并没有规定政府形式和国家机构的内容，无法发挥宪法作用。

　　1861年，突尼斯颁布宪法，形成了立法、行政、司法三权分立的格局，初步确立了君主立宪原则。根据宪法，立法权归议会。议会由60名议员组成，1/3由部长和政府官员组成，其余由贵族充任，议长由改革派大臣赫尔丁担任。根据宪法第63条，议会拥有制定法律、修改现有法律、增减开支、扩充军队及军备、兴办工业、弹劾官员和解释法律的权力。而且，议会还可以控制政府。议会是法律的维护者，有权以违宪为由弹劾贝伊。另外，根据宪法第60条，议会还可以组成最高法院。根据宪法，行政权归贝伊。贝伊的继承仍遵循长子继承制原则，但需向议会表示礼节上的效忠。贝伊拥有指挥军队、签署法律、任免官员的权力。贝伊在部长们支持下执行法律，治理国家。但是，贝伊不能解散未完成任期的司法机构。根据宪法，全国设10所法院。突尼斯城为最高法院所在地。突尼斯还设立了处理宗教、商业、军事争端和诉讼的专门法院。为了保证司法公平，法官任职为终身制。显然，在宪法制约

---

① 奥斯曼帝国少数族群自治制度。
② Brieg Powel, Larbi Sadiki, *Europe and Tunisia: Democratization via association*, Routledge, 2010, pp. 17 – 18.

下，君主的权力受到了限制。一方面，立法机构可以对其进行弹劾；另一方面，根据欧洲模式建立的法院脱离了其管辖范围。突尼斯在政治改革中引入了宪法，并进行了初步实践。

然而，第一次"立宪改革"时间短暂，仅仅维持了三年多时间，经过1864年农民起义冲击后便告失败。究其原因，突尼斯政治发展的不成熟是根本原因。突尼斯在"立宪改革"中引入了超前的制度，但除受西方文化熏陶的改革者之外，其余统治者并没有接受新的政治思想。统治集团内部改革者的势力过于弱小，无力与专制制度抗衡。立法者坚持宪法权力，但专制君主及其大臣习惯于自行其是。立法机构和行政机构之间的冲突时有发生。例如，1863年，首相卡兹纳达尔提出向法国贷款3000万法郎的计划被驳回。萨迪克贝伊增加税收的要求仅得到了议会的部分支持。[①] 而且，这种外部强加的制度设计也没有得到民众的支持。相反，"立宪改革"时期的增税行为伤害了民众的利益，引发了群众的强烈反抗。

1873—1877年赫尔丁在欧洲列强支持下再次开展"立宪改革"，构成近代突尼斯人主导的政治现代化的尾声。赫尔丁出身马穆鲁克，曾在1857—1859年担任突尼斯海军大臣，1873—1877年担任突尼斯首相。作为受训于艾哈迈德贝伊军事院校的军官，赫尔丁曾在欧洲度过大量时间，使得他有时间观察西方国家的政治制度。[②] 赫尔丁改革的关键是建立西化和现代化的政治制度。他认识到突尼斯面临帝国主义国家的入侵威胁，希望抢先一步进行改革，通过借用西方制度，加强突尼斯的力量，消除帝国主义干涉的借口，比如财政不负责、行政混乱、缺乏法律和秩序等。他希望向持怀疑态度的贪婪侵略者展示突尼斯解决自身问题的能力。赫尔丁进一步改革了宰图纳大学，并创建了在伊斯兰教之外教授科学、外国语言的萨迪克中学。在金融领域，他确立了三个原则：不征收新税，不向外国贷款，不对货币贬值。他还推行财政紧缩，加强对哈布斯的管理。同时，他也希望呼吁突尼斯政界和

[①] Jacob Abadi, *Tunisia since the Arab Conquest: The Saga of Westernized Muslim State*, Ithaca Press, 2013, p. 284.

[②] Lisa Anderson, *The State and Social Transformation in Tunisia and Libya*, 1830 – 1980, Princeton, PrincetonUniversity Press, 1986, p. 25.

宗教精英改革的必要。改革派的另一位代表人物阿比·迪亚夫也将西方国家视作良治政府的榜样，希望通过"立宪改革"，限制君主权力，遏制腐败，增强突尼斯的实力。但是，在国内外政治保守势力的联合反对下，他们的改革归于失败。王室不仅对收入下降不满，还对改革派上升的威望心生疑虑。赫尔丁在政变的传闻中去职，其改革由于时间仓促和阻力过多而夭折。1881年，突尼斯沦为法国保护国后废除了宪法，突尼斯的早期"立宪改革"实践失败。

第二节 法国殖民改造

1881年，法国正式吞并突尼斯，在突尼斯的历史上书写了浓墨重彩的一笔。在长达75年的统治中，殖民政府对突尼斯的行政、金融、司法、文化都产生了重要影响。法国帝国主义政策改造了突尼斯。

一 "保护国"下的双轨制

通过法突之间签订的《巴尔杜条约》（1881年）和《马尔萨条约》（1883年），法国确立了对突尼斯的监护权。根据《巴尔杜条约》，突尼斯世袭君主仍然具有绝对权力，总督以贝伊的名义行使外交权力。《马尔萨条约》第一条规定了贝伊为法国进行行政、司法和金融等改革提供便利的义务。第二条决定突尼斯的债务由双方共同偿还。第三条规定贝伊每年的花销为200万皮阿斯特。在实际运作中，经过几任总督的努力，突尼斯逐渐形成了由总督和贝伊组成的双轨制统治方式。

首先，法国将突尼斯保护国置于外交部的管辖治下，由一名二等秘书担任总督。[1] 总督拥有一切重要权力。总督拥有立法权，控制陆军和海军，并主持部长会议。总督掌管诸如金融、公共事业、教育、交通和农业等事务。在地方事务上，总督手下的法国官员节制宗教和世俗领导人。法国还从阿尔及尔抽调了一批行政人员管理地方行政、司法和财政事务，加强对突尼斯的统治。在殖民政府统治下，突尼斯中央政府加强

---

[1] Jacob Abadi, *Tunisia since the Arab Conquest: The Saga of Westernized Muslim State*, Ithaca Press, 2013, p. 334.

了管理，行政、司法权力都有所提升。突尼斯的行政区划被确定为13个省。卡迪的数目由1883年的80个减为1886年的60个，1900年时这一数目变为38个。① 殖民统治在客观上加强了突尼斯中央政府的权力，增强了中央对地方的管辖，客观上促进了突尼斯的民族国家建构进程。

其次，在"间接统治"模式下，贝伊丧失了大部分权力，沦为总督控制下的傀儡。贝伊虽然拥有自己的小朝廷，但其突尼斯人部长数目减为两名，其余十名都由法国人担任。贝伊被剥夺了军队指挥权，仅仅保留了王宫卫队和仪仗队。贝伊发布的敕令往往要得到总督的批准。殖民政府中的这种权力分配进一步削弱了封建朝廷的地位和作用，贝伊的威望遭遇重大打击，为突尼斯由传统专制君主国向现代政治过渡创造了条件。

最后，在司法领域同样存在双轨制。在殖民政府的交涉下，英国和意大利分别于1883年12月、1884年7月放弃了领事裁判权，为殖民政府制定统一的司法体系创造了条件。殖民政府以法国法院为蓝本，在突尼斯建立了7个高等法院和1个上诉法院，并在突尼斯城建立了2个高等法院和1个复审法院。② 但穆斯林内部的纠纷仍由传统的司法体系裁决。贝伊仍拥有大赦权力。殖民政府的统治使得突尼斯处于一种专属殖民地的状态，从而在很大程度上排斥了其他列强的掠夺。这对突尼斯面临的国际环境产生了重要影响。而且，这种依附宗主国的传统在突尼斯独立后仍然存在。

二 殖民经济的调整与发展

法国政府的目标是在保证突尼斯成为阿尔及尔的屏障的同时尽量不成为法国政府的负担，因此，提振突尼斯千疮百孔的经济成为殖民政府的首要任务。

首先，殖民政府进行了金融改革。由于不断对外举债和官员中饱私囊、腐败盛行，突尼斯财政1869年宣布破产。法国、英国、意大利组

---

① Jacob Abadi, *Tunisia Since the Arab Conquest: The Saga of a Westernized Muslim State*, Ithaca Press, 2011, p. 338.

② Ibid., p. 337.

成国际金融协会监管突尼斯的财政。但这种监管并没有使得突尼斯财政出现好转,反而使其雪上加霜。1881 年,法国军队兵不血刃占领了突尼斯。突尼斯由于无力承担军费支出放弃了抵抗。保护国建立后,为了金融重组和帮助贝伊清偿债务,殖民政府进行了金融改革。1884 年,法国贷款 1420 万法郎帮助突尼斯进行金融改革。此次贷款利率仅为 4%,几年后利率进一步降为 3%。法国的输血使突尼斯的财政实现了盈余。[1] 经济的好转使得殖民政府有能力减税。1930 年,殖民政府宣布减税 30%。另外,殖民政府改革了关税,并与法国于 1898 年建立了关税同盟。

其次,殖民政府兴修铁路、港口,加大对突尼斯的资源掠夺。1881 年,突尼斯没有一条像样的铁路。20 年之后,突尼斯的铁路里程达到了 900 公里。这一数字在 1900—1913 年又翻了一番。1897 年司法克斯港投入使用。之后,殖民政府又建成了比塞大港。另外,殖民政府加强了对突尼斯矿产资源的开发和掠夺。从 1898 年到第一次世界大战,突尼斯锌矿的年开采量为 30000 吨。铅矿的开采量从 1900 年的 6000 吨增加到了 1910 年的 37000 吨,第一次世界大战期间进一步增长到了 59000 吨。突尼斯主要矿产磷酸盐的开采量从 178000 吨(1900 年)增长到了 521000 吨(1905 年)、130 万吨(1910 年)、200 万吨(1913 年)。[2] 与资源开发出现的欣欣向荣局面相反,突尼斯的传统手工业遭遇了沉重打击。费兹帽、武器、珠宝、皮革、纺织品产量严重下滑,仅有制陶和制毯得以生存。由于交通的改善和资源的开发,以及关税的调整,突尼斯的出口稳步增长。1900—1904 年出口额为 12800 万法郎,1905 年为 19500 万法郎,1910—1913 年达到了 28000 万法郎。第一次世界大战前夕,突尼斯第一次实现了出超。[3] 在突尼斯的贸易伙伴中,法国吸收了其出口的 50% 和 2/3 的进口。[4]

---

[1] Jacob Abadi, *Tunisia Since the Arab Conquest: The Saga of a Westernized Muslim State*, Ithaca Press, 2011, p. 337.

[2] Jacob Abadi, *Tunisia Since the Arab Conquest: The Saga of Westernized Muslim State*, Ithaca Press, 2013, p. 343.

[3] Ibid., p. 344.

[4] Jacob Abadi, *Tunisia Since the Arab Conquest: The Saga of a Westernized Muslim State*, Ithaca Press, 2011, p. 344.

最后，殖民政府促进了法国殖民者的投资兴业。在殖民政府的帮助下，法国殖民者获得了大量的土地。1885年和1892年两次注册土地的法令剥夺了许多突尼斯人的土地。到1900年时，30万公顷被欧洲殖民者占据，法国人占据了其中的17.5万公顷。而且，在法国殖民统治下，欧洲殖民者往往享受减免税收的特权。殖民政府4/5的税收被转嫁到了突尼斯民众身上，这加剧了突尼斯农民贫困的生活境遇。①

三 同化政策的实施

法国为了在突尼斯实现长期统治和完成其"文明开化"的任务，在突尼斯也推行同化政策。殖民政府推行的同化政策主要体现在教育改革和归化、宗教改宗方面。

首先，殖民政府实行教育改革。在法国统治下，突尼斯引入了法—阿双语学校，建立了职业学校和女子学校。这些学校对突尼斯民众造成重要影响。在法国文化熏陶下，突尼斯民族主义者大多形成了西化、世俗化的自由主义政治理念。据统计，突尼斯独立之初的政治精英中约75%拥有国外求学经历，他们中间的70%在法国完成了高等教育学业。② 殖民政府推行的教育改革是突尼斯威权主义政治的重要文化遗产。

其次，殖民政府推出归化政策。鉴于法国殖民者定居突尼斯的数目增长缓慢，殖民政府推出了归化政策。大量马耳他人、意大利人取得了法国国籍。部分突尼斯犹太人也加入了法国国籍。殖民政府的归化政策增加了殖民者的数量，特权阶级的扩大加重了突尼斯民众负担，迫使他们奋起反抗。

最后，法国天主教势力在突尼斯还开展了针对穆斯林的"改宗"行动。阿尔及尔红衣主教查尔斯·拉维杰里最为著名。"改宗"行为比"归化"政策更令突尼斯穆斯林不满，因此不断激起了民众反抗。殖民政府在突尼斯各地都建立了天主教堂，数目达数十座。1930年5月11日，天主教会纪念圣奥古斯丁诞辰1500年的活动激起了突尼斯的民族

---

① Kenneth J. Perkins, *Tunisia: Crossroads of the Islamic and European Worlds*, Westview Press, 1986, p. 90.

② I. William Zartman, Mark A. Tessler (eds.), *Political Elites in the Arab North Africa: Morocco, Algeria, Tunisia, Libya, and Egypt*, New York & London, Longman, 1982, p. 147.

主义情绪。布尔吉巴后来在谈及自己走上民族主义道路时曾提到对"改宗"行动的不满。①"改宗"政策的推行成为突尼斯民族主义运动的兴起最后一个成分，即对文化认同的危机感。宗教、文化因素的加入促进了突尼斯民族的觉醒。

第三节　突尼斯改革主义传统

一　突尼斯改革主义传统的形成

突尼斯 1861 年"立宪改革"标志着突尼斯政治现代化的肇端，为突尼斯独立后政治民主化奠定了基础。虽然历时短暂，但 1861 年"立宪改革"无疑在突尼斯历史上具有里程碑意义。赫尔丁的努力和成就在突尼斯近代史形成了持续至今的改革主义传统。正如有学者指出，自 1857 年"基础法案"颁布以来，突尼斯的行政、社会、经济和社会变革都以改革主义的形式出现。②

另外，"立宪改革"期间突尼斯内部产生了一批具有改革思想的知识官僚，为突尼斯现代化准备了人才基础。突尼斯 19 世纪"立宪改革"的主要倡导者是赫尔丁（Khayr al-Din），支持者包括谢赫马哈穆德·卡巴杜（Shaykh Mahmud）、马哈穆德·拜纳姆五世（Mahmud Bayram V）、萨利姆·哈吉布（Salim bu Hajib）、艾哈迈德·本·阿比·迪亚夫（Ahmad bin Abi Diyaf）、侯赛因将军（General Husayn）和鲁斯图姆将军（General Rustum）等，都为"立宪改革"发挥了重要作用。在他们的影响之下，突尼斯涌现出了一批又一批具有改革思想的知识分子，为推动突尼斯现代化事业的向前发展创造了条件。事实上，突尼斯引以为豪的便是其在人才方面相对于阿拉伯—伊斯兰世界其他国家的优势。

近代以来突尼斯的社会、经济、政治变革基本上都以自上而下的形式出现，形成了一代又一代民族主义者解决现代化发展难题的接力。赫尔丁、塔列比·萨阿列比、哈比卜·布尔吉巴、艾哈迈德·本·萨拉

---

① Kenneth J. Perkins, *Tunisia: Crossroads of the Islamic and European Worlds*, Westview Press, 1986, p. 91.

② Béatrice Hibou & John Hulsey, "Domination & Control in Tunisia: Economic Levers for the Exercise of Authoritarian Power", *Review of African Economy*, Vol. 33, No. 108, p. 194.

赫、宰因·阿比丁·本·阿里是其中的杰出代表。反观民众自下而上的起义和革命，主要有1864年起义、1881年抗法斗争、1920年反同化抗争、1953年反法抗争、1978年大罢工、1984年"面包暴动"，都没有起到改写历史的作用。2010年以前的突尼斯社会各领域的变革都是在精英政治的控制下有条不紊地发展。

二 突尼斯改革主义传统中的宪法因素

突尼斯19世纪"立宪改革"为20世纪民族独立运动提供了精神遗产。赫尔丁建立的萨迪克中学培养的知识分子继承了其自由、平等的思想。进入20世纪，青年突尼斯党出现，要求宪法之下的公民待遇。青年突尼斯党于1910年提出了如下要求：（1）保证个人权利和自由；（2）权力绝对分离；（3）法律面前人人平等；（4）建立联合政府；（5）选举产生市政府和市议会。[①] 其领导人之一塔列比·萨阿列比于1920年建立了突尼斯第一个民族主义政党"宪政党"，争取突尼斯人的平等权和恢复立宪制度。他们要求突尼斯人在殖民政府中的同等代表权。宪政党提出了如下要求：（1）选举产生议会，由其行使立法权；（2）政府对议会负责；（3）选举市议会；（4）同工同酬；（5）出版自由；（6）实行针对全体国民义务教育。[②] 1934年，哈比卜·布尔吉巴等人从宪政党中分离出来，另组更接近群众的"新宪政党"，将奋斗目标进一步界定为恢复突尼斯的独立地位和阿拉伯—伊斯兰属性。

三 突尼斯政治改革中的世俗化与西化倾向

19世纪"立宪改革"使得突尼斯确立了"世俗化"和"西化"的改革路线。原因在于此次"立宪改革"本身是在欧洲势力压倒奥斯曼帝国影响的情况下发生的。虽然历时短暂，但其超前政治制度设计却为后来者确立了榜样。20世纪初，民族主义运动在突尼斯兴起后，逐渐将政治改革作为其主要诉求，推动突尼斯向独立国家发展。独立之后的

[①] Jacob Abadi, *Tunisia since the Arab Conquest: The Saga of Westernized Muslim State*, Ithaca Press, 2013, p. 359.

[②] Kenneth J. Perkins, *Tunisia: Crossroads of the Islamic and European Worlds*, Westview Press, 1986, p. 99.

突尼斯进一步深化了以西方国家为模板的"立宪改革"。突尼斯现代化改革的先驱赫尔丁对伊斯兰教持变通的态度,努力探寻这一传统在现代化过程中的作用和位置。其推行的富国强兵、发展教育的政策大多体现了世俗化的倾向。在改革的目标上,突尼斯一直以发展为西方发达国家水平的地中海国家努力。突尼斯具有"地中海"国家属性既是其地缘特色,也是其努力方向。

第四节 突尼斯的政治变革

一 突尼斯政治变革的发生

(一)网络新媒体发挥作用

本·阿里总统上台以来,突尼斯政治发展形势悄然发生了变化。本·阿里和哈比卜·布尔吉巴总统的统治方式有很大的不同。在民众看来,本·阿里更为低调和务实。他主要依赖一些技术官僚经营整个国家。在他统治的大部分时间,具有技术背景的官员被擢升到了高位,执政党的一些党务人员则专司其职。

本·阿里是一位勤勉的总统,他经常召开内阁会议,并到各地进行实地走访。他能够认真地倾听部下的汇报,并做出自己的判断。他的许多决定是在充分征求意见的情况下得出的。总体而言,本·阿里总统胸怀全局,对于缩小地区差异和消除贫富差距做出了重大贡献。在其主导之下,突尼斯在中西部地区进行了大量投资。国家专门设立了基金来扶持落后地区的居民。

但是,进入21世纪以来,随着本·阿里年事渐高,他的各项决定已经不复往日的建设性。尤其是1997年开始第二段婚姻之后,总统家族利益圈开始形成。这不仅扰乱正常的市场秩序,而且对于权力运行机制造成负面影响,最终影响本·阿里政府的政治合法性。

2008年经济危机爆发后几年,突尼斯尚保持平静。突尼斯GDP保持稳定增长,2007年为6.3%,2008年为4.6%,2009年为3.1%。能源和采矿领域的投资也稳步增长。而通货膨胀率2008年为5.1%,2009

年为 3.5%。① 2009 年，突尼斯被评为非洲最具竞争力的国家。但是，本·阿里的统治也存在很多问题。2009 年，原美国驻突尼斯大使向国务院汇报的电文经维基解密网站流出，曝光了突尼斯政府高层的很多黑幕。其中，突尼斯政治腐败和裙带主义行为最引人注目。这份电文时间跨度为 2008 年 6 月至 2009 年 7 月。在电文里，据美国大使的描述，本·阿里的统治就像是"黑手党"式的统治。总统家族垄断几乎所有的暴利行业，且将黑手伸向每一个有前景的企业，第一夫人成为众矢之的。总统先生每天享受的美食甚至都是从意大利通过专机运送而来。电文判断突尼斯的腐败在逐日增长。这在西方阵营产生了分歧，美国、英国和德国主张对本·阿里政权施加更大的压力，而法国、意大利并不认同。后者主张对突尼斯继续增加援助，帮助其维持威权政治的统治。②

此电文甫一发布，立刻在突尼斯国内外产生强烈反响。突尼斯民众中间早已流传的秘密得到了证实。民众的愤怒和失望同时爆发，本·阿里政权的政治合法性遭到了严重的质疑。民众已经很难再接受本·阿里作为其领导人长期执政。

(二) 社会矛盾激化

2010 年 12 月 17 日，在突尼斯南部小城希迪·布吉德市，26 岁的街头小贩穆罕默德·布瓦吉吉在市政府大楼面前点火自焚，掀起了民众抗议的浪潮。

布瓦吉吉自焚惨案的直接导火索是突尼斯广泛存在的社会不公。根据社交媒体的报道，穆罕默德·布瓦吉吉是一位失业大学生，拥有电脑科学学位。为了养活一个 7 口之家，他摆了一个水果摊，通过艰辛劳动赚取生活费。但是，他并没有取得营业执照。这种情况下，警察一般要罚款。但他拒绝重复交罚款，并与警察产生了争执。因此，当地的一位警察没收了他的水果推车和电子秤，并且以粗暴的方式处理了他。随后，愤怒而绝望的他跑到当地政府申诉，要求归还他的水果推车并给予公正处理。但他未能进入政府大楼，也没有得到他要求的回应。12 月

---

① Nabahat Tanriverdi, "Background of the Tunisian Revolution", *Alternative Politics*, Vol. 3, No. 3, November 2011, p. 559.
② Ibid., p. 563.

17日上午11：30左右，穆罕默德·布瓦吉吉在当地政府门前的广场上用汽油点火自焚。[1]

真正导致布瓦吉吉自焚的深层原因是突尼斯尖锐的社会经济矛盾。穆罕默德·布瓦吉吉的自焚很快引发了民众的共鸣。事实上，穆罕默德·布瓦吉吉的这种遭遇在突尼斯特别普遍。有学者研究表明，制约突尼斯发展和产生不公正的根源在于突尼斯的高失业率和地区发展不平衡。突尼斯青年，尤其是受过高等教育的大学生失业率居高不下。突尼斯人口中，1/3处于15—30岁的阶段，他们占突尼斯总失业人口的3/4。青年人的失业率为30%。到2011年时，失业大学生的人数大约为20万（失业人口总数约70万）。受过高等教育青年的失业率2007年为18.2%，2009年为21.9%，2011年5月达到了29.2%。就失业者分布的地区而言，中东部地区失业率最低，刚刚超过10%。但中西部地区、东南部地区和西南部地区的失业率却在25%上下。2007年失业率最高的坚都拜为24.5%，锡勒亚奈为24%，卡塞林为22.5%。[2] 所有这些问题产生的根源在于经济改革的失败。20世纪80年代以来，突尼斯在世界银行的帮助下进行了经济结构改革，拆分并私有化了大量国营企业，造就数以千计的中小企业。虽然世界银行和国际社会认为这是提升突尼斯经济竞争力和增加就业的不二法门，但最终的结果是突尼斯的经济地位不断边缘化。企业在创新、职业培训和产业升级方面无能为力，这些中小企业无法提供有保障的就业，只能在经济全球化的浪潮中一步一步地迷失。如果说沿海城市尚能借助地缘优势获得一定发展的话，内陆省份由于和国际市场的距离较远，使得投资者望而却步，最终陷入了恶性循环当中。

穆罕默德·布瓦吉吉自焚后，当天晚上便有数百名示威者在当地政府门前抗议。他们都是穆罕默德·布瓦吉吉的亲朋好友或同情者，其中包括大量人权组织成员和工会会员。他们对于穆罕默德·布瓦吉吉的遭遇感同身受。日复一日，年复一年，当地行政人员日益腐败，底层民众

---

[1] http://www.whatsonxiamen.com/news17078.html.
[2] Monqi Boughzala, Youth Employment and Economic Transition in Tunisia, Global Economy and Development Program", 2011, pp. 3–11.

生活日益困难,他们不仅经济收入低,人格尊严也屡遭践踏。很快,在之后的几天时间里,抗议人数迅速攀升到了数千人,抗议的范围也从希迪·布吉德市扩散到了相邻的凯鲁万、斯法克斯、本·古尔丹。大家有一个共同的要求,就是要求实现社会公正和消除失业。①

(三) 突尼斯政治剧变

穆罕默德·布瓦吉吉自焚之后,希迪·布吉德市的群众抗议浪潮持续了十天时间。当地政府和警察并没有像以往一样迅速平息这一事件,相反,这一事件的报道通过网络社交媒体上传到了国际互联网,引发了越来越多人的关注。

面对严重舆情,本·阿里被迫努力应对。12月28日,本·阿里总统亲自前往穆罕默德·布瓦吉吉所在的医院,并看望了他。本·阿里承诺进一步改革,并提供更多的就业岗位,以平复民众的抗议浪潮。但突尼斯的局势并没有得以迅速改观。相反,民众抗议浪潮更加高涨,政治局势更加紧张。

首先,布瓦吉吉之死在民众当中形成了激烈对抗的氛围。2011年1月5日,穆罕默德·布瓦吉吉由于伤势过重而最终离世。他的死亡使他最终成了"烈士"。在穆罕默德·布瓦吉吉的葬礼上,游行人群喊着"自由""尊严""民族""工作是权利"等口号,并且唱起了歌:"永别了穆罕默德,我们将为你报仇,我们为你哭泣,我们将让那些害你死亡的人也哭起来。"② 1月6日,突尼斯律师协会也加入到示威人群当中。他们身着黑色律师工作服,走上突尼斯城街头,要求政治、经济和社会改革。1月7日,在塔拉(Thalla)市,游行人群和防暴警察爆发严重冲突,造成20余人伤亡,事态进一步升级。③ 在此后的游行过程中,人们的口号不再局限于社会问题,而是要求本·阿里政府下台。示

---

① Teije Hidde Donker, "Tunisia amid Surprise, Change and Continuity: Relating Actors, Structures and Mobilization Opportunities around the 14 January 2011 Revolution", Cosmos Working Paper, 2012/12.

② http://www.ibtimes.com/story-mohamed-bouazizi-man-who-toppled-tunisia-255077.

③ Teije Hidde Donker, "Tunisia amid Surprise, Change and Continuity: Relating Actors, Structures and Mobilization Opportunities around the 14 January 2011 Revolution", Cosmos Working Paper, 2012/12.

威人群欢呼终于到来的"解放"。塔拉事件标志突尼斯剧变的正式爆发。8—10日,又有14名示威者在与警察的冲突中丧生。反对派领袖纳吉布·舍比呼吁本·阿里停止使用暴力。

其次,本·阿里政府慌忙应对,接连出现失误。本·阿里政府虽然拥有强大的安全力量,试图镇压民众抗议,但在民众的压力面前难以奏效。1月7日,本·阿里为了和抗议民众缓和关系,撤出了该市的警察,但于事无补。10日,本·阿里关闭了所有大中学校,以避免更多的冲突和伤亡。他将此归咎于境外团体的鼓动。接着,本·阿里发表电视讲话,承诺创造更多的就业,但也要求人们停止示威游行。[①] 与此同时,在全国各大城市,示威人群开始组织起来,突尼斯全国总工会、律师协会以及人权组织成员纷纷加入到了这些运动当中。11日,突尼斯的记者们开始静坐抗议。12日,苏赛爆发了总罢工。13日,斯法克斯也爆发了总罢工。突尼斯全国总工会要求14日,在全国举行一次为期24小时的总罢工,以声援全国各地的示威人群。[②] 13日晚,本·阿里再次向突尼斯人民发表电视讲话,承诺进行政治、经济、社会改革,释放政治犯,继续增加30万个就业岗位。他要求民众冷静,不要受恐怖组织和极端主义者的蛊惑。而且,他保证将在总统任期结束后不再谋求连任。为了挽回危机,本·阿里尝试通过让步和承诺换取民众的支持。但是,民众对他的让步无动于衷,对他的承诺不再信任。因此,本·阿里总统决定重新诉诸武力。他要求军队予以镇压,但被军队总司令拉希德·本·奥马尔拒绝。

最后,1月14日,约50万民众走上了突尼斯城的哈比卜·布尔吉巴大道,给本·阿里政权最后一击。本·阿里寻求前往法国避难,但遭到拒绝。当晚,突尼斯国家电视台宣布本·阿里已经离开突尼斯前往沙特阿拉伯,而且不会再回来。这标志着统治突尼斯长达23年的政治强人被彻底推翻。突尼斯进入了一个新的时代。

---

① "Tunisia's Jasmine Revolution", Africa Research Bulletin Political Social and Cultural Series, Volume 48, Number 1, January 1st – 31st 2011, http://www.blackwellpublishing.com/ARBP/.

② Teije Hidde Donker, "Tunisia amid Surprise, Change and Continuity: Relating Actors, Structures and Mobilization Opportunities around the 14 January 2011 Revolution", Cosmos Working Paper, 2012/12.

在突尼斯剧变发生后，照例有人将其定性为一次"颜色革命"。突尼斯事件的发展确实也体现了"颜色革命"的许多特征。此次事件以民众和平抗议为主，夹杂着暴力活动。示威群众提出的口号也很能迎合西方国家的口味，后者通过各种方式参与到了此次事件当中。但是，客观来看，突尼斯剧变与西方国家的预期相差甚远。突尼斯民众既没有热烈拥抱西方自由民主，也没有推崇西方发展模式。令西方国家感到错愕的是，抗议民众打出了反西方的旗号。关于2011年以来，包括突尼斯在内的政治剧变的性质，有"民主革命说""起义和暴动说""政治危机说""社会运动说"等争论。但综合而言，从突尼斯开始的中东形势动荡是一场政治与社会运动，它是继20世纪50—60年代的阿拉伯民族主义运动、70—80年代的伊斯兰复兴运动之后发生的第三次地区性的政治和社会运动。[①]

二 突尼斯进入政治过渡

（一）旧政权终结

突尼斯剧变之后开始进入政治过渡时期，旧政权成为被清洗的对象。

首先，本·阿里最后一届政府倒台。本·阿里出逃之后，突尼斯政府立刻陷入了分崩离析。2011年1月15日，得悉本·阿里将不再回国之后，两位实力派领导人穆罕默德·格努希（总理）和福阿德·麦巴扎（议长）先后依据宪法第56条和第57条规定宣布自己将出任过渡总统。不过，双方很快达成妥协。即由麦巴扎担任过渡政府总统，格努希担任过渡政府总理。穆罕默德·格努希改组了政府，并且邀请反对派人士加入内阁。他宣布新政府的任务是在60天内实现选举。为此，他成立了"政治改革高级委员会"（High Commission for Political Reform）。该委员会聘请著名法学与伊斯兰专家雅德·本·阿舒尔（Yadh Ben Achour）作为主席，以1959年宪法为蓝本进行宪法改革。同时，穆罕默德·格努希结束了紧急状态，释放大量政治犯，同意流亡海外的政治人士回国。2011年1月30日，复兴运动领袖拉希德·格努希从英国返

---

① 刘中民：《中东政治专题研究》，时事出版社2013年版，第546—547页。

回。但是，民众不信任新的联合政府，他们担心宪政民主联盟会卷土重来。2011年1月15—29日，示威浪潮并没有结束，而是不断积累。许多外省和郊区的民众坐着被称为"自由马车"的简易交通工具，到首都参加"革命"狂欢。而更多的人则集结到内政部与宪政民主联盟的总部门前抗议。他们要求解散联合政府，制定新宪法，并且驱逐所有宪政民主联盟成员。医生、律师、教师都参加了示威游行。这迫使穆罕默德·格努希政府中宪政民主联盟的部长提交了辞呈。突尼斯总工会对此表示欢迎，此后抗议有所减弱。2月19—26日，在突尼斯共产党、人权组织的推动下，来自梅地纳、加夫萨、克夫、卡塞林等地的民众在首都再次集结。民众集聚在总理府前的卡斯巴广场上，安营扎寨、静坐示威。25日，示威人数达到了50万人。[1] 人们要求尽快进行选举，推翻联合政府。他们阻塞了交通，与安全部队产生了激烈冲突，甚至向警察投掷石块。穆罕默德·格努希在尝试镇压失败后最终让步。26日，他对内阁进行了彻底改组。不过，这一举动没有得到民众认可。27日，他本人提交了辞呈。至此，突尼斯威权主义的残余势力被清除。

其次，突尼斯执政党宪政民主联盟被解散，结束了一党独大政治。2011年3月9日，突尼斯执政党宪政民主联盟被过渡政府解散，党产被冻结。这标志着一个时代的结束。统治突尼斯长达54年的民族主义政党完成了它的历史使命，最终让位于新的政治组织。在突尼斯历史上，宪政民主联盟历经民族解放运动和独立后的现代化建设，影响了突尼斯政治、经济、社会、文化各个方面，为突尼斯的现代化事业做出了重大贡献。然而，当政治剧变爆发之后，这一光荣的政党却随着威权主义政权的倒台被民众抛弃。本·阿里出走之后，宪政民主联盟群龙无首，影响力急剧下降。在政治过渡时期，宪政民主联盟被民众视为"革命"的主要威胁。民众强烈要求彻底解散这一组织，并对其高级成员进行审判。当这一刻来临的时候，没有人为它的解体而悲伤，有的只是最终的清算。宪政民主联盟的解散，也宣告了一个时代的终结。

---

[1] Teije Hidde Donker, "Tunisia amid Surprise, Change and Continuity: Relating Actors, Structures and Mobilization Opportunities around the 14 January 2011 Revolution", Cosmos Working Paper, 2012/12.

最后，过渡政府宣布终止宪法，为缔造新的政治秩序做准备。穆哈默德·格努希之后接任总理的是84岁高龄的政治人士贝吉·赛义德·埃塞卜西。埃塞卜西上台后在很大程度上回应了民众的要求。他解散了本·阿里的秘密警察，消除了民众的恐惧。此外，他为制宪议会大选确定了明确的时间表。3月1日，他宣布全国大选将在7月25日举行。不过，群众对新政府并不信任。2月11日，反对派团体共同组建了"保卫革命委员会"（Committee to Safeguard the Revolution），参加的政治组织、协会和行业组织达28个。3月15日，保卫革命委员会与政治改革高级委员会合并为"维护革命成果，推动政治改革和民主转型高级委员会"（the High Commission for the Realization of the Goals of Revolution, Political Reforms and Democratic Transition），仍由本·阿舒尔担任主席，又称"阿舒尔委员会"。该组织成员共有150名，每个政党代表3名，每个知名社会组织2名，每个省1名，并且包括著名知识分子和重要商人，以及烈士家属代表。[①] 该委员会的组建，标志着主张变革的团体主导了突尼斯的政治转型。3月23日，在阿舒尔的建议下，代总统麦巴扎终止了1959年宪法，宣布由制宪议会制定新的宪法。

（二）左右阵营开始形成

过渡时期，突尼斯出现了左右阵营的对立。7月15日，在非政府组织的串联之下，来自全国各地主要由年轻人组成的数百名抗议者再次在卡斯巴广场集会。他们对于老年政治家把持政权非常不满，强烈要求政府中增加年轻人代表。同时，他们要求警察机构更加负责任，要求撤换司法部长和内政部长。另外，他们要求将制宪议会选举推迟至10月举行。[②] 这引发了复兴运动的抗议。因为在突尼斯的所有政党中，该党组织最为严密，实力最为雄厚。

在选举前两周，突尼斯发生纳斯玛电视台（Nesma）事件，为左右阵营对立提供了弹药。10月7日，该电视台播放一部反映伊朗1979年

---

① Justin O. Frosini, Francesco Biagi（eds.）, *Political and Constitutional Transition in North Africa: Actors and Factors*, Routledge, 2012, p. 11.

② Teije Hidde Donker, "Tunisia amid Surprise, Change and Continuity: Relating Actors, Structures and Mobilization Opportunities around the 14 January 2011 Revolution", Cosmos Working Paper, 2012/12.

革命的电影,在电影中通过具体的形象展现了真主安拉。这一举动激起了伊斯兰主义者的强烈反对,他们走上街头进行示威游行。更有甚者,一些极端分子试图放火烧毁电视台编辑的住宅。世俗主义者针锋相对,另外组织了一场示威游行,反对由伊斯兰主义者接管政权。

左右双方加紧集结力量。复兴运动主要代表了中右政治势力。该党长期处于非法地位,遭到政府屡次镇压,其领导人要么流亡国外,要么被长期监禁。突尼斯发生政治变革后,他们以受害者的面貌出现,赢得了许多支持者和民众的同情。该党虽然没有直接参与抗议浪潮,但在过渡时期力量迅速膨胀。不过,该党能否带领突尼斯实现复兴也广受质疑。代表中左阵营的民主进步党、争取劳动与自由民主论坛、突尼斯工人共产党、现代民主之极、共和大会党、突尼斯之声党等都展开了反对复兴运动的竞选活动。复兴运动声称伊斯兰教在威权主义政治中被长期忽视,突尼斯人应该重视伊斯兰民族特性。世俗阵营提醒人民复兴运动上台后可能改变突尼斯现代政治文化,甚至取消妇女解放的成果和现代化成果。

(三)成功举行制宪议会选举

为了筹划选举,代总统麦巴扎授权阿舒尔委员会制定新的选举法。宪政民主联盟解散之后,突尼斯进入了政党重组的新时代。新的政党如雨后春笋般迅速涌现出来。开放注册之后,112个政党获得了合法性,另有162个政党的申请被驳回。10月1日,当过渡政府规定的选举运动正式开启之后,这些政党提出了1517个名单,有11000多名候选人参选。[1] 在"维护革命成果,推动政治改革和民主转型高级委员会"的提议下设立的"独立选举高级委员会"组织了突尼斯变革之后第一次大选。

2011年10月23日,突尼斯制宪议会选举正式拉开帷幕。来自美国、欧盟以及其他地区和国家的非政府组织1000余人,与突尼斯独立选举高级委员会组织的4000余人一起监督了大选。选举在公平、自由的气氛中举行。不过,虽然经历了强力动员,但投票率并不高,仅有55%的选民参加投票,远远低于预期。这表明突尼斯民众参与政治的热

---

[1] Kenneth Perkins, *A History of Modern Tunisia* (2nd edition), Cambridge, 2014, p. 242.

情有所下降，许多人还不习惯新的政治规则。另外，数十万名海外移民也在所在国家突尼斯大使馆参加了投票。

三 联合政府的执政实践

（一）复兴运动上台

选举结果既在预料之中，也有些出人意料。复兴运动获得了89个议席，以41.4%的得票率赢得大选，成为议会第一大党。这对建立世俗政治超过半个世纪的国家而言非同寻常。不过，突尼斯独立以来形成的世俗主义政治文化发挥了作用，伊斯兰政党虽然表现出色，但没有取得绝对多数。世俗政党整体表现不佳，得票率都未超过15%，但其作用不容忽视。中左政党共和大会党获得29个议席（得票率13.8%），争取劳动和自由民主论坛获得了1个席位。突尼斯富商纳吉布·舍比领导的人民请愿党获得了26个席位。民主进步党仅获得了18个席位。其余政党获得的席位都没有超过5个。制宪议会中妇女代表为49人，占所有代表比例的24%。[①] 大选结束后，各独立机构分别公布了它们的评估报告。突尼斯独立高级选举委员会和卡特中心都认为此次大选公平、公正，选举结果有效。突尼斯在政治过渡的道路开了一个好头。

根据选举结果，复兴运动获得组阁权。经过谈判，复兴运动与共和大会党、争取劳动与自由民主论坛建立了联合政府。复兴运动秘书长贾巴里出任总理，共和大会党主席蒙塞夫·马尔祖基获任总统，争取劳动与自由民主论坛主席本·贾法尔则担任了制宪议会议长。马尔祖基和本·贾法尔两位政治家都得偿所愿，但是包括内政、国防、外交等在内的关键部门负责人由复兴运动成员或其同情者所担任，且人数超过了半数。在经过长期的挣扎、等待之后，复兴运动终于获得了上台执政的机会，成为左右突尼斯政局的最为重要的力量。

突尼斯新政府成立后，对于政府各部门职权划分，以及制宪议会的权责、履职期限进行了广泛讨论，最终复兴运动的主张占据了上风。制宪议会通过决议。规定其履职期限为一年。一年内，制宪议会应该制定出新的宪法。而在这个阶段内，突尼斯实行半总统制政治体制。原先由

---

① Kenneth Perkins, *A History of Modern Tunisia* (2nd edition), Cambridge, 2014, p. 248.

总统掌握的许多权力被转移到总理手中。总理握有实权,而总统的地位明显下降。在这一特殊的安排中,突尼斯事实上采取了议行合一的体制。① 突尼斯民众对威权主义政治的复辟存有戒心,同意限制总统权力。同时,由于内阁权力的增加,主持内阁的复兴运动权力大增。相应地,复兴运动需要承担的责任也更重了。

(二) 萨拉菲主义威胁

复兴运动试图代表所有伊斯兰主义者,并为突尼斯伊斯兰运动事业代言。它在大选中通过这一策略取得了成功,但萨拉菲组织却异军突起,成为突尼斯安全的主要威胁。

首先,激进派不断制造安全威胁。突尼斯发生剧变之后,萨拉菲运动迎来了快速发展。大量的萨拉菲主义者从流亡地回到突尼斯,被关押人员重获自由,被边缘化人员开始活跃起来。一时间,数千人恢复他们萨拉菲主义者的立场,并且占领一些清真寺作为活动据点。在他们当中,老一辈的萨拉菲主义者创建政党,通过政治活动实现其目标。如2012年真实党(Hizb al-Asala)和改革党(Jabhat al-Islah)先后获得了合法地位。但大部分年轻人则表现得更为激进。激进萨拉菲主义者主要以"伊斯兰教法支持者"组织(Ansar al-Sharia)为代表。这一组织由阿布·阿雅德于2012年创建,中坚力量包括了大量激进分子,与国际恐怖主义联系密切。如位于利比亚班加西和苏尔特的"伊斯兰教法支持者"组织。2012年9月11日,突尼斯"伊斯兰教法支持者"组织冲击了美国驻突尼斯大使馆,给突美关系造成严重影响。

其次,复兴运动的温和立场遭到挑战。复兴运动一开始努力劝说萨拉菲主义者放弃其激进立场。复兴运动认为造成萨拉菲主义兴起的原因在于突尼斯的世俗主义政权的错误政策。他们关闭了宰图纳神学院,长期忽视宗教教育,使突尼斯的年轻人无法得到正确的宗教教育,容易受到瓦哈比主义的渗透。因此,复兴运动主张复兴宗教教育,恢复突尼斯的宗教传统。另外,复兴运动也注意到,激进萨拉菲主义者往往受教育水平低,生活较差。这需要改善其生活水平,提升其生活质量。而且,

---

① Lise Storm, *Party Politics and the Prospects for Democracy in North Africa*, London: Lynne Rienner Publishers, 2014, p. 122.

复兴运动通过批准成立萨拉菲主义政党，为萨拉菲主义者提供了表达其政治诉求的渠道。[1] 但是，激进的萨拉菲主义者并不接受复兴运动建议，反而制造严重政治暴力。2013 年 2 月 6 日，著名左翼人士、律师、社会活动家舒克里·比莱德（Chokri Belaid）在他位于突尼斯城的家门口遇刺身亡。舒克里·比莱德是人权斗士，长期为穷人和弱势群体辩护。在本·阿里统治时期，他甚至为伊斯兰主义者辩护。突尼斯发生变革之后，他参与创建了团结民主民族党，并担任领导人。复兴运动上台之后，他曾激烈地批评其各项政策。他经常出现在电视节目里，是突尼斯家喻户晓的政治人物。正是由于其反对伊斯兰化的鲜明态度，舒克里·比莱德招致伊斯兰主义者的敌视。在遇刺的前几日，他就曾接到死亡威胁。他所在的政党办公室曾经遭到伊斯兰主义者的攻击。舒克里·比莱德之死得到了成千上万民众的同情。突尼斯民众纷纷对此暴行予以谴责。突尼斯总工会宣布在舒克里·比莱德葬礼当天举行总罢工，大约 150 万民众参加了他的葬礼游行。人们行进到内政部门前，表达对其未能履行职责的不满。

舒克里·比莱德之死引发了突尼斯政治危机，三党联合政府终结。在三党联合政府治理下，突尼斯的民生问题没有得到改善，经济未能实现复苏，安全局势每况愈下，社会对立加剧。人们所期盼的美好生活并没有实现，因而对联合政府上台以来的表现大失所望。总理贾巴里提议改组内阁，成立一个由其领导的技术型政府，以更好地应对政治危机，但未获本党支持。贾巴里被迫辞职，结束了其总理生涯。3 月 8 日，复兴运动高级领导人阿里·拉哈耶德（Ali Laarayedh）获得总理提名并成功组阁，内政、外交、司法等重要职位被分配给独立派中间人士。

最后，国内外因素叠加导致复兴运动对激进萨拉菲主义者采取断然措施。埃及 7 月政变和制宪议会突尼斯议员吉布哈·沙阿比亚（Jebha Chaabia）遇刺案改变了突尼斯的政治走势。埃及穆斯林兄弟会上台后短短 2 年就被军队总司令法塔赫·塞西推翻给复兴运动敲响了警钟，而沙阿比亚被刺则彻底引发了民众的不满情绪。这是半年内世俗主义政治

---

[1] Monica Marks, "Tunisia's Ennahda: Rethinking Islamism in the context of ISIS and the Egyptian coup", Rethinking Political Islam Series, 2015 Brookings Institution, p. 8.

家再次被刺。民众一方面不能容忍复兴运动推行伊斯兰化的政策，另一方面也不能接受其对世俗主义政治家安全的忽视。一时间数千名抗议者集聚在巴尔杜广场，要求联合政府下台。拉哈耶德被迫做出回应，宣布"伊斯兰教法支持者"组织为非法组织，并通缉其领导人。

（三）颁布新宪法

复兴运动上台后的重要工作在于领导制宪议会尽快制定出突尼斯新宪法。但由于联合政府表现不佳，安全局势严峻，尤其是世俗和宗教阵营的尖锐对立，双方把主要精力投入了权力斗争中，制宪工作进展缓慢。2013年7月，部分世俗议员为了表达抗议暂停工作，议长穆斯塔法宣布议会休会。

制宪工作分为5个小组，原本广泛吸纳了专业人士和各界代表参加，但基本上以复兴运动为主导。世俗和宗教阵营的分歧主要集中在以下几个方面：伊斯兰教国教地位；妇女地位；叛教是否入刑。伊斯兰主义者认为突尼斯的失败主要在于过度世俗化和西化政策，这使得突尼斯脱离了以本国伊斯兰属性为基础的探索轨道，因而坚持恢复伊斯兰属性。更有甚者，激进分子要求建立伊斯兰国，宣布叛教者为罪犯，重新推行沙利亚法。萨拉菲主义者要求废除《个人地位法》，恢复伊斯兰习俗，包括禁酒、妇女佩戴面纱等。7月，制宪议会流出的部分文本显示，伊斯兰主义者要求将妇女的地位定义为"男性的伙伴"。这激起广大妇女和世俗主义者的愤慨。

阿里·拉哈耶德领导的新技术内阁成立之后，制宪议会恢复工作。经过各方的角力，世俗主义者占据了上风。2014年1月26日，经阿里·拉哈耶德签署，正式公布了宪法。根据新宪法，突尼斯保留了其独立以来取得的成果，同时体现了宪法体制的最新发展。新宪法由十款149条组成，与之前的宪法相比更为详尽。关于国体，宪法沿用了1959年宪法的表述。即"突尼斯的宗教是伊斯兰教，语言为阿拉伯语，国体为共和国"（第1条）。第6条规定："国家是宗教的保卫者"，同时禁止宣布叛教。第73条规定只有穆斯林才有资格当选为共和国总统。关于伊斯兰教的地位，第2条规定："突尼斯是以公民权、人民意愿和法律至上为基础的文明国家。"第3条规定："人民是国家主权和权力的源泉，这些权力通过人民的代表实施，并经其修改。"这就否定了伊斯兰主义者坚持的神权论，延续了突尼斯独立以来采用的人民主权论。宪法第31—32条规定突尼斯人民享有广泛的自由和权利。第21条规定了男女平等。第27条规定了财产权。关于政体，突尼斯最终采用了半总统制。原先属于总统的部分权力被转移到了总理手中。宪法规定，总理由议会第一大党提名，总理权力受到总统制约。①

（四）成功组织2014年大选

2014年1月26日，新宪法公布后，突尼斯正式进入了选举时期。随着制宪工作的完成，突尼斯的政治转型又到了一个关键节点。制宪议会的使命已经完成，突尼斯需要根据新宪法选举正式代表，组成新的权力机构。

议会选举非常激烈，13000名候选人角逐217个议会席位，包括18个海外代表席位。主要的政党包括突尼斯呼声党、复兴运动、人民阵线、共和大会党、共和党等。选举结果显示世俗政党突尼斯呼声党获得了胜利。它以40%的得票率获得了85个议席，成为议会第一大党。人民阵线和自由爱国联盟②各获得了7%的选票，突尼斯希望党③则获得了4%的选票。三党联盟由于在执政期间的糟糕表现遭到了选民的惩罚。共和大会党和争取劳动与自由论坛分别获得了4个和1个席位，得票率仅为2%。但复兴运动由于强大的动员能力仍然保住了69席（得票率为32%）。④

总统选举演变成了左右对决。11月23日，突尼斯举行政治变革之后首次总统大选。27位候选人参加了选举，其中不乏百万富翁和前政权高官。但在第一轮选举中决出的竞争对手是赛义德·埃塞卜西和蒙塞夫·马尔祖基。赛义德·埃塞卜西时年88岁，在哈比卜·布尔吉巴总统和本·阿里时期曾担任过内政部部长和国防部部长、议长等职，

---

① 若木：《回到"革命"始发的地方：从突尼斯新宪法颁布说开去》，《世界知识》2014年第14期。

② 自由爱国联盟由突尼斯富翁Slim Riahi创建，坚持世俗主义倾向，但具体政纲并不明确。

③ 主张市场自由主义和青年人的领导地位，世俗主义政党。

④ http://www.tunisia-live.net/2014/10/26/live-blog-tunisias-legislative-elections/#sthash.kPGks9ya.dpuf。

而且做过过渡政府总理，政治经验极为丰富。2012年，他创立了突尼斯呼声党，成为左翼反对派领袖。蒙塞夫·马尔祖基是著名的人权斗士，参与创建了突尼斯人权联盟，在本·阿里时期长期流亡国外，突尼斯政治变革后回到突尼斯，领导了共和大会党。在三党联盟时期担任了过渡政府总统。马尔祖基的政党虽然表现惨淡，但他本人拥有崇高的政治威望，且得到了复兴运动的大力支持。在第一轮投票中，双方都没有获得50%的优势（得票率分别为39%和33%）。[1] 但在第二轮投票中埃塞卜西以55%的得票率击败了马尔祖基，当选为突尼斯剧变后的首位总统。[2]

（五）新政府成立

突尼斯呼声党虽然赢得了议会大选和总统大选，但并没有完全控制局势。主要的问题在于它在议会中没有占据绝对多数。很快，呼声党便遇到了组阁难题。如果它与其他世俗主义政党联合组阁，可能面对复兴运动反对。复兴运动声称要在议会否决其内阁名单。但如果它选择与复兴运动联合组阁，可以形成一个多数党团，但要冒着背叛其支持基础的风险。一些民众在街头采访中就明确指出，这将是一种背叛。[3] 不过，出于现实政治的需要，呼声党还是选择了与复兴运动联合。2015年2月，总统埃塞卜西提名的总理哈比卜·埃西德公布了政府名单。联合政府包括呼声党、复兴运动、突尼斯希望党、自由爱国联盟和部分独立派人士。呼声党掌握了关键席位。穆罕默德·安萨尔（Mohamed Ennaceur）和塔伊布·巴古什（Taïeb Baccouche）分别担任了议长和外交部长，复兴运动则获得了四个次要职位。

新政府的成立，标志着过渡时期的告一段落。经过将近四年的过渡期，突尼斯从内战的边缘重新回归秩序。突尼斯的选举全程展现了较高的民众参与，其结果也被外部观察者所称道。虽然经历了严重的左右对立，但突尼斯最终形成了一个联合政府。妥协和共识，这一有益探索最终被保持下来。呼声党和复兴运动虽然各自政纲差别极大，但都代表了

---

[1] http://www.middle-east-online.com/english/? id=69047.
[2] http://magharebia.com/en_GB/articles/awi/features/2014/12/22/feature-01.
[3] http://money.163.com/14/1031/09/A9SGKHOK00253B0H.html.

突尼斯政治中的温和派。在转型时期，政治和解是其中最为重要的因素之一。复兴运动收回了前宪政民主联盟成员不得从政的议案，呼声党则挽留了复兴运动继续参与政治。左右两派的融合显然更有利于突尼斯的未来。

四　埃塞卜西新政

（一）安全局势难以稳定

2015年3月，正值旅游旺季到来之际，突尼斯首都巴尔杜国家博物馆遭到恐怖袭击。这也给突尼斯的政治、经济形势一次重击。3月18日，来自法国、英国、南非、德国、意大利、波兰等国的游客乘坐的旅游大巴在抵达巴尔杜国家博物馆的时候，遭到不明枪手的袭击，导致大量人员伤亡。同时，追随四散奔逃的游客的恐怖分子还袭击了正在参观该博物馆的其他游客。当时在博物馆里面参观的游客约100名，许多游客猝不及防中弹身亡。[①] 巴尔杜国家博物馆是突尼斯的著名景点之一，紧邻突尼斯议会大厦。此次恐怖袭击发生之后ISIS宣布对此事件负责。突尼斯政府宣布全国进入紧急状态，以应对安全局势的恶化。这表明恐怖主义已经蔓延到突尼斯。巴尔杜博物馆恐怖袭击事件打击了突尼斯的旅游业，使得缓慢恢复的旅游业遭遇重创，许多原本回归的游客取消计划。更为严重的是，6月26日在突尼斯重要旅游城市苏塞又发生了一次恐怖袭击。枪手向海滩上休闲的游客开枪后逃逸，造成38名游客遇难。

恐怖主义出现本土化的迹象，让突尼斯民众深感不安。此次袭击案的实施者赛弗丁·赫兹古伊（Seifeddine Rezgui）是一个23岁的年轻大学生，成绩优异。但不幸的是受到萨拉菲激进分子的蛊惑，走上了犯罪的道路。[②] 这表明困扰突尼斯社会的年轻人问题并没有得到解决。年轻人的失业问题是引发突尼斯变革的重要因素。时隔5年，突尼斯在此问题上进展缓慢。更为严重的是，政治变革以来，自由权利的扩展也使得宗教极端主义情绪上升。突尼斯不仅成为恐怖主义袭击的受害国，而且还向外输出了大量"圣战者"。据统计，在叙利亚、伊拉克

[①] http://www.middle-east-online.com/english/? id = 70607.

[②] http://www.tunisia-live.net/2015/06/28/seifeddine-rezgui-who-was-the-sousse-killer/.

参战的突尼斯国际"圣战者"人数在 5500 人左右，是外籍战士第一大提供国。① 突尼斯长期在教育方面的投资，没有直接转化为现代文化，伊斯兰主义者成功地在年轻人中间提升了威望。这对于突尼斯的转型而言，是一个非常危险的现象。

恐怖主义袭击不仅以"独狼"或小组形式活动，而且出现了成规模的组织性袭击。在突尼斯与阿尔及利亚边界地区，以及南部沙漠地带活跃着一个称作奥克巴战士旅（Okba Ibn Nafaa Brigade）的组织。这一组织是"基地"组织马格里布分支的突尼斯小组，主导了多次对突尼斯的恐怖袭击，包括巴尔杜博物馆恐怖袭击事件，其组织严密，战斗力较强，在边境地区建有训练营地。在舍阿奈比山（Mount Chaambi）地区，激进分子与突尼斯安全部队进行了几轮交火，15 名边防军士兵阵亡。2015 年 12 月，一个 16 岁的牧童在自家牧场被割掉了头颅，在当地牧人中间产生了恐慌。② 此类恶性暴力事件折射了突尼斯严峻的安全形势。这不仅让突尼斯民众感受不到安全，也使得投资者望而却步，让大量游客不敢前往突尼斯旅游度假。

（二）经济复苏步履蹒跚

突尼斯的政治变革对经济造成了重大影响，直接经济损失达 20.3 亿美元，占 GDP 的 5.2%。由于政治局势动荡不安，突尼斯经济增长率屡次触底。2011 年经济增长率为 -0.2%，主要创汇部门旅游业遭受重大打击，该部门的收入减少了 50%。同期，外部直接投资减少了 20%，超过 80 家外资企业撤离了突尼斯。③ 2011 年利比亚内战爆发后，大量突尼斯劳工被迫返回了国内。这一方面减少了侨汇收入，另一方面提高了失业率。突尼斯在 2014 年的经济增长率仅为 2.4%。受恐怖袭击的影响，经济增长率 2015 年为 0.7%，2016 年为 1%。④ 2015 年，旅游业

---

① 唐恬波：《突尼斯缘何成了"圣战"分子输出大国》，《世界态势》2017 年第 2 期。
② http://www.straitstimes.com/world/africa/tunisia-shepherd-boy-beheaded-cousin-made-to-take-head-to-family-causing-anger-in-poor.
③ Christopher Alexander, *Tunisia: From Stability to Revolution in the Maghreb* (2ed eds.), Routledge, 2016, p.124.
④ http://www.thearabweekly.com/Economy/9032/Tunisia-wrestles-with-budget-pressures-amid-political-manoeuvring.

再次下挫25%,南部一些旅游景点约70%的旅馆被迫关闭。[1] 突尼斯经济持续低迷,失业率也居高不下。2015年,官方公布的失业率为17%,内陆地区的失业率一般认为比这一数据高1倍以上。与此同时,通货膨胀严重,2015年达到了5.6%。[2] 这严重影响了突尼斯人生活水平的提升。

作为阿拉伯世界的希望,突尼斯的政治变革备受关注。外部援助是突尼斯经济维持增长和继续发展的重要保障。2012年11月19日,埃塞卜西政府与欧盟谈判,签署了特殊伙伴协议(Privileged Partnership Agreement),进一步密切了双方的贸易关系。2013年,国际货币基金组织提供了17.5亿美元的贷款。截至2015年,其中的15亿美元已经到账。2015年10月,世界银行宣布提供价值5亿美元的贷款保证金。同月,八国集团宣布向突尼斯提供援助。这一计划总额达250亿美元,为期5年,涉及金融、基础设施、社会保障、安全,以及减少政府赤字等多个领域。[3]

但是,突尼斯的经济发展仍然没有回到正常轨道上,经济复苏乏力。据突尼斯媒体报道,2017年中期,国际信贷评级机构穆迪再次调低了突尼斯的主权信用。这次调级从Ba3下调为B1,[4] 理由是突尼斯在财政改革和平衡收支、经济结构调整方面进展缓慢。国际投资机构继续对突尼斯的经济复苏持悲观态度。这表明突尼斯的经济困难将持续很长一段时间,从而给突尼斯政治转型蒙上了阴影。突尼斯经济发展中的痼疾仍然没有得到改善,投资驱动力不足,金融系统紊乱,制造业水平低下。而且,突尼斯经济仍然依赖外部输血,内部造血能力严重不足。埃塞卜西总统在2019年的一次讲话中,承认政府在改善经济方面成就不足。2010—2018年,突尼斯的经济增长率从4.5%下降为1.5%,外债占GDP的比例从40%上升到了70%,磷酸盐产量从每年810万吨下降为310万吨,产值下降约10亿美元。受恐怖袭击的影响,旅游业产值

---

[1] Christopher Alexander, *Tunisia: From Stability to Revolution in the Maghreb* (2ed eds.), Routledge, 2016, p.125.

[2] Ibid..

[3] Ibid..

[4] https://www.tap.info.tn/en/Portal-Economy/9295389-moody-s-downgrades.

的下降幅度也在每年 10 亿美元。突尼斯第纳尔对欧元的汇率下降了 45%。但政府雇员的薪资支出却翻了一番。①

（三）政治转型前景不明

2015 年 10 月 9 日，诺贝尔和平奖揭晓。突尼斯"对话四方"与美国国务卿克里、伊朗外交部长扎瓦德·扎里夫和德国总理默克尔、教皇方济各等人一起获得该奖，理由是："对话四方在国家处于内战边缘时建立了可选择、和平的政治进程。这使得突尼斯在几年内得以建立一个立宪体制和政府，保障所有公民，不论其性别、党派或信仰都能享有基本人权。"在颁奖词中，评选委员会写道："对话四方在公民、政党以及各个权力中心之间搭建了对话渠道。在突尼斯面临政治和宗教分歧时，帮助他们找到了以共识为基础的解决方案。'对话四方'所凝聚起的具有广泛代表性的团体还有力地阻止了暴力的蔓延，因而其产生的效能足以与阿尔弗雷德·诺贝尔先生的遗愿相吻合。"②

非政府组织发挥的卓越作用使得突尼斯政治转型避免了一次重大危机，成功进入了新的政治制度建设阶段，突尼斯政治转型表现出较好的势头。但是，突尼斯在转型的过程中的一些指标也令西方观察者担忧。首先，支持西方自由主义民主制度的人数下降，支持强人政治的人数却在上升。受困于突尼斯糟糕的经济形势，突尼斯民众在转型过程中没有感受到生活条件的改善，许多人对政府失去了信心。从大量青年参加到"圣战者"队伍中来看，突尼斯国内局势对年轻人缺乏吸引力。根据庞氏研究机构的调查显示，西方自由主义民主制度的支持人数处于逐年下降的态势。其次，突尼斯政治精英还没有做好引领时代的准备。埃塞卜西总统声望很高，但他在当选总统的时候已经接近 90 岁。很难想象一个耄耋老人能够在时代剧变、日新月异的世界局势中带领突尼斯走向复兴。复兴运动主席拉希德·格努希也举足轻重，但他出生于 1942 年，年龄超过 70 岁。突尼斯尚未出现年富力强而拥有政治经验和魅力的全国领袖。最后，对于当前局势，突尼斯朝野都

---

① "Tunisia's leader calls for electoral reform, acknowledges reasons for disappointment with government performance", https://thearabweekly.com/tunisias-leader-calls-electoral-reform-acknowledges-reasons-disappointment-government-performance.

② http://www.tunisia-live.net/2015/10/09/tunisia-awarded-nobel-peace-prize/.

不能提出治国良策。突尼斯在经济发展方面，仍然沿用本·阿里时期的新自由主义政策。一方面，突尼斯遭受到全球化的猛烈冲击，却不能很好利用人员、技术、资金流动的好处。另一方面，突尼斯拆除了贸易壁垒，本国工业企业缺乏竞争力，经济发展过程中自立能力不足，只能依赖外部援助。这种受制于人的经济发展模式不但无法解决经济发展问题，也不能妥协处理社会问题。因此，突尼斯政治转型前景充满了不确定性。

（四）反腐风暴治标不治本

制约突尼斯经济复苏的一个重要因素是腐败。和任何现代化中的国家一样，突尼斯也存在大量的庇护关系。许多握有实权和资源的人物往往能够干预经济的正常运行。这一方面增加了本地商人的成本，另一方面也使得外部投资者望而却步。在本·阿里统治时期，腐败已经蔓延到了基层。甚至穆罕默德·布瓦吉吉的自焚事件的直接起因也与基层腐败有关。根据世界银行的报告，本·阿里家族掌握的企业虽然只雇用了0.8%的劳动人口，生产能力仅占出口部门的3.2%，但收割了私营部门利润的21%。[1]

突尼斯政治变革之后，腐败并没有减少，而是"民主化"了。许多人堂而皇之地重建庇护网络，攫取高额利润。[2] 在转型期间，面临新的权力分配，新的权贵阶层开始形成。他们利用转型时期的混乱局面，中饱私囊，对突尼斯的经济恢复秩序重建产生了恶劣影响。

2016年8月，尤素福·沙赫德（Youssef Chahedaffiche）上台之后，把恢复经济的突破点放在反腐斗争上。他确定了重点打击对象，先后抓捕了一批重量级人物。这包括著名商人沙菲克·扎哈亚、前总统候选人亚辛·舍努菲、突尼斯旅游局警务负责人萨博·拉安吉利、电视台主持人萨迈·艾勒瓦菲，以及自由爱国联盟主席斯利姆·赫亚赫等人。突尼斯政府冻结了他们的财产，并对他们进行审理。此外，鉴于腐败问题与走私的密切联系和政商勾结，沙赫德总理2017年造访了拉蒂港（Port of

---

[1] http://www.economist.com/news/middle-east-and-africa/21656691-terrorism-will-slow-growth-tunisias-economy-has-deeper-problems-other.

[2] International Crisis Group, La transition bloquée: corruption et régionalisme en Tunisie, Rapport Moyen-Orient et Afrique du Nord N°177, 10 mai 2017.

Rades)，随后展开了海关部门的反腐。罚没资金 7 亿第纳尔，走私物资达 10 亿第纳尔，数十名海关官员被调查。

沙赫德的反腐可谓一举多得。首先，反腐可以提高政府的信誉，增加政府的合法性，赢得民众信赖。这对于政治剧变以来突尼斯走上正轨至关重要。其次，反腐也在一定程度上迎合了国际社会对突尼斯的期待。国际组织和相关援助国家对于突尼斯的国家治理能力多次提出质疑，要求其改善投资环境，打击腐败，营造公平竞争的机制和氛围。突尼斯在剧变后经济造血能力不足，严重依赖外援。突尼斯政府强力反腐既是对国家社会的交代，也是进一步争取投资的重要手段。最后，强力反腐有助于重新构筑游戏规则，建立新的治理体系。在威权主义政治时期，突尼斯不乏政商勾结和地方腐败的案例，这是突尼斯侍从主义体制的一个重要表现。在新时期，突尼斯要打破旧的体系，必须以各种手段打击旧政权的支持者。

但是，沙赫德总理的反腐攻势也遭到了批评。一些观察家认为，沙赫德总理反腐运动最大的弊端在于缺乏法治保障。在反腐过程中为了便于控制，沙赫德总理将许多嫌疑人置于军事法庭的控制之下，将突尼斯议会反腐机构置之不顾。这在程序上和司法上都很难站得住脚。民主社会关键的特征是依法治国。如果在反腐的过程中没有法制可循，在其他领域也会出现类似的情况。此外，要使反腐成为长效机制，必须有相应的立法和司法机构的参与。当前，突尼斯的反腐还很难做到这一点。因此，沙赫德总理的反腐行动总体上还是治标不治本。

（五）行政和解法案制造新的分裂

在政治转型过程中，转型正义问题是一个关键的问题。对于旧政权的残余进行妥善处置，使其参与到政治转型过程中而不对政治转型造成干扰，是每一个进入转型阶段的国家必须面对的问题。突尼斯在转型时期也面临相似的问题。支持变革的一派主张对本·阿里政权的高官和镇压人民的安全部门负责人进行公开审判，对旧政权进行清算。这对于"革命烈士"和曾经政府不公行为的受害者而言也算是一种补偿，因为"革命"的目标就是除旧布新。反对纠结于过去、把打击面扩大的一派则主张议会通过和解法案，新旧政治人士团结一致向前看。从突尼斯的民意看，有相当一部分人士主张对旧官员进行审判，让他们对自己的滥权和腐败负责。突尼斯左翼政党人民阵线最为坚决。在复兴运动和呼声党内也有相当一部分议员不主张放过旧官员。因此，突尼斯自从2015年以来，在历次和解法案的投票中，反对票一直高于支持票。虽然政党领导人做了很多工作，但大部分议员不为所动。2017年9月13日，突尼斯民众突破禁令，上街反对这一法案。①

呼声党上台后，之所以花大力气推动和解法案，和其党派利益有很大关系。呼声党党内有许多人员曾经在本·阿里政权当中担任重要职务。突尼斯政府制裁他们对呼声党力量造成了很大威胁。一旦通过和解法案，呼声党的优势将更为明显。此外，突尼斯政府公布的调查数据显示，民间力量在投资兴业方面存在迟疑，他们对自己的财产安全缺乏信心。这一方面造成了资金外流，另一方面也不利于突尼斯经济的复苏。据估计，和解法案的通过将对GDP增长贡献1.2%。②

作为突尼斯政坛元老，埃塞卜西曾经也受困于过渡政府对前政府官员的禁令。当选总统后，他执意推动和解法案的通过，号召大家团结一致朝前看。③ 他认为和解法案的通过可以让大家安心工作，为政府提供大量称职的人才。2017年10月30日，《行政和解法案》在议会以117∶100获得通过。④ 埃塞卜西随后签署了该法案。这一法案的通过豁免了本·阿里时期行政官员的腐败和犯罪指控。

突尼斯通过这一法案后，在法律层面解决了和解问题，营造了宽容和宽松的氛围，确实有助于突尼斯团结一致向前看，有助于突尼斯重新起步。但从投票结果看，反对派人数也相当可观。呼声党和复兴运动内部都出现了不同程度的分裂，部分议员退出了他们所在的党派。更为严重的后果是他们对政治转型的信心下降。而且，这一法案主要涉及的是行政人员，对于突尼斯经济发展的作用并不是很明显。突尼斯政坛以分裂为代价换来的可能是不稳定的局势。这对突尼斯的转型而言非常不利。

---

① https://www.aljazeera.com/news/2015/09/tunisians-protest-corruption-amnesty-law-150912165912469.html.
② http://www.middle-east-online.com/english/? id=85676.
③ Ibid..
④ Ibid..

本章小结

突尼斯具有改革主义传统。自19世纪初突尼斯民族主义国家开始形成以来，受地区政治和国际政治的影响，突尼斯不断尝试进行改革。在政治层面，先后有艾哈迈德贝伊改革、穆罕默德·萨迪克贝伊改革、赫尔丁改革、布尔吉巴改革、本·阿里改革等。艾哈迈德贝伊建立了第一所军校，穆罕默德·萨迪克贝伊颁布了阿拉伯—伊斯兰世界第一部宪法，赫尔丁首相开始引导突尼斯走向资本主义发展道路，哈比卜·布尔吉巴总统开启了新一轮的现代化改革，本·阿里总统则将突尼斯的现代化引向了深入。突尼斯的改革者们有意识地进行自上而下的改革尝试构成了突尼斯政治发展过程中的鲜明特征。

在改革主义传统的指导下，突尼斯的现代化进程也缓慢推进。艾哈迈德贝伊建立了民族国家军队，穆罕默德·萨迪克贝伊和赫尔丁首相的立宪尝试等政治举措拉开了突尼斯政治现代化的序幕。发挥宪法作用的传统在此过程中形成，并在独立后突尼斯的政治改革中得以延续。不过，在威权主义体制建立和不断深化的过程中，宪法原则让位于总统、政党的领导。哈比卜·布尔吉巴总统确立了"魅力型威权主义"政治体制。总统通过政党推动社会改革和经济变革。突尼斯成为非洲地区最进步的国家之一。而本·阿里总统推动了"官僚威权主义"的发展。本·阿里时期，反对党合法化、非政府组织获得了有限发展，国家治理在总统领导下取得了重大成就。本·阿里政权的有效领导使突尼斯跻身中等收入国家之列。

突尼斯由于其地缘位置因素，在改革中必须考虑内外两方面的因素。突尼斯首任总统哈比卜·布尔吉巴曾将突尼斯比作"非洲大陆的一枚邮票"。[1] 布尔吉巴此比意在强调突尼斯的重要性和革新精神。就地缘政治而言，突尼斯由于其"地中海之钥"的位置，是兵家必争之地。古往今来，这片土地上接纳的征服者不计其数。腓尼基人、罗马人、汪达尔人、柏柏尔人、阿拉伯人、奥斯曼人、法国人、意大利人、英国

---

[1] Nina Nelson, *Tunisia*, London: B. T. Batsford Ltd., 1974, p. 13.

人、美国人都曾以胜利者的姿态登上了历史舞台。在突尼斯历史上，外部强权始终是影响其历史进程的重要因素。不同的是，突尼斯独立之后逐渐掌握了自己的命运，外部因素只能以间接作用影响突尼斯政局。布尔吉巴 1971 年访问法国，与蓬皮杜总统会谈中指出，突尼斯与法国的关系"由依附走向了合作"。① 事实上，突尼斯对法国、美国等西方国家的依附仍然持续至今，突出地表现在经济和安全方面。突尼斯以来自西方国家的经济援助和军事援助维持经济正常运行和国家安全，反过来法国、美国以有限的援助保持在突尼斯的强大影响力。在突尼斯政治现代化历程中，外部力量始终是其无法忽视和直接面对的重要因素。欧美国家的"规范性"力量使得"民主""自由"等观念深入人心，成为突尼斯威权主义政权努力维持的形象和国民反对这种统治的口号。

2011 年 1 月 14 日，突尼斯总统本·阿里出逃沙特阿拉伯，标志着威权主义政治的崩溃。突尼斯开始进入了一个新的历史时期。从 2011 年至今，突尼斯进行了各项改革。立宪制度重新确立，公民权利进一步扩展，社会组织表现活跃。在经济困难、政治分化和安全危机的多重压力下，突尼斯艰难前行，如果能继续保持改革主义的传统，谨慎推动政治改革，其未来转型将更加有希望。

---

① Nina Nelson, *Tunisia*, London: B. T. Batsford Ltd., 1974, p. 32.

第二章 现代突尼斯政治体制的形成及与社会经济的互动

突尼斯政治体制的演变独具特色,自成体系。法国文化的影响、地区政治的变化、国际力量的消长在不同阶段留下印记。突尼斯政治精英在维护统治和回应民众诉求中间,不断调整政策,改革政治体制。突尼斯虽然勇立潮头,但也不免被时代裹挟。

第一节 现代突尼斯政治体制的形成

一 现代突尼斯政治体制形成的多重因素

马克思在《路易·波拿巴的雾月十八日》中强调:"人们自己创造自己的历史,但是他们并不是随心所欲地创造,并不是在他们自己选定的条件下创造,而是在直接碰到的、既定的、从过去承继下来的条件下创造。"[①] 突尼斯威权主义政治的嬗变与发展与其独特的地理位置和历史境遇有密切的关系。突尼斯近代以来现代化的开启与发展是这一政治体制建立和发展的历史背景。

突尼斯独立之后废除了君主专制,但却未能建立现代民主政体。和突尼斯处于现代化过程中的经济发展水平一样,突尼斯的政治体制也属于政治发展的过渡形态——威权主义。这是"一种不负责任的有限多元主义政治体系;没有一套精致的、导向性的意识形态但具有独特的民族心理;除了偶尔情况下,没有深入而广泛的政治动员;统治者或统治集

---

① 《马克思恩格斯选集》第一卷,人民出版社1972年版,第603页。

团行使形式上不受约束但实际上有限制的权力"①。而且，突尼斯的威权主义政治体制还经历了转折，即从旧威权主义发展为新威权主义。②在旧威权主义政治体制下，国家主导经济发展，制定了进口替代型经济发展战略。民众以对这一体制的支持换取各种利益和期待从国家发展中获益。20世纪70、80年代，各阿拉伯社会主义国家被迫进行经济调整，接受了"华盛顿共识"，国家发展战略转向了出口导向战略。与此相对应，政治体制转向了新威权主义政治体制。旧威权主义国家的统治联盟由组织起来的工人、农民、公共机构、军队和企业白领构成。而在新威权主义政治体制下，这一统治联盟变成了商品农业资本家、私营工业主、出口部门资本家、从自由化过程中获益的国家上层阶级，以及军队。③不过，突尼斯独立以后的政治体制可以概括为新威权主义。因为根据国内学者的定义，这是"一种政治权力集中于少数寡头集团，借助代议制形式以及其他国家工具严格控制各种利益表达和政治参与，如政党活动、利益集团的活动、社会运动，以现代化和经济发展为主要目标的意识形态或政权形态"④。

突尼斯威权主义政治体制的形成包括许多因素。第一，威权主义政治体制是中东国家的集体性特征之一。浓厚的专制主义文化和宗教传统是中东国家的共同特点。突尼斯独立之初，曾以在国内治理和外交上大胆尝试而独树一帜，但随着历史的前进，其在政治体制方面显示了与其他中东国家一样的威权主义特征。例如，与纳赛尔、布迈丁等领导人一样，突尼斯也有享誉世界的民族主义领导人哈比卜·布尔吉巴。突尼斯独立之后很快从君主制过渡到了共和制，并确立了总统制。总统凌驾于各个机构之上，拥有很大的生杀予夺权力。此外，新宪政党也由于其在民族主义运动中的贡献，自然而然地垄断了政治，成为执政党。

第二，突尼斯拥有根深蒂固的威权主义传统。现代突尼斯脱胎于近

---

① 转引自陈尧《新权威主义国家政权的政治转型》，上海人民出版社2006年版，第24页。
② Stephen J. King, *The New Authoritarianism in the Middle East and North Africa*, Indiana University Press, 2009, p. 3.
③ Stephen J. King, *The New Authoritarianism in the Middle East and North Africa*, pp. 6 – 7.
④ 陈尧：《新权威主义国家政权的政治转型》，上海人民出版社2006年版，第28页。

代以来统治突尼斯的侯赛因王朝，并经历了法国控制下的保护国时期，中央集权政治得到了充分发展。历史上，腓尼基人在地中海南岸建立的迦太基曾是海上霸主，辉煌一时。但是，迦太基被罗马所灭之后再无荣光。648年，阿拉伯征服北非之后，建立了凯鲁万城，突尼斯成了阿拉伯帝国进军北非和南欧的跳板。此后，突尼斯一直处于各阿拉伯—伊斯兰政权的统治之下，先后经历了伍麦叶王朝、阿巴斯王朝、法蒂玛王朝、艾尤布王朝等阿拉伯帝国的统治。17世纪，奥斯曼帝国进军北非，突尼斯成为其北非领地，由奥斯曼帝国任命的贝伊进行统治。1705年，侯赛因贝伊建立了事实上的独立王国。突尼斯作为民族国家的雏形开始形成。在侯赛因家族的统治之下，逐渐建立了中央政府的权威。中央政府不仅向臣民征收赋税、向各省任命官吏，而且不断将各个部落置于政府控制之下。另外，在侯赛因王朝的治理之下，突尼斯国民的同质化也不断发展。随着突尼斯独立性的增强，马穆鲁克的数量和规模都不断下降。到艾哈迈德改革时，已经允许平民参加军队和进入军事院校。

法国征服突尼斯之后，并没有废除贝伊，而是保持了后者的政治权威。法国的殖民统治重建了突尼斯的中央权威，加强了中央政府对地方的掌控能力。法国殖民统治期间同时结合了贝伊制度与殖民体系。在法国任命的总督之下同时并行两套行政体系，以法国殖民体系为主，辅之以贝伊宫廷政治。这种外来的统治力量瓦解了突尼斯农村的统治制度，将中央权力渗透到部落地区。殖民当局建立的行政机构、警察机构、税收体系、军队等都为布尔吉巴政府所继承。独立之后，布尔吉巴同时继承了殖民当局和贝伊的权威，建立了威权主义政权。

第三，后发外源型现代化要求威权主义的政治动员。突尼斯现代化的开启是有感于欧洲列强的威胁。突尼斯早期现代化的目的是通过自强，避免沦为列强的猎物。然而，由于各种内外因素的影响，突尼斯并没有摆脱这一悲剧。突尼斯最终还是沦落为法兰西殖民帝国的殖民地。独立之后，突尼斯面临紧迫的发展任务，威权主义应运而生。在威权主义体制下，中央政府制订发展计划，争取外援，进行资金分配，并辅之以人才支持和政治保障。事实证明，这一政治体制是行之有效的。

第四，魅力型领袖建立、强化并维持了威权主义。在突尼斯现代史上，哈比卜·布尔吉巴以其卓越的历史功绩留下了浓墨重彩的一笔。他不仅创立了民族主义政党新宪政党,而且带领突尼斯人民赢得了民族独立,有"国父"之称。① 突尼斯独立前后,布尔吉巴击败了本·优素福的叛乱,清洗了旧官僚,建立了新宪政党的新政权。虽然突尼斯建立了布尔吉巴事实上的"总统君主制",布尔吉巴大权独揽,但突尼斯并非传统上的专制政权。布尔吉巴的权威来自其个人魅力、民族独立的合法性和政党的强力支持。布尔吉巴统治时期,其本人俨然成为共和国的代表,并与新政权融为一体。

不过,布尔吉巴统治末期在处理伊斯兰复兴运动方面出现了严重失误,一度将国家引向了内战的边缘。1987年11月7日,政治强人阿比丁·宰因·本·阿里发动了"医学政变"②,取代了布尔吉巴。突尼斯的威权主义体制从"克里斯玛"领导制转向了"官僚威权主义"。本·阿里出身行伍,有丰富的安全工作经验。他就任总统之后很好地化解了政治伊斯兰的威胁,建立了阿拉伯—伊斯兰世界最稳定的政治经济社会秩序。相比较而言,布尔吉巴较少依赖军队和警察,本·阿里则精心经营了一支庞大的警察部队。突尼斯是不折不扣的威权主义国家。突尼斯虽然在减贫、医疗、教育、人权等方面取得了重大进步,但其政治现代化进展比较有限。本·阿里在位23年期间,突尼斯的威权主义程度进一步发展,达到了民众的忍耐极限。最终在经济危机、腐败和失业等多重因素的打击下为民众骚乱所推翻。可以说,突尼斯威权主义政权的建立、强化和维持很大程度上依赖于布尔吉巴和本·阿里两任总统。前者为威权主义政体奠定了基础,后者对这一体制进行了改革和强化。但最终两位总统都在历史浪潮中被淘汰,前者为政变推翻,后者在汹涌的民众抗议浪潮中仓促下台。

二 现代突尼斯政治体制的结构

在有国家的社会中,任何国家基本上可以分为两种:一种是国家(政府作为具体代表)不受社会影响而独立做出决定的权力,通常我们

---

① 安惠侯:《突尼斯首位总统布尔吉巴评介》,《阿拉伯世界》2004年第6期。
② L. B. Ware, "Ben Ali's Constitutional Coup in Tunisia", *Middle East Journal*, Vol. 42, No. 4 (Autumn, 1988), p. 567.

可以称之为专制权力；另一种是国家在做出决定时受到社会制约或社会舆论、公众意见表达一致后（以多数原则或社会主要集团的意见为准）影响国家做出决定的权力，大体上可以称之为同意权力。[①] 同意权力与专制权力的融合使得政府可以在一定程度上的合法性基础上行使权力、治理国家。而支持同意权力和专制权力的载体是政治体系中的各种结构，在国家层面上是指统治精英及其阶层之间、政治组织之间的关系模式。从具体的操作过程来看，国家结构体现为政权结构。[②] 在政权结构中，专制权力的载体可以称为专制结构，同意权力的载体称为同意结构。当政治体系中专制结构形成一个有效的统一体并占据主导地位时，专制结构与同意结构就形成了一种内在的张力，这种张力的集中表现是这两种结构之间的冲突以及政权内部冲突造成的社会政治生活的非稳定状态。这种结构性张力可以因政权在社会经济方面的成就而有所缓解，而一旦经济发展出现衰退或停滞，或者社会发展已经产生广泛的政治动员，并且主要社会阶层拥有足够的自由资源决定政府时，政权的结构性张力就可能转化为结构性危机，政权将面临转型的形势。[③] 对新威权主义国家而言，专制权力压倒了同意权力，专制权力在发挥主导性的作用。政权的维持在很大程度上依赖专制结构提供的权力控制政治动员、规划经济发展、维持社会稳定等任务。而政府在提供政治安定局面、经济繁荣和社会发展进步等产品的过程中又提升了同意结构的权力，使得同意结构可以在专制结构的规范下发挥一定的作用。就突尼斯的威权主义政治体制而言，以总统、行政官僚、执政党、军队和安全力量等为代表的专制结构是社会的主导力量。立法机构、各利益集团、社会组织等则发挥了有限制约专制结构的同意结构的作用。此外，世界大国、地区强权国家则在突尼斯威权主义政治体制发展与转型过程中发挥了复杂的作用。这既包括对威权主义体制的强化提供援助，也包括对该体制的瓦解和转型推波助澜。

首先，突尼斯的专制结构是威权主义政体存在的关键力量。突尼斯

---

① 陈尧：《新权威主义国家政权的政治转型》，上海人民出版社2006年版，第102页。
② 同上书，第106页。
③ 同上书，第107页。

威权主义政治体制脱胎于侯赛因王朝和法国殖民政府。1957年，突尼斯废除君主制后，总统继承了贝伊至高无上的传统权力。而法国殖民政府建立的一套高效率的行政机构则为中央政府对全国的有效控制创造了条件。另外，新宪政党不仅继承了突尼斯近代以来改革主义传统，而且兼具民族主义政党特有的政治合法性。这一方面为威权主义政府提供了制度上的合法性，也为该政权的有效统治提供了组织和动员机制。而军队和安全机构是威权主义政权在危机时刻得以依赖的最后屏障。不论是突尼斯政府历次对内部派系以及政治伊斯兰的镇压，还是对民众抗议和暴动的弹压，军队和安全机构都发挥了至关重要的作用。相反，军队的不合作态度是本·阿里政权最终垮台，民众抗议取得胜利的关键因素。

其次，同意结构保障突尼斯走向有限民主的尝试。在突尼斯的威权主义体制中也不可避免地存在同意结构。这包括几经扩充的立法机构和法团主义组织等。在布尔吉巴时期，议会处于可有可无的地位。议会每年工作时间不超过半年，在休会期总统通过发布命令进行统治。但是，突尼斯建立法团主义组织的尝试弥补了同意结构的缺失。在政府的扶持下，突尼斯建立了农民、工人、学生、妇女及工商业者各个群体的组织，作为特定人群的代表。而且，布尔吉巴的统治也以深入民间和允许精英们发挥建言作用而著称。本·阿里上台后，一些反对党获得了合法性，政治参与获得了有限的开放。在本·阿里统治时期，突尼斯的议会从一院制发展为两院制，反对党获得了部分议席，各团体获得了代表权。突尼斯定期进行选举，普通公民都有选举权。除此之外，突尼斯在减贫、教育、医疗卫生、社会保障等方面取得的成绩为威权主义体制的维持提供了支持，增强了政府的同意权力。

最后，对外交往是一把双刃剑。突尼斯作为小国，在全球化时代受到了越来越多的外部影响。对其威权主义体制的维持而言，这既有有利的一面，也有不利、甚至危险的一面。一方面，突尼斯拥有资源丰富的邻国、经济实力雄厚的援助国支持，更享有美国、法国等国的安全保障，为其经济、军事和社会安全提供了良好的外部条件。另一方面，突尼斯难以超脱地区危机、国际经济危机、全球市场分工，对突尼斯的现代化进程和威权体制的维持构成了重大威胁。在纷繁复杂的地区、国际形势中争取有利于民族发展、政权维持的利益是突尼斯长期以来面临的艰难选择。

三　现代突尼斯政治体制的特点

1956年，突尼斯摆脱法国殖民统治，建立了威权主义政治体制，走上了独立自主的发展道路。经过布尔吉巴的奠基和本·阿里的发展，突尼斯在54年的发展历程中建立了自己独特的发展模式，即"突尼斯模式"。突尼斯威权主义政治体制具有鲜明的个性特征。

第一，总统独揽大权的强人政治。突尼斯发生政治变革之前统治突尼斯的两任总统都展现了强人政治的特征。就宪法体制而言，总统的至上权力在宪法里有明显体现。突尼斯1959年宪法虽然确立了总统共和制作为新政权的正式机制，但总统的权力凌驾于政府机构之上，且不受限制。在实践中，总统的权力逐渐增大。独立之初，布尔吉巴身兼首相、内政部长、国防部长和新宪政党主席等多个关键职位。1963年新宪政党召开比塞大大会之后，执政党领导体系与国家行政机构合二为一，布尔吉巴超脱于官僚集团之上，予取予求，以个人的直接判断代替了领导层对政策的研究与酝酿。在回答记者提问中，他称"什么是体系？我就是体系"。[①] 1974年，新宪政党莫纳斯提尔大会上确立布尔吉巴为党的终身领导人，翌年宪法确认其为终身总统，进一步夯实了布尔吉巴的领袖地位。布尔吉巴在经历党内外各种危机的过程中，都以灵活的领导技巧予以化解。而在布尔吉巴领导地位遇到挑战的时候，突尼斯政局往往出现动荡。20世纪80年代初，突尼斯经济发展遭遇了严重困难，社会不满情绪增长。布尔吉巴由于健康原因，对政权的掌控能力下降。一时间左翼、右翼反对力量同时发难，突尼斯威权主义政权面临严峻形势。本·阿里顺应时代，登上权力宝座后，对政权的掌控有增无减。在其23年的执政期间曾创造了许多辉煌。突尼斯的经济社会指标节节攀升，人权状况持续改善。然而，同样在其统治末期，出现了强人政治的典型问题。总统家族贪得无厌，权力继承问题扑朔迷离，君主式统治运转不灵，最终导致了其仓促下台，远走沙特。

[①] Clement Henry Moore, *Tunisia since Independence: the dynamics of one-party government*, Berkeley: University of California Press, 1965, p. 41.

第二,行政部门主导宪法体制。在突尼斯的政治文化中,"宪法"是核心理念。自1861年政治改革以来,宪法深植于突尼斯的政治文化之中。一代又一代的政治精英们以此为其奋斗目标。但是,在现实政治中,宪法体制却体现了突尼斯的特色,即世俗与宗教相结合、民主与威权相结合、理想与现实相结合。突尼斯历届政府都拥抱民主,但在现实政治中行政机构突出,立法结构弱小。在其政治体系中,党的高层领导多在行政机构中任职,事实上国家领导人的继承人是政府总理而不是议长。另外,行政权力还扩展到了经济、社会领域。新宪政党精英往往在银行、国有企业、社会团体中交替任职。总统颁布的命令不仅迅速而且高效地得到执行,而议会鲜有独立重要立法成果。在司法领域,本·阿里甚至兼任国家法律委员会主席。[①]

第三,有限参与的政党政治。突尼斯威权主义政治体制形成了独特的政党政治。执政党继承突尼斯的政治传统,长期独大。反对党弱小而分散,既有执政党的分支,也有共产党和伊斯兰政党的分野。政党政治下有限的政治参与彰显了突尼斯政治现代化的缓慢进展。如前所述,突尼斯开启立宪改革之后,精英主义政治经历了从赫尔丁到穆斯塔法·萨阿列比,再到布尔吉巴、本·阿里的传承体系。他们所代表的政治组织便是君主立宪群体、青年突尼斯、宪政党、新宪政党(后来更名为社会主义宪政党、宪政民主联盟)。作为执政党而言,新宪政党不仅仅代表执政集团,尤为重要的是代表了其政治意识形态。而曾经在突尼斯政坛发挥一定影响的共产党、自由主义政党、伊斯兰政党都无法在以上两个方面与执政党争雄。但是,突尼斯威权主义政权为了缓解国内压力、迎合国际政治,不得不做出政治自由化的表态。突尼斯政府曾在1981年、1988年先后出台了政党法,允许自由主义政党参与政治,共产党和伊斯兰政党被排除在外。这表明,突尼斯的政党政治本质上是"宪法体制"下精英政治的内部游戏。不过,即使在有限的政治自由化过程中,反对党被驯服,完全成了配合政府主导下的政治自由化的点缀。

第四,国家机器专制权力的显性和隐性使用。突尼斯的威权主义政

---

① Steffen Erdle, *Ben Ali's Tunisia* (1987 – 2009): *A Case Study of Modernization in the Arab World*, Berlin: Klaus Schwarz Verlag, 2010, p. 139.

治体制除了以总统为代表的行政机构和执政党提供的组织保障之外，国家专制机构也发挥了不可替代的作用。虽然突尼斯的军队实力弱小，传统上并不参与政治，但其对内维持威权统治的作用仍然至关重要。而警察等安全机构同时兼具了显性和隐性的威慑作用。当代突尼斯在几次政治危机中军队的介入显示了其维护政权的压制性作用。1978年"黑色星期四"、1984年的"面包暴动"中，军队都对民众反抗进行了坚决镇压。而安全机构在本·阿里政权消除政治伊斯兰的威胁方面发挥了关键作用。在对付政治伊斯兰的反抗过程中，安全机构监禁了上万名伊斯兰主义者，对其支持者和家属实行了"社会死亡"政策。使其无法享受工作、旅行、出国等公民待遇。

第五，非政府组织缓慢发展。威权主义政治的一个重要特征就是有限地使用专制机构，这使得突尼斯非政府组织实现了有限的发展。随着突尼斯经济不断发展和教育水平的提高，民众的参与意识不断增强。突尼斯非政府组织的繁荣一定程度上充当了政治参与的媒介。突尼斯人权联盟（LTDH，成立于1977年）等组织发挥了重要作用。突尼斯人权联盟是阿拉伯世界的第一个此类组织。该组织不但监督突尼斯政府的人权纪录，而且为伊斯兰组织人员辩护，是唯一向突尼斯政府产生压力的非政府组织。在阿拉伯—伊斯兰世界，传统上存在一些非正式的政治参与途径。以亲缘关系、宗教、邻里社区、职业、商业网为基础，民众建立了大量的非正式组织。[①] 突尼斯非政府组织更多充当法团主义组织，与政治社会的互动十分有限，在推动政治发展方面发挥的作用极其有限。

第二节 现代突尼斯的社会政策

突尼斯威权主义政治体制形成之后，将社会领域的改革也列入了现代化总体规划之中。社会改革与威权主义政权的维持和强化结合在了一起。社会改革既为威权体制的建立和维持提供了必要的社会环境，改革的成果进一步增强了威权体制的同意权力，加强了威权统治。

[①] Ellen Lust-Okar, Saloua Zerhouni (eds.), *Political Participation in the Middle East*, Lynne Rienner Publishers, 2008, p. 41.

一 民粹主义①政策

在国家—社会关系方面，阿拉伯社会主义国家在独立之初采用了民粹主义路线，在某种程度上形成了一种社会契约。这种政策刻意迎合"人民"，以争取他们的支持。② 突尼斯威权主义民粹主义政策主要体现独立初期。新政府推行的计划包括工资保障、食品补贴，以及造福广大人民的教育、医疗、住房和其他福利。在"1962—1969 发展规划"中，对突尼斯人民生活水平的提高确定了基本目标。比如确定 1971 年的家庭平均收入为 425 第纳尔。③ 1970 年，突尼斯确定了食品补贴计划。④ 民众为了这些福利和对发展中可能受益的前景接受了威权主义统治，⑤ 由此确定了突尼斯独立初期下层民众与新宪党政府的密切关系。突尼斯威权主义政权之所以采用这一政策，出于巩固统治和社会整合的目的。在"民粹主义"政策实施过程中，新政府一方面打击了旧贵族，实现了对社会的全面控制，另一方面也消除了殖民主义的残余势力。

然而，随着突尼斯威权主义政权的变革和突尼斯社会的发展，民粹主义政策在突尼斯经历了逐渐边缘化的变化态势。独立之初，发展经济与提高人民生活水平是威权主义政权主要任务。只有这样才能换取民众的支持，才能维护统治。突尼斯独立初期实行的"进口替代"经济模式和土地改革政策在很大程度上改变了突尼斯的社会经济状况。一方面，在新政权下一部分城市、农村资产阶级再次崛起。另一方面，由于

---

① 民粹主义（Populism），又译"民众主义""人民党主义"，往往被人们用来描述一种特殊的政治思想传统和一种特别的政治运动和统治形式。这里侧重于政治运动，以及这种政治运动中的社会政策层面。参见 [英] 安德鲁·海伍德《政治学核心概念》，吴勇译，天津人民出版社 2008 年版，第 221 页。

② 邓正来主编：《布莱克维尔政治学百科全书》，中国政法大学出版社 1992 年版，第 599 页。

③ Russell A. Stone, John Simmons, *Change in Tunisia: Studies in the Social Sciences*, New York: State University of New York Press, 1976, p. 40.

④ Emma C. Murphy, *Economic and Political Change in Tunisia: from Bourguiba to Ben Ali*, St. Martin's Press in association with University of Durham; Basingstoke, Hampshire: Macmillan Press Ltd., 1999, p. 57.

⑤ Stephen J. King, *The New Authoritarianism in the Middle East and North Africa*, Indiana University Press, 2009, p. 7.

资源、资本、技术缺乏,"进口替代"难以为继,庞大的补贴计划难以维系。"外向型"经济发展方式要求政府扶持出口企业及民族资产阶级。特别是"结构调整"计划的引入,迫使威权主义政权调整"民粹主义"政策。在新的形势下,威权主义政权放弃了与下层民众的结盟,转而依赖商业化的农业、工业企业主和出口部门资本家。① 宪政民主联盟的统治基础变成了城市和农村精英,"民粹主义"政策不再是关键因素。但是,由于威权主义体制统治下并不存在替代选项,加之下层民众力量弱小,他们并没有走向这一体制的对立面。而且,为了争取下层民众的支持,调整之后的威权主义政权并没有完全放弃民粹主义政策。20世纪80年代初的经济自由主义改革虽然削减了补贴计划,但基本上保持了对食用油、糖和面包等民生工程的保障。随着经济结构调整的推进,突尼斯政府引入了新的保障机制,对困难群众予以补贴。1994年,突尼斯政府成立了"民族团结基金(FNS)",1996年又成立了"国家就业基金(FNE)"。② 此外,突尼斯政府还实施了"强制慈善"政策③,也保持对民粹主义政策的坚持。

另外,在威权主义政权被迫改变其"民粹主义"政策的同时,也面临着体制外力量的挑战。特别是政治伊斯兰兴起之后,以"文化认同"和福利政策为武器对下层民众进行动员,对威权主义政权的统治基础造成了极大威胁。例如,突尼斯伊斯兰复兴主义者往往占据清真寺,并向民众提供食品、家教、婚礼服务等,吸引了大量下层追随者。

二 法团主义④政策

"民粹主义"政策往往意味着法团主义政治。阿拉伯威权主义政

---

① Stephen J. King, *The New Authoritarianism in the Middle East and North Africa*, Indiana University Press, 2009, p. 8.

② Steffen Erdle, *Ben Ali's Tunisia (1987 – 2009): A Case Study of Modernization in the Arab World*, Berlin: Klaus Schwarz Verlag, 2010, p. 115.

③ Stephen J. King, *The New Authoritarianism in the Middle East and North Africa*, Indiana University Press, 2009, p. 12.

④ 法团主义(Corporatism)又译"组合主义",在最宽泛的意义上就是一种把有组织的利益纳入政府过程的手段。参见[英]安德鲁·海伍德《政治学核心概念》,吴勇译,天津人民出版社2008年版,第204页。本书讨论的是社会系统与政治系统的互动。参见张静《法团主义》(修订版),中国社会科学出版社2005年版,第2页。

权虽然也承认存在阶级,但主张为进步,以合作和民族团结弥合分歧,并以此为出发点引入了法团主义机制。① 而且,作为一种新型的统治机制,威权主义政权也具有一定程度的制度容纳能力。法团主义就是实现政治参与的安排。突尼斯独立之后,保留了一些民族主义政治组织,如突尼斯总工会(UGTT)、突尼斯共产党(PCT)等。在新威权主义政治体制下,突尼斯民众的要求被包容在大量的利益团体中,突尼斯民众获得了一定的政治参与渠道。比如突尼斯工商联合会、突尼斯总工会、突尼斯农业联合会(UNAT)、突尼斯妇女联合会(UNFT)、突尼斯学生总工会(UGET)等组织分别代表了雇主、工人、农民、妇女、学生等各个群体的利益。② "宪政社会主义"实施期间,突尼斯全国总工会和在农村建立的合作社分别充当工业和农业领域的此类组织。布尔吉巴在制定政策时也经常咨询这些组织领导人的意见。③

但是,随着突尼斯威权主义体制的发展,这些法团主义参与机制受到了制约。不仅这些组织内部缺乏政治参与意识,而且政府的态度也发生了变化。这些组织逐渐转变成了政府控制民众的工具。从长远看,"民粹主义"与"法团主义"政策难以延续。当国家面临危机时,只能选择放弃"民粹主义",否则难以发展经济。当国家为了发展经济必须限制法团主义组织时,这些组织要么服从,要么起而反抗。服从则使其丧失独立性,从而无法代表利益团体;反抗则容易招致政府镇压,危及法团主义机制本身。而为了追求"有效性",威权主义政权往往倾向于放弃福利性"民粹主义"政策,对法团主义组织实施严格控制。"民粹主义—法团主义"这种制度设计本身也存在内部矛盾。作为后发现代化国家,该机制第一次将下层民众动员到了现代化过程中,但为了进一步

---

① Nazih N. Ayubi, *Over-stating the Arab State: Politics and Society in the Middle East*, London & New York: I. B. Tauris Publishers, 1995, p. 209.

② Lars Rudebeck, *Party and People: A Study of Political Change in Tunisia*, C. Hurst & Company, 1969, p. 40.

③ Emma C. Murphy, *Economic and Political Change in Tunisia: from Bourguiba to Ben Ali*, St. Martin's Press in association with University of Durham; Basingstoke, Hampshire: Macmillan Press Ltd., 1999, p. 35.

推动现代化，政府必须同时限制这两种政策。① 此外，突尼斯缺乏强大的工人阶级，无法向政府施加强大压力。

三 侍从主义政策

法团主义政治参与并不适用于所有公民。突尼斯底层老百姓仍然缺乏正式的参与渠道。威权主义政治统治下，国家与社会之间还存在非正式的互动机制。西蒙·布罗利（Simon Bromley）认为，"中东最早的局部民主经验乃奠基于极度有限的选民支持，后独立时期的埃及、伊拉克、叙利亚等国结合拥有地主身份的广大都市商人阶级，且持续接受来自原殖民国的间接影响，政治经济权力多数为上流阶级的士绅权贵所把持，这些士绅权贵泰半是居住在城市的地主（absentee landlords），他们与部落首领、商业人士紧密连接，支配政治领域的生活，并引领侍从主义（clientelism）的政治网络，在此网络的庇护主（上流阶级权贵）透过国家机制内的积极运作，将利益输送予本身及其从属者（部落、农民、都市劳工）；相对地，从属者必须为庇护主执行劳力服务，并提供政治支持以为回报"②。在突尼斯，以哈比卜·布尔吉巴为首的萨赫勒（Sahel）地区的政治精英掌握了国家政权，成了这一网络的庇护主阶层。而新宪政党的基层组织则提供了最低层次的庇护。同时，突尼斯与法美等西方国家的紧密联系，使突尼斯得到了维持这一体系的源源不断的援助。这些援助包括军事援助，经济、教育、金融的援助等各个方面。因此，突尼斯政府可以在较少依靠国内财政收入的情况下开展由政府主导的各项现代化建设，例如扩大教育、扫除文盲、拓展公路网等。

在侍从主义之外，突尼斯政府还采用了镇压政策。随着政治伊斯兰的兴起，突尼斯威权主义政权逐渐将其视为对政权的主要威胁。而事实上，政治伊斯兰的兴起很大程度上是突尼斯现代化过程中过于强调世俗化和西方化、部分放弃民粹主义政策，以及其他政策失误造成的。面对威胁，突尼斯政府主要利用专制结构进行镇压。

---

① Nazih N. Ayubi, *Over-stating the Arab State: Politics and Society in the Middle East*, London & New York: I. B. Tauris Publishers, 1995, p. 217.

② ［英］大卫·鲍特等：《最新民主化的历程》，王谦等译，韦伯文化国际出版有限公司2003年版，第406页。

第三节　现代突尼斯民族经济的建立与转型

一　突尼斯在"非殖民化"中建立民族经济

突尼斯是传统的农业国，工业基础薄弱。国土面积狭小、矿产资源相对贫乏，受地中海气候的影响，中南部内陆地区多为干旱、半干旱气候不利于农业生产。1956 年，突尼斯 50 人以上的公司仅有 290 家，85% 属于欧洲人，从事工业生产的人口仅占总人口的 2%。[1] 因此，发展经济的现实途径是从欧洲人手中接收工厂和设施，作为民族工业的基础。

突尼斯的"非殖民化"遵循了渐进主义方针，最大限度地保持了工厂、农场及其设施的完整性。突尼斯独立之后，新宪政党首先实现了行政机构的"非殖民化"，而对工业领域的"非殖民化"则有意放慢了节奏。这是因为突尼斯在资本、技术、人员等方面严重依赖法国，贸然进行激进的"非殖民化"可能产生意想不到的麻烦，对民族经济的发展造成不利影响。

突尼斯独立之初实行自由主义经济政策，政府寄希望于私营企业，期待私营经济挑起发展民族经济的重担。受西方自由主义经济发展模式的影响，开国之初突尼斯政治精英们并没有制订国民经济发展计划，而是为私营经济的发展提供政策便利，鼓励私营经济发展。突尼斯政府对私营经济持开放政策，不论私营资本是来自本国人还是外国人。突尼斯政府实施支持和扶植民族资本发展的政策，如低息贷款、减少税收、提供优惠服务等措施，为民族资本开辟了发展空间。1958 年本国私人投资为 563 万第纳尔（约合 1340 万美元），1959 年为 865 万第纳尔（约合 2060 万美元），多集中在商业和金融业，占总投资额近一半。私人在工业领域的投资则集中在运输、纺织、制革、粮食、食品、榨油等加工业。政府还致力于发展国家资本，通过与私人资本和外国资本合营、企业国有化等途径，使国家资本的发展取得了明显实效。1958 年 11 月 1

---

[1] Steffen Erdle, *Ben Ali's Tunisia* (1987 – 2009): *A Case Study of Modernization in the Arab World*, Berlin: Klaus Schwarz Verlag, 2010, p. 73.

日,突尼斯中央银行成立,突尼斯收回了货币发行权,开始发行新币——突尼斯第纳尔。此后相继成立了各种专业银行,包括工商银行、投资银行、农业银行等。到 60 年代初,突尼斯已经控制了金融业的 70%,建立了自己的议会、货币和信贷体系。①

通过"非殖民化",突尼斯对大量矿山、工厂、农场实现了国有化,并在此基础上成立了国有公司。1959 年 9 月后,突尼斯政府陆续将铁路、港口、道路、航空、教育行业以及煤气、水电和电信等基本建设行业的法国公司国有化而掌握了国民经济的基础行业。国家鼓励外国资本和本国私人资本合营,建立了炼油、制药、塑料和肥皂等化工和机械、建材等企业。②

收回殖民者占有的土地是"非殖民化"的另一项重要内容,也是建立民族经济的一个重要部分。突尼斯独立后以赎买的方式逐步收回了殖民者占有的土地。1964 年 5 月的一项法案将外国人占有的 30 多万公顷土地全部收归国有,其中法国人占有 27 万公顷,意大利人占有 4.5 万公顷。③

突尼斯为了建立民族经济体系,探索符合本国国情的经济发展模式。1956 年 11 月,突尼斯政府制订了一系列国民经济发展计划,包括开发中、南部地区的十年规划和其他发展计划,内容是开垦荒地、兴修水利、发展制造业,建立纸浆、钢铁、炼油、纺织、塑料、制糖等企业,计划总投资约 2500 万美元。但是实施这些计划时出现了资金困难,所筹集的本国资金仅占所需资金的 30%,其余部分严重依赖外资。而外资的短缺导致大多数计划流产。④ 突尼斯独立五年来经济状况持续恶化。进口激增、失业率居高不下,资本外逃。由于生产性投资不足,政府不得不大量举债,以提供住房、通信、交通、电力费用。但私营经济发展缓慢,从而导致国民经济形势恶化,经济连年负增长。

突尼斯私营经济先天不足,不具备持续发展的实力,而且面临巨大的竞争压力。私营经济的弱小迫使突尼斯推行国家资本主义战略。国有

---

① 杨鲁萍、林庆春编著:《列国志·突尼斯》,社会科学文献出版社 2003 年版,第 116 页。
② 同上。
③ 同上书,第 117 页。
④ 同上。

经济是维护经济安全和保持经济自主性的重要依托。

二 "社会主义实践"后国有经济初具规模

突尼斯独立最初五年糟糕的经济表现，迫使新宪政党精英们将目光投向民族经济发展。而自由主义经济模式的失败也导致突尼斯党政精英开始考虑引入某种形式的计划经济，以比较合理的方式安排经济运行。1961年年初，在经历五年的经济停滞之后，布尔吉巴宣布实行计划经济，推动经济和社会的全面发展。布尔吉巴认为"单独靠私有经济无法提高水平，或者只能缓慢地以高昂的代价实现这一目标。只有集体行动是有效的。个人行为往往不是协作的，由于其行为的多样性，他们甚至相互抵消或对别人造成危害。相反，集体行动如果相互协作，领导得当，可以实现像军队一样的效果。因此，有必要采用计划。这不仅可以协调行动，而且可以将国民收入的一大部分引向生产性投资和适当的储蓄渠道。突尼斯在依赖外界之前应该首先依靠自己。纪律很必要，但这不能靠强制取得，而应该依靠说服与合作。人们只能接受必要的自由限制，而且只会积极地加入'人民计划'的实施。这也是计划成功的必要条件"[①]。为此突尼斯政府设立了"计划和金融部"，集中了全国最优秀的技术人员，并制定了"1962—1971年十年发展规划"。1961年8月23日，这一规划正式发布。

"十年发展规划"被认为反映了突尼斯的独特属性，不建立在任何特定的意识形态或经济教条之上，而是突尼斯式的"社会主义"。事实上，这种"社会主义"更接近国家资本主义发展模式。突尼斯通过这种方式建立了国有经济的雏形。"规划"认为，突尼斯经济发展的最大障碍在于资源贫乏，降水不均衡，缺乏经过严格训练的技术人员，由于储蓄水平而导致缺乏充足的投资性资本。而且，突尼斯市场狭小，赚取外汇的能力脆弱。传统和现代部门不均衡，地域差异较大。[②]

"规划"确定了接下来十年发展的基本目标。第一个目标是经济

[①] Charles A. Micaud, Leon Carl Brown & Clement Henry Moore, *Tunisia: the Politics of Modernization*, New York & London: Preaeger, 1964, pp. 176 – 177.

[②] Ibid., p. 176.

"突尼斯化",即在进出口方面降低对法国的依赖,减少金融、工业和农业领域的外国份额。第二个目标是"人的提升",即实现机会均等,提高生活水平;重新分配收入,改善普通民众的营养、住房、教育和卫生状况。改革的第三个目标是调节经济结构,改变部门比例不平衡的状况。最后一个目标是实现自我发展,取得自我维持的增长。这要求国内出现满足投资需求。具体而言,"规划"确定了到1971年需要实现的目标为:(1)年增长率达到6%,国内生产总值达到11.57亿美元。(2)国内储蓄占GDP的比重达到26%。(3)重新分配收入,人均收入达到45第纳尔(107美元)。(4)净投资达到8.96亿第纳尔(28亿美元),各部门分配分别为基础设施10.42亿美元,农业5.33亿美元,工业3.33亿美元,教育、培训及技术领域1.83亿美元。[1]

"宪政社会主义"本质是以"社会主义"为招牌发展国家资本主义经济。就其实施的具体内容而言,主要包括以下内容:通过制订经济发展计划,改变之前的自由放任形式,经济决策大权收归国家;通过控制外贸,专营零售业,一定程度上实现统购统销,由国家控制进出口;通过改革土地制度和推进农业合作化,夯实国有经济中的农业基础地位;通过建立国有企业和公私合营,建立国有经济的主导地位。

第一,改"自由放任"经济为"计划经济",发挥国家主导作用。如前所述,突尼斯独立以来,由于政治上的软弱和领导人的偏好,实际上实行的是一种自由主义经济。国家虽然通过颁布鼓励经济发展的政策,促进私营经济的发展,但对经济运行干涉不多。1961年年初,突尼斯政府面对严峻的经济形势,被迫介入经济的总体规划和运行。首先,突尼斯威权主义政权从战略上实现了转变,"向不发达进军"成为新的政治口号。从1961年起,突尼斯政府开始担负起经济发展的重任。从1962年到2010年,突尼斯总共制订并实施了12个发展计划。[2] 同时,突尼斯还建立了诸多的经济部门进行宏观调控。如本·萨拉赫曾经任职的"计划与金融部",努埃拉曾任职的"中央银行",格努希曾任

---

[1] Charles A. Micaud, Leon Carl Brown & Clement Henry Moore, *Tunisia: the Politics of Modernization*, New York & London: Preaeger, 1964, p. 178.

[2] 杨鲁萍、林庆春编著:《列国志·突尼斯》,社会科学文献出版社2003年版,第121—127页。

职的"国际合作与对外交流部"等。

第二,通过控制外贸、由国家专营零售业,实现一定程度上的统购统销。突尼斯政府为了加强国家对经济的控制,建立了国家专卖公司控制食盐、茶叶、烟草等贸易,建立了纺织、电力和天然气、矿业、粮食及食品、水果、油脂6个管理机构。[1]

第三,改革土地制度,推行农业合作化,发展现代农业。突尼斯是传统的农业国,要实现现代化的腾飞必须解决农业问题。而土地制度的改革是突尼斯独立之初面临的重要问题,也是新旧社会更替的重要标志。因此,在本·萨拉赫主持下,突尼斯对土地制度进行了改革。独立之初,突尼斯主要存在四种类型的土地制度:(1)封建土地所有制;(2)殖民者所有制;(3)突尼斯人的农场;(4)小农土地所有制。[2] 针对这种情况,突尼斯政府对其进行了改革。首先,对于封建所有制土地,新政府通过打击与殖民者合作的政要和大地主,部分或全部没收了他们的土地和庄园,限制了土地拥有数量,规定单个家庭在杰尔迈河谷地区不能拥有超过人均50公顷的土地。其次,通过赎买和国有化,基本收回了殖民者占有的土地,并将其置于合作社的管理之下。1964年5月,土地国有化法令基本上解决了殖民者占有土地问题。再次,突尼斯人的农场转入国家农场,成为推行合作化运动的阵地之一。最后,独立后突尼斯政府出售了部分国有土地,并以分期付款的形式卖给农民,使小农拥有了土地所有权。但是很多农户由于贫困将土地转卖,加速了小农的两极分化,土地重新集中到少数富人手中。到60年代,在私有土地分配不均现象很明显,5%的大地主占地46%,55%的中农(占地5—50公顷)占地47.8%,40%的小农(占地5公顷以下)占地5.6%。[3]

合作化是"宪政社会主义"的核心内容之一。合作社作为集体劳动的一种形式,在突尼斯有悠久的历史。早在1930年时,崩角的果农就自发地组织起来供应当地消费和与欧洲卖主谈判。在突尼斯独立前存在

---

[1] 杨鲁萍、林庆春编著:《列国志·突尼斯》,社会科学文献出版社2003年版,第118页。

[2] 同上书,第133—136页。

[3] 转引自杨鲁萍、林庆春编著《列国志·突尼斯》,第136页。

许多农民自发组织的合作社。他们不影响当时的机构和土地制度。在合作社中农民以合理的价格投资。合作社的成员往往推举领导机构，一般由一些有名望的农民充当领导人，管理合作社。不过，除了一些林木生产外，大多数合作社并不负责推销产品。

突尼斯独立之后，政府开始参与合作社的组织和运行。政府建立了"国有土地办公室"，购买殖民地产，并将其转为国营农场。不过，由于极度缺乏现代农业从业人员，突尼斯政府要求法国管理人员和技术人员继续留在农场里。在第一个经济计划中，这些土地构成了生产合作社的主要组成部分。同时，突尼斯政府将部分殖民土地、部落公有土地组成了价值实现小组。政府为这些土地提供了灌溉渠道，并安置半游牧农民和之前在法国军队中服役的老兵定居。十年规划发布后，突尼斯政府希望通过机械化，实现农业增产和农产品多样化。计划要求突尼斯北部不足500亩的土地全部划归合作社，将中部和南部除了利用私人泉眼灌溉的土地外其他所有土地划归合作社。1964年之前，合作社主要存在以下几种形式：生产合作社、混养合作社、价值实现小组和预备合作社等。

1964年5月12日，突尼斯政府将殖民者掌握的最后一部分土地全部国有化。合作社和规模和领域都有了很大扩展。零售商业也被纳入了合作社。到1968年8月，约38%的可耕地被纳入了合作社，约90万人生活在合作社，约占突尼斯农村人口的30%。之后，突尼斯政府宣布将把所有的耕地划入合作社。这引起了大地主的不满。他们在萨赫勒地区掀起了骚乱。突尼斯政府被迫中止了这一计划，并将计划部长撤职。1969年9月，合作社遭遇了逆转。所有的私有土地都退出了合作社，只有之前外国人占据的土地和公有土地处于国家的管理之下。

第四，通过建立国有企业和公私合营，建立国有经济的主导地位。突尼斯被迫转入国家资本主义发展轨道，由国家担负工业化的主要责任。在"宪政社会主义"纲领中，工业化成为其中最重要的目标之一。首先，通过国有化运动，国有企业经过公私合营企业达到了企业总数的1/3，国家资本成为国民经济的主导。[①] 其次，国家投入了大量资金发

---

① 杨鲁萍、林庆春编著：《列国志·突尼斯》，第118页。

展工业。在十年发展计划中，工业领域的投资达到了72%，几乎涉及经济领域的每个方面（见表2-1）。

表2-1　　1962—1971年固定资本形成总额中公共和私人资本的比例

（单位：%）

工业	公有企业	私营企业
工业部门	77.7	22.3
非制造业	76.8	23.2
采矿	98.5	1.5
电、水	100.0	0.0
石油	54.0	46.0
制造业	79.3	20.7
农产品加工	70.6	29.4
金属、玻璃、建筑材料	91.0	9.0
电子制造	89.8	10.2
化工	76.2	23.8
纺织	70.7	29.3
木工	30.4	69.6
造纸	78.4	17.6

资料来源：I. William Zartman ed., *Tunisia: the political economy of reform*, L. Rienner, 1991, p.50。

在"规划"实施过程中，突尼斯政府确定了以重点发展重工业和建立大型基础工业带动其他工业发展的具体目标：利用国家石油、铁砂和磷酸盐资源，建立炼油工业、冶金工业、扩大化肥生产规模；建立了塑料、橡胶、油漆、建材、纺织和汽车装配等新兴工业；继续发展农产品加工、食品、纺织、制革等传统工业；发展电力工业和港口、公路、铁路等交通运输也为工业化奠定基础。经过十年的建设，基本形成了突尼斯的民族工业体系。[①] 尤为重要的是1962—1969年，突尼斯在轻工业和公路运输方面取得了较好的成绩。公有企业的数量也从1960年的不足

---

① 杨鲁萍、林庆春编著：《列国志·突尼斯》，第119页。

25家发展到了1970年的185家，国有经济在国民收入中的比例也从1.8%上升到了33.7%。[1]

三 "改革开放"确立外向型经济模式

1968年年底，萨赫勒地区爆发了反对"宪政社会主义"的群众示威游行，民众向突尼斯当局施加了强大压力。1969年年初，布尔吉巴囚禁了本·萨拉赫，启用原中央银行行长希迪·努埃拉为总理，标志着突尼斯调整发展策略。这一策略包括以下内容。

第一，重新发挥市场作用，发展出口工业。希迪·努埃拉受西方文化的影响，崇信市场经济，认为发展经济要遵循价值规律，发挥市场在资源配置中的作用。突尼斯必须实行出口导向发展战略。突尼斯国土面积狭小、资源贫乏，而且总体上仍是农业占主体，因此，突尼斯不得不进口大量的机器。为了支付这些费用、创造工作岗位、减少债务，突尼斯必须出口一些具有相对优势的产品——磷酸盐、石油、橄榄油、纺织品等。[2] 在他的领导下，突尼斯在中东北非地区最早开始了"改革开放"（Infitah）。突尼斯的改革开放大致可以分为两个阶段：第一阶段，1970—1980年，改革开放较为顺利，突尼斯经济快速发展，人民社会水平大幅提升；第二阶段，1981—1987年，突尼斯遭遇了各方面的危机，粮食减产，出口下降，债务飙升，国民经济处于崩溃的边缘，不得不接受国际经济组织的援助，被迫开始"结构调整"。

第二，鼓励私营经济发展。为了吸引私人资本投资，政府创立"投资促进处"（Agence de Promotion des Investissements）。该机构帮助理顺了融资程序，并借助已有基础设施建立了工业园区。为了刺激外资投资出口企业，突尼斯政府还在1972年、1974年接连专门颁布了法律鼓励投资。在前一部法律中，出口企业被免除了10年的企业所得税，只需缴纳少量税收。政府还免除了其用于生产的机器进口的关税。面向本地市场的企业也享有再投资优惠，并被免除了进口税。在后一部法律中，

---

[1] I. William Zartman ed., *Tunisia: the political economy of reform*, L. Rienner, 1991, p. 111.
[2] Christopher Alexander, *Tunisia: Stability and reform in the modern Maghreb*, London & New York: Rortledge, 2010, p. 76.

企业享有更高的信贷、更低的租金和更自由的利润返还。

第三，继续大力发展国有经济，推进国家资本主义发展战略。努埃拉在强调市场作用的同时也没有忽视国家在经济发展中的重要作用，在"改革开放"期间，国有经济部门也得到了加强。1973—1984年，国有企业新增110家。而且，该计划还在消费补贴、社会项目、工资、基础设施等方面分配了相当数量的资金。国有经济仍然控制着战略部门，如磷酸盐、电力、水利、氢工、石油化工、交通等。私营投资者则构成了旅游业、纺织业和其他一些轻工业制造的大部分。1973—1978年，外国投资者在突尼斯建立了500多家企业，投资额达5700万第纳尔。到1978年时，私人在轻工业领域的投资达到了1400万第纳尔。1973—1978年，新的工业和轻工业领域创造了86000个工作岗位。[①]

突尼斯于1966年发现石油后，石油逐渐成为出口的大宗。1971—1981年，石油经济发展迅速。1971年，石油收入占GDP的5%，总出口的15%和政府财政的8%。而1981年时，这方面的数据分别飙升至11%、38%和19%。[②]

努埃拉的"改革开放"是布尔吉巴政权在经济领域的调整，意在为威权主义政治构建坚实的经济基础。然而，受计划经济和自由主义经济的影响，这一政策实施上一个混合机制，切实贯彻了布尔吉巴"国有、私营、集体"三种所有制并存的观点。这一政策实施的结果是形成了四种经济形式并存的局面：（1）离岸经济，为刺激外资和融入全球经济而设；（2）本土经济，由国家保护，避免外企的冲击，接受国家的规划和领导；（3）公有经济，包括重要的战略部门（采矿、能源、交通、电信、银行业等），以及技术和资本密集型投资；（4）私营经济，生产轻工业产品的小企业。[③] 但是，这种经济格局并不合理，无法实现可持

---

① Christopher Alexander, *Tunisia: Stability and reform in the modern Maghreb*, London & New York: Rortledge, 2010, p. 76.

② Emma C. Murphy, *Economic and Political Change in Tunisia: from Bourguiba to Ben Ali*, St. Martin's Press in association with University of Durham; Basingstoke, Hampshire: Macmillan Press Ltd., 1999, p. 85.

③ Steffen Erdle, *Ben Ali's Tunisia (1987 – 2009): A Case Study of Modernization in the Arab World*, Berlin: Klaus Schwarz Verlag, 2010, p. 80.

续发展。主要问题在于：首先，这一经济体系基础薄弱，在面对强大的外部竞争时极其脆弱。突尼斯的收入来自有限的几个方面，采矿（石油、磷酸盐）、农业（橄榄、水果等）、制造业（成衣、纺织品）、服务业（建筑、旅游业）等。其次，突尼斯的经济体系是一种畸形经济，缺乏足够的分化和专门化，反而存在很高的碎片化和部门化。上述四个部门之间不存在保持可持续发展的必要的横向联系。突尼斯为了保障出口，不得不进口从资本到产品零部件的所有必要设施。这既不利于工业化的发展，也不利于资本积累。当资本和商品同时短缺时必然面临经济危机。

突尼斯经济在经历了20世纪70年代迅速的发展之后，遭遇了挫折。首先，农业出现了逆转，粮食连年需要进口，突尼斯1975年之后粮食进口超过了出口。其次，欧盟1977年关税壁垒严重影响了占突尼斯出口大头的纺织品、服装、农产品等。出口减少、进口激增、外债加重、物价飞涨使得国民生活水平出现了严重困难。突尼斯总工会与政府之间的君子协定难以维系。1977年10月在新宪政党诞生地卡萨·赫拉（Kasar Hellal）爆发了纺织工人大罢工。1978年1月26日，突尼斯总工会领导了独立以来第一全国大罢工，政府镇压酿成了"黑色星期四"，200多人死亡，1000余人受伤。1980年1月，一群自称是"突尼斯解放军"的武装人员在利比亚的支持下发动了"加夫萨暴动"。[1] 突尼斯经济、社会形势陷入动荡。在此情况下，突尼斯政府制订了"第六个发展计划（1982—1986）"。新计划致力于稳定经济，包括全力解决失业问题、减少投资、降低消费，实行财政紧缩等。[2] 然而，该计划遭遇了彻底失败。究其原因，客观上是由于油价下跌，农业歉收导致突尼斯的财政收入减少，农业减产，但这也体现了突尼斯经济结构性问题。

---

[1] Christopher Alexander, *Tunisia: Stability and reform in the modern Maghreb*, London & New York: Rortledge, 2010, p. 47.

[2] Emma C. Murphy, *Economic and Political Change in Tunisia: from Bourguiba to Ben Ali*, St. Martin's Press in association with University of Durham; Basingstoke, Hampshire: Macmillan Press Ltd., 1999, pp. 92 – 94.

四 "结构调整"后加速融入全球市场

突尼斯经济上的结构性调整开始于布尔吉巴统治后期,在本·阿里时期得到了全面实施,并一直贯穿其任期,而且取得了部分成功。因此,本·阿里统治时期在经济上的主要成就和内容都与这一计划紧密相关。突尼斯经济结构调整主要包括以下内容:(1)通过征收增值税,削减补贴、货币贬值等手段减轻货币和预算压力;(2)通过在投资领域废除进口税和之前对外资的限制,简化投资和贸易法,向外企提供关税减免和其他优惠鼓励出口;(3)通过放开对利率、货币兑换和价格的控制减少国家对经济的干预;(4)分阶段对国有企业进行私有化,首先从中小企业开始,逐渐涉及大中型企业,并将私有化从旅游业等服务业扩展到了制造业和油气、电信领域。[1]

第一,通过紧缩政策稳定宏观经济,为融入全球化创造条件。在第一个阶段(1986—1994年),突尼斯政府的主要任务是稳定宏观经济,紧缩财政,减少债务,为财政运行注入活力。1986年7月,突尼斯与世界银行和国际货币基金组织达成协议,开始了"结构调整"。但是,突尼斯最初的结构调整并不成功。本·阿里上台后加快了这一进程。1987—1989年,突尼斯冻结了大部分货币价格,通过立法促进经济发展,并建立了半官方的证券交易所。正式开始了市场化改革。经过一段时间的努力,实现了经济平衡,稳住了公共开支。

第二,放开国内市场,推动自由化与私有化,参与全球竞争。在第二个阶段(1995—2010年),突尼斯放开了国内市场,并投入了全球化进程。1992年6月,突尼斯成立了"国际合作和外国投资部"。同年8月,突尼斯发布了新的法律建立了离岸自由贸易区。从1993年1月起,突尼斯第纳尔实现了自由兑换,为外国企业转移财产开了绿灯。1994年1月,新的投资法生效,私人投资不仅获得了更便利的投资环境,而且被给予10年的免税权。1995年1月,突尼斯设立了"外国投资促进局"。[2]

---

[1] Christopher Alexander, *Tunisia: Stability and reform in the modern Maghreb*, London & New York: Rortledge, 2010, p. 81.

[2] Steffen Erdle, *Ben Ali's Tunisia (1987 – 2009): A Case Study of Modernization in the Arab World*, Berlin: Klaus Schwarz Verlag, 2010, p. 114.

根据国际金融机构的要求,突尼斯还启动了私有化进程,逐渐放开了对金融、交通、电信、天然气等领域的政府控制,全面引入了市场化经营。突尼斯的私有化开始于1989年,但以较为审慎的方式推进。到1994年时,有45家企业由于经营不善,财政负担过重被出售给了私人经营者。这些企业主要集中在旅游业和商业等服务业领域,总值9000万美元。[①] 1994年之后,突尼斯加快了私有化的步伐,同时也改变了私有化的策略。突尼斯超越了简单减负式甩卖,而是充分考虑了提高生产率和创造就业的经济指标。突尼斯政府成立了证券交易所,通过出售政府掌握的国有公司股票进一步合理配置了资源,促进了经济发展。突尼斯私有化的范围也不仅仅是一些中小企业,而是扩展到了交通、通信、银行等"战略性"部门。如2006年,突尼斯出售了"突尼斯电信(Tunisie Telecom)"35%的股权。根据突尼斯政府的统计,截至2009年春,有217家企业部分或全部实现了私有化。[②]

第三,推动区域一体化,加速融入全球化。本·阿里上台后推动成立了"马格里布联盟"。与前任不同的是,本·阿里上台后迅速改善了与邻国利比亚和阿尔及利亚的关系,将推动马格里布地区一体化放在了其外交政策的优先位置。1988年2月17日,阿尔及利亚、利比亚、毛里塔尼亚、摩洛哥和突尼斯五国首脑在马拉喀什签署宣言,决定成立"阿拉伯马格里布联盟(UMA)"。突尼斯人穆罕默德·阿玛木出任首任秘书长。成立宣言包括政治和经济内容。政治方面规定成员国要致力于地区安全与稳定,不得以武力方式解决冲突,不得干涉别国内政。在经济领域则致力于建立自由贸易区,并将建立马格里布共同市场作为长远目标,从而对抗欧盟和全球经济的压力。[③] 然而,"阿拉伯马格里布联盟"并没有发挥应有的作用,其成员国对建设共同市场也缺乏积极性。随着欧盟一体化进程的加速和全球化浪潮的影响,突尼斯逐渐转变了策略,转向了欧盟—地中海经济联系。1990年4月,突尼斯加入了"关

---

① Christopher Alexander, *Tunisia: Stability and reform in the modern Maghreb*, London & New York: Rortledge, 2010, p. 81.
② Ibid..
③ Steffen Erdle, *Ben Ali's Tunisia (1987 – 2009): A Case Study of Modernization in the Arab World*, Berlin: Klaus Schwarz Verlag, 2010, p. 103.

税与贸易总协定（GATT）"，1995年加入了世界贸易组织（WTO）。突尼斯以接受并实施经济自由化为条件取得了进入全球市场的入场券。1995年，"欧盟—地中海伙伴计划（EMP）"的实施进一步为突尼斯经济发展创造了良好条件。与加速结构调整计划相对应，突尼斯也加速融入了全球化。在进出口方面，欧盟成了突尼斯的主要贸易伙伴，与阿拉伯地区的贸易则占了微不足道的比例。

总体而言，突尼斯的经济改革取得了巨大成功，2000年被世界银行评为"20世纪80年代以来在维持宏观经济稳定和追求社会成就方面取得最好成绩的中东北非国家"。突尼斯独立以来，实际人均收入翻了2.5倍，仅在2002—2005年就攀升了40%。贫困率从40%降到了4%，突尼斯人的平均寿命从50岁提高到了73岁。妇女占劳动力的1/3，95%的居民拥有水、电设施。初级教育的入学率概乎达到了100%。突尼斯跨入了世界银行评定的中等收入国家的较低水平。[1] 但是，突尼斯经济的弱点也是显而易见的。首先，失业率一直维持在15%左右，青年失业问题不仅是经济运行的一大难题，而且也产生了严峻的政治、社会问题。其次，突尼斯的GDP增长乏力，债务率居高不下。突尼斯经济发展并没有实现"腾飞"。20世纪90年代GDP年增长率为5%，进入21世纪后仅有两次增长达到6%（2004年、2007年），2008年后增长开始放缓，仅为4.6%。到2007年时，债务率仍为53.6%。[2] 再次，突尼斯的私营企业力量孱弱，国有经济增长缓慢。大部分企业为"糊口"企业，难以抵挡全球化的冲击。最后，突尼斯相对于地区内其他国家在吸引外资方面优势并不明显，建立自由贸易区和阶段性免税措施并不是其独创，外资在优惠期结束后撤离的几率仍然很大。而且，突尼斯行政机构办事拖沓，不利于招商引资的实施。在突尼斯，对建立一个旅游业、农业或食品工业的审批往往耗时2—3个月，而审批制造业企业的时间高达6个月。[3]

---

[1] Christopher Alexander, *Tunisia: Stability and reform in the modern Maghreb*, London & New York: Rortledge, 2010, p. 85.
[2] Ibid., p. 87.
[3] Ibid..

第四节　突尼斯旅游业发展战略

一　新自由主义改革与突尼斯旅游业发展战略的出台

（一）突尼斯发展战略的变化

突尼斯的发展战略经历了从现代化向新自由主义战略的演变。突尼斯1956年3月20日正式摆脱法国殖民统治，获得完全独立。但是，突尼斯独立并不仅仅是民族主义的胜利，而且是与法国妥协的结果。法国为了继续维持影响力，选择了立场较为温和且亲西方的布尔吉巴派，并在1954年6月允许突尼斯内部自治。因而，突尼斯一开始的战略选择是继续留在西方阵营之内，其和法国保持特殊关系的意愿非常强烈。突尼斯发展战略主要瞄准的就是全面现代化。

20世纪60年代，反殖民主义运动高涨，中东国家盛行阿拉伯社会主义思潮。1961年年底，突尼斯公布了《十年发展计划》，宣布以社会主义方式推动现代化。突尼斯一改建国之初奉行自由资本主义发展战略进展不利局面，主动从自由放任的发展模式转向了进口替代模式，实际上采取了国家资本主义发展战略，但在形式上，突尼斯采用了当时比较时髦的名称"宪政社会主义"，并将执政党的名称从新宪政党改为社会主义宪政党，推出"十年规划"指导经济社会建设，但它既不承认阶级斗争，也不限制私营经济，在实质上更接近国家资本主义。[①] 然而该战略在突尼斯发展也不顺利，在1969年年底由于沿海地区精英的强烈反对戛然而止。1970年，突尼斯率先实施改革开放，重新向出口导向型经济发展。得益于对外贸易的兴盛和石油价格上涨，突尼斯在整个20世纪70年代迎来了经济大幅度增长的时代。但是，随着石油储备的下降和欧洲一体化的不断发展，突尼斯的外向型经济遭遇了严重危机。油价下降之后，突尼斯经济面临沉重的外债压力。1984年，突尼斯被迫开始经济结构调整，新自由主义发展战略经世界银行和国际货币基金

---

① Waleed Hazbun, "The Development of Tourism Industries in the Arab World: Trapped between the Forces of Economic Globalization and Cultural Commodification", *Globalization*, 2012, p. 6.

组织的引介正式成为其国家发展战略。① 在此过程中，旅游业由于吸收资本、增加就业，且低风险、高回报的特点受到国际和国内资本的青睐，迅速发展起来。② 在这方面，世界贸易组织的表述更直白："旅游业意味着工作、基础设施、贸易和发展。"

（二）突尼斯旅游业迅速发展的优势

阳光、海滩、露天市场和景点③是阿拉伯国家旅游业的普遍特点。突尼斯也不例外，且拥有其独特的优势。

首先，地理位置优越，自然条件出众。突尼斯位于地中海南岸中部，与西欧发达国家隔海相望，是理想的旅游场所。突尼斯气候温和，每年的4—9月都是旅游旺季。在这个时间段，突尼斯阳光明媚，降水较少，温差较小，适合游客享受海滩和沙漠旅游。④

其次，人文资源和历史遗迹丰富，历史积淀深厚。突尼斯历史悠久，人文资源非常丰富。它不仅存在史前遗址，而且还有迦太基时期/罗马时期的重要遗迹，伊斯兰时期的重要城市，殖民时期的改造痕迹。近代以来，法国的殖民改造已经让突尼斯增添了西化的特征，易于文化的交流和融合。

最后，政府制定鼓励政策，招商引资，积极引导。突尼斯政府制定

---

① 1967年"六·五战争"以及1973年石油危机之后，中东国家出现了严重的经济危机，新自由主义政策开始进入。这一政策主要由美国和英国政府支持，反对政府对经济的监管、福利政策、补贴政策等。中东国家由于面临大量失业、地区发展不平衡、巨额债务压力等问题，被迫向欧美国家控制下的国际货币基金组织、世界银行寻求援。实行新自由主义政策，作为它们发放贷款、减免债务的条件被明确写入协议当中，堂而皇之地成为中东各国进行改革的依据。新自由主义政策认为国有经济效率太低，且不利于发挥市场调节作用，大量的政府补贴增加了国家预算，导致债务居高不下，因而主张对国有企业实行私有化，削减政府在物价、生活必需品等领域的补贴，同时创造在各个领域的自由化以促进市场经济的发展。而且，为了引进外资，营造良好的投资环境，接受全球化也是新自由主义战略的重要内容。总之，新自由主义改革战略主要内容可以概括为私有化、自由化、西方化和全球化。参见 Emel Aksali ed., *Neoliberal Governmentality and the Future of the State in the Middle East and North Africa*, Macmillan：Palgrave, 2016, p. 2；王铁铮主编《世界现代化进程·中东卷》，江苏人民出版社2010年版，第21页。

② Waleed Hazbun, "The Development of Tourism Industries in the Arab World：Trapped between the Forces of Economic Globalization and Cultural Commodification", *Globalization Html*, 2012, p. 6.

③ Ibid..

④ ［突］Rim Bouzrara：《突尼斯滨海旅游发展战略研究》，硕士学位论文，江南大学，2012年，第37页。

了投资优惠政策,保证来自欧洲、美国、阿拉伯国家的资本源源不断注入旅游相关产业。此外,突尼斯独立以来,政府始终保持政局稳定,境内未发生过重大内乱,也未遭受外部入侵,突尼斯政府还积极营造开放、自由的国家形象,竭力保障游客安全,使其安心在突尼斯度假,加之突尼斯民众对游客相对友好,使赴突尼斯的游客络绎不绝,这些都极大地促进了突尼斯旅游业的发展。

(三)突尼斯旅游业的发展经历了四个阶段

突尼斯最早出现现代旅游是在1887年。一开始,到突尼斯的旅行是代价昂贵、充满风险的个人之旅。文史大家夏多布里昂(1806年)、福楼拜(1858年)都曾造访过突尼斯。[①] 夏多布里昂有《从巴黎到耶路撒冷》传世,福楼拜则创作了名篇《萨朗波》。从19世纪40年代开始,托马斯·库克成立了专门经营个人休闲旅游的商业公司(Thomas Cook & Son)。1887年,该公司把突尼斯纳入了其规划的路线当中,在突尼斯建造了旅馆,并招募向导和服务人员。1929—1933年"大萧条"之后,突尼斯旅游业有所萎缩。1956年突尼斯独立后,旅游业还未兴盛起来,直至20世纪60年代,突尼斯与黎巴嫩等国才一道成为地中海地区的新兴市场。此后,突尼斯政府大力扶持和发展旅游业,并进行了持续开发。[②] 突尼斯旅游业的发展主要经历了以下四个阶段。

第一个阶段是突尼斯旅游业初创阶段(1956—1973年)。1958年,布尔吉巴总统视察杰巴岛,认为该岛有条件发展旅游业。1959年,突尼斯成立了宾馆与旅游社团(SHTT)。突尼斯政府在哈马马特、杰巴岛、莫纳斯提尔、加夫萨、卡塞林、凯鲁万等城市建立了许多豪华宾馆,以迎接世界各地游客。在政府主导下,突尼斯先后在哈马马特建造了美丽华(MIRAMAR)酒店,在杰巴岛建造了尤里斯(ULYSSE)宫,在首都突尼斯城建造了20层的摩天大楼——非洲饭店。此后,经过一段时间的实践与摸索,在对比权衡了投入与收益之后,突尼斯放弃了以豪华宾馆吸引游客的做法,而是顺应潮流,发展海滩观光业。在这种模式下,许

[①] Mohamed Bergaoui, *Tourisme et Voyages en Tunisia: Les Années Régence*, Tunis, 1996, p. 12.

[②] Waleed Hazbun, "The Development of Tourism Industries in the Arab World: Trapped between the Forces of Economic Globalization and Cultural Commodification", *Globalization*, 2012, p. 6.

多低层的白色建筑出现在突尼斯海滩之上。1966年之后，突尼斯政府鼓励民间资本和外资参与旅游业投资。福拉蒂（FOURATI）、赫舍尼（Khechine）和米丽德（Miled）等从事地毯制造的传统大企业加入旅游业。作为支持与鼓励，突政府往往向这些企业提供62%的中期贷款。1969年起，突尼斯政府对国内民营企业参与旅游业的鼓励措施也放宽到了外资。国际旅游业巨头纷纷在突尼斯建造属于自己的宾馆，如德国尼克曼（NECKERMAN）的腓尼基酒店（PHENICIA）、美国的谢尔顿酒店（SHERATON）等。到1973年，突尼斯哈马马特旅游区的外资宾馆占到了所有床位的1/3以上。地中海俱乐部、梅里迪安（LE MERIDIAN）、诺富特（NOVOTEL）、希尔顿（HILTON），都在突尼斯全境建立了酒店和度假村。至此，突尼斯已经融入了国际旅游业市场。[1]

第二个阶段为模式化经营阶段（1973—1981年）。1971年成立的突尼斯国家旅游局（ONTT）和1972年成立的突尼斯旅游土地管理处（AFT）标志着突尼斯旅游业走向有序发展的阶段。在突尼斯国家旅游局主导下，突尼斯收集了各种信息，并密切了市场供需。突尼斯旅游业开始改变最初的粗放经营，向产业化经营转化。这一阶段，突尼斯致力于在保证旅游业不断发展的同时，避免资源的退化从而影响可持续性。在突尼斯国家旅游局与世界银行的合作中，突尼斯基础设施建设取得了长足进展，旅游业发展所需要的土地审批也出现了专业化。此外，为了解决旅游从业人员的水平低下问题，突尼斯还成立了专门的专业培训机构。1973年，在莫纳斯提尔和纳布勒、杰巴岛成立了突尼斯旅游专科学校。同时，突尼斯政府继续在税收方面对旅游业予以优惠，以促进旅游业发展。这一时期，突尼斯旅游规划的精品是卡塔维港（Port El Kantaoui），这个占地310亩土地的旅游度假村位于苏赛，包括了酒店、餐厅、咖啡厅、夜总会、手工品店、艺术长廊、高尔夫球场、会议中心、别墅区和美发沙龙等一应俱全的设施，其中包括1.5万多个床位，解决了突尼斯6000人的就业问题。[2]

---

[1] Waleed Hazbun, *Beaches, Ruins, Resorts: The Politics of Tourism in the Arab World*, University of Minnesota Press, 2008, p. 14.

[2] Ibid., p. 32.

第三个阶段为低循环阶段，旅游业遭遇低速发展（1982—1987年）。随着国际旅游业市场从海滩旅游向更为广泛的旅游业拓展，突尼斯一向所坚持的薄利多销的政策遭遇了问题。同时，突尼斯的旅游开发造成了一定程度的环境污染，进一步拉大了城乡差距和东西部地区收入差异，突尼斯旅游业发展遭遇到诸多不利因素的影响。另外，不同文化的碰撞在社会因素的诱导下也逐渐萌发和上升。个性张扬、生活作风开放的欧洲游客到突尼斯寻欢作乐的行为，给相对保守的突尼斯民众造成了很大困扰。此外，突尼斯政局动荡也影响了旅游业的发展。布尔吉巴总统执政后期，工会运动、伊斯兰运动不断壮大，政治集团为了争夺继承权明争暗斗，突尼斯很难维持正常的政治经济秩序。在这个时期，突尼斯旅游业发展异常缓慢，年均增长率仅为1.4%，远远低于政府5.6%的计划。[①]

第四阶段为有序发展阶段（1987—2011年）。本·阿里1987年上台后，大刀阔斧地进行经济改革，私有化、自由化进程大大加快，私营企业发展迎来新的机遇。国际资本也重新恢复对突尼斯的投资。同时，鉴于本·阿里奉行更为温和的外交政策，主动改善了与邻国利比亚的外交关系，并进一步加强了与其他阿拉伯国家的关系，借此扩大了旅游业客源。突尼斯旅游业也随之恢复了活力，并保持了稳步发展。20世纪90年代，突尼斯开始发展中高端旅游。突尼斯先是在卡塔维港（Port El Kantaoui）结合当地的秀美风景，建立了包含豪华酒店、健身设施、运动场、健康桑拿、精品店、大型商店、会议中心以及大量娱乐设施的旅游景区。此后，突尼斯在塔巴卡（Tabarka）和迦玛特角（Cap-Gammarth）、亚斯曼—哈马马特（Yasmine-Hammamet）等地建立了规模更大的旅游度假村。[②] 这些旅游度假村使旅游业成为突尼斯的一张名片，其独具特色的安达卢西亚风格建筑和文化（混合了哥特式建筑、摩尔人居民区特点）成为突尼斯旅游最吸引游客的特征。

经过长达半个多世纪的经营，突尼斯旅游接待能力大幅提高（见表

---

① Waleed Hazbun, *Beaches, Ruins, Resorts: The Politics of Tourism in the Arab World*, University of Minnesota Press, 2008, p. 42.

② Ibid., pp. 65 - 67.

2-2），已经形成包括全产业，且高、中、低档并存的成熟产业。突尼斯旅游产品包括：会议旅游、文化旅游、生态旅游、高尔夫旅游、撒哈拉旅游、帆船旅游以及保健旅游七大门类。[1] 从国际金融危机爆发之前的2007年来看，突尼斯旅游业共吸引游客680万人，创收达30.77亿突尼斯第纳尔（约合23.49亿美元），占世界旅游业的份额为0.8%。[2]

表2-2 突尼斯宾馆和床位增长情况

年份	宾馆数量（个）	床位接待能力（床）	平均床位接待能力（人次）
1971	226	41.225	183
1972	242	46.306	191
1973	254	52.924	208
1974	260	55.748	214
1975	273	62.397	229
1976	285	63.333	222
1977	288	64.097	223
1978	292	66.059	226
1979	306	68.843	225
1980	319	71.529	224
1981	336	75.847	226
1982	364	80.227	220
1983	364	82.162	226
1984	372	84.264	227
1985	420	93.275	222
1986	434	98.668	227
1987	443	100.456	227
1988	465	104.854	225
1989	476	109.771	231
1990	508	116.534	229

---

[1] Agence Foncière Touristique, "The Tourism Sector in Tunisia", http://www.aft.nat.tn/en/produits_touristiques_tunisie.php.

[2] Mounir Belloumi, "The Relationship between Tourism Receipts, Real Effective Exchange Rate and Economic Growth in Tunisia", *International Journal of Tourism Research*, p. 552.

续表

年份	宾馆数量（个）	床位接待能力（床）	平均床位接待能力（人次）
1991	532	123.188	232
1992	563	135.561	240
1993	571	144.008	252
1994	583	152.933	262
1995	612	161.498	264
1996	641	169.945	265
1997	662	178.176	269
1998	692	184.616	267
1999	722	191.955	266
2000	736	197.453	268
2001	755	205.605	272
2002	777	214.319	276
2003	790	222.018	281
2004	800	226.153	283
2005	816	229.837	282
2006	825	231.838	281
2007	834	235.727	283
2008	836	238.495	285

资料来源："Office National du Tourisme Tunisien", http://www.aft.nat.tn/en/tourisme_indicateurs_tunisie.php。

二 旅游业对国民经济的贡献

突尼斯大力发展旅游业的目的是以此来吸引外资，加速现代化发展。自20世纪70年代以来，突尼斯政府就将旅游业确定为国民经济发展的支柱之一，[1]通过各项鼓励和规划政策来吸引国内外投资，并积极融入国际旅游市场。

第一，旅游收入保障了宏观经济的正常运行。突尼斯和其他发展中

---

[1] Waleed Hazbun, *Beaches, Ruins, Resorts: The Politics of Tourism in the Arab World*, University of Minnesota Press, 2008, p.26.

国家一样，在国家现代化发展过程中实行进口替代政策，但由于出口能力较差，创汇不足，继而承受了很高的债务压力，而发展旅游业恰好弥补了这一缺口。突尼斯独立以来外资最早进入的领域之一即为旅游业（见表2-3），并形成了良好的投资氛围。在突尼斯外汇收入贡献排行中，旅游业与石油收入、纺织品出口收入共同构成了外汇收入的前三甲。随着石油资源的开发殆尽，旅游业一跃成为突尼斯最为重要的创汇部门，突尼斯经济也越来越依赖旅游业创造的外汇收入。得益于旅游收入的大幅增加，突尼斯旅游收入偿还外债能力已从1962年的10%增长到1972年的95%，旅游业收入占到突GDP的7%，成为突尼斯稳定的外汇收入。1970年，突尼斯旅游业创汇达3160万第纳尔（约合2412万美元），抵销了48.7%的贸易赤字。1988年，其旅游收入增长到10.86亿第纳尔（约合8.29亿美元），抵销了97.2%的贸易赤字。上述情况尽管并不常见，但是旅游业平衡贸易赤字的平均能力仍达到60%（1970—1988年）。[1] 据估计，在最糟糕的情况下突尼斯旅游收入也能抵销外债的40%（1970—2007年）。[2]

第二，旅游业的发展可增加就业，有助于解决严峻的发展问题。旅游业是劳动密集型产业，因此，发展旅游业必然带来就业的增加，而且这些岗位往往没有太高的技术要求。[3] 在突尼斯就业市场中，旅游业确实提供了大量的就业机会，突尼斯1/10人口从事与旅游相关产业。根据突尼斯旅游部门估计，每个宾馆床位能创造0.88—1.2个就业岗位。2005年，突尼斯的就业人口约为330万。其中49.6%的劳动力在服务业，34.4%在工业，16.3%在农业，而旅游业提供的直接就业岗位为48万个，[4] 约占就业人口的14.5%。2007年，突尼斯旅游业吸引了12%

---

[1] Waleed Hazbun, "Images of Openness, Spaces of Control: The Politics of Tourism Development in Tunisia", *The Arab Studies Journal*, Vol. 15/16, No. 2/1, Fall 2007/Spring 2008, p. 14.

[2] Mounir Belloumi, "The Relationship between Tourism Receipts, Real Effective Exchange Rate and Economic Growth in Tunisia", *International Journal of Tourism Research*, Vol. 12, No. 5, 2010, p. 552.

[3] Waleed Hazbun, "The Development of Tourism Industries in the Arab World: Trapped between the Forces of Economic Globalization and Cultural Commodification", *Globalization*, 2012, p. 4.

[4] African Development Bank, "Tunisia Country Strategy Paper, 2007 – 2011", https://www.afdb.org/en/documents/document/2007 – 2011-tunisia-country-strategy-paper-13051/.

表2-3 突尼斯旅游业发展主要数据

年份	1990	1995	2000	2002	2003	2004	2005	2006	2007	2008
旅游投资（百万第纳尔）	118.8	449.1	320.0	353.3	282.3	288.2	246.2	204.6	213.2	253.6
宾馆数量	508	612	736	777	790	800	816	825	834	836
床位接待能力	116.5	161.5	197.5	214.3	222.0	226.2	229.837	231.838	235.727	238.495
直接就业（千）	46.6	64.6	79.0	85.7	88.8	90.4	91.935	92.735	94.291	95.398
非本地居民注册（千）	3203.8	4119.8	5057.1	5063.5	5114.3	5997.9	6378.435	6549.549	6761.906	7048.999
非本地居民住宿（千）	18841.3	23914.4	33168.5	25897.2	25301.3	30664.5	33587.183	34086	34546.666	35048.653
停留天数	5.9	6.1	6.6	5.1	4.9	5.1	5.3	5.2	5.1	5.0
入住率（%）	54.0	52.5	55.8	44.0	42.0	48.7	51.5	51.5	51.7	52.7
外汇收入（百万第纳尔）	827.8	1712.8	2095.1	2021.0	1902.9	2290.0	2611	2825.2	3077.3	3390.2
每晚收入（第纳尔）	43.9	59.5	63.2	70.9	75.2	74.7	77	82.9	89.1	96.7
床位平均收入（第纳尔）	7104	9278	10668	9430	8571	10126	11360	12186	13054.5	14211.8

资料来源："Office National du Tourisme Tunisien", http://www.aft.nat.tn/en/tourisme_indicateurs_tunisie.php。

的就业人口。① 2010年，旅游业对突尼斯经济发展的整体贡献占GDP的7%，解决了40万人的就业。② 此外，突尼斯旅游业的发展还间接带动了建筑、手工业和农业的发展，尤其是在建筑业和手工业方面增加了更多的就业机会。同时，突尼斯政府为发展旅游业而在基础设施领域的投资，不仅促进了有关工业的发展，而且间接创造了很多就业岗位。但是也应看到，突尼斯旅游业吸纳的就业人口存在年龄低、学历低、工资低的特征。根据1975年的一份统计，在突尼斯旅游业部门就业的人口中，33%在23岁以下，只有5%在即将退休年龄（50—60岁）；将近20%的雇员没有接受过教育，45%仅接受了初等教育，32%接受了中等教育，只有2%接受了大学以上教育。突尼斯人很少从事经理等管理岗位，因而普遍工资较低。③ 直至2011年，这一情况仍未得到彻底改变。目前，包括突尼斯在内的中东国家普遍缺乏技术含量较高、语言能力突出的服务人员。④

第三，旅游业是突尼斯对外交往的名片，旅游业的发展促进了社会的进步和发展。蓝天、白云、沙滩是突尼斯的自然风光；蓝色的屋顶，白色的墙壁，旖旎的景色，友善的居民是突尼斯的风土人情；稳定、开放、现代是突尼斯展现的国家形象，突尼斯地中海国家的成色与特点可谓十足。这些都从来自世界各地游客的感观中传递出来，并构成了全球化中突尼斯的个性展示。突尼斯在发展旅游业的过程中不断挖掘历史文化遗产资源，伊斯兰文明之前的历史备受重视，尤其是迦太基时期和罗马时期的辉煌历史。汉尼拔⑤被塑造为开放、跨区域联系的人物形象。此外，犹太文化也得到一定程度的保存和发展。

---

① Mounir Belloumi, "The Relationship between Tourism Receipts, Real Effective Exchange Rate and Economic Growth in Tunisia", *International Journal of Tourism Research*, p. 552.
② Simon C. Bell, Jana Malinska, Peter McConaghy, Sara Al Rowais, "Tourism in MENA: A Strategy to Promote Recovery, Economic Diversity and Job Creation", January 2013, Number 78, p. 2.
③ Robert A. Poirier, Stephen Wright, "The Political Economy of Tourism in Tunisia", *The Journal of Modern African Studies*, Vol. 31, No. 1, March, 1993, p. 159.
④ Simon C. Bell, Jana Malinska, Peter McConaghy, Sara Al Rowais, "Tourism in MENA: A Strategy to Promote Recovery, Economic Diversity and Job Creation", January 2013, Number 78, p. 4.
⑤ 汉尼拔（公元前247年—前182年），政治家、军事家，第二次布匿战争时期迦太基统帅。

第四，旅游业促进了地区开发与地区平衡发展。旅游业首先在突尼斯沿海地区发展，并逐渐扩展至南部和中部地区。早在1966年5月，布尔吉巴总统在讲话中就指出："旅游业带来了很多可能性，农业将更加多元，许多美好的前景将一起发生。"[①] 突尼斯政府于1974年、1992年先后专门制订了推动南部地区发展旅游业的计划。1992年，突尼斯政府正式推出撒哈拉旅游项目。为此，突尼斯专门在西南部城市托泽尔建立了机场，接通了电线，挖掘了水井。风靡西方国家的电影《英国病人》(1996年)和《星球大战》(1999年)上映之后，突尼斯极力争取影迷到突尼斯南部电影取景地旅游。[②] 这些努力取得了明显效果，创造的直接和间接就业岗位分别为3600个和8000个，并带动了当地农产品销售和传统手工业的发展。[③] 然而，突尼斯南部地区由于无法提供类似沿海地区的住宿条件和娱乐设施，旅游业发展始终受限。而且，私营资本也不愿在此投资。因此，那里的旅游业也未能从根本上解决南部地区的贫困问题。

从总体上说，突尼斯旅游业无疑取得了很大成功。突尼斯苏塞经济高级研究所学者博罗米（M. Belloumi）通过精确计算得出结论，国际旅游业的发展可使一些发展中国家通过发展相对优势产业促进经济增长，旅游业适合突尼斯的发展。[④] 然而，让西方国家略为失望的是，突尼斯新自由主义经济的发展并未带来政治自由化，以及西方式的自由民主。相反，突尼斯在对外开放和内部控制之间找到了平衡点，以开放、温和、自由、稳定的国家形象吸引了大量欧美游客来旅游。反过来，这又帮助威权主义政府增加税收、保障就业，提供了政治合法性。这是西方国家并不乐见，但似乎对突尼斯人民较为适合的一条发展道路。换言之，新自由主义模式在突尼斯取得了一定成功。但是，

[①] G. J. Tempelman, "Tourism in South-Tunisia Developments and Perspectives in the Djerba-Zarzis", *Tijdschrift Voor Economische En Sociale Geografie*, Vol. 66, No. 1, 1974, p. 35.

[②] Waleed Hazbun, *Beaches, Ruins, Resorts: The Politics of Tourism in the Arab World*, University of Minnesota Press, 2008, pp. 58 – 62.

[③] Ibid., p. 61.

[④] Mounir Belloumi, "The Relationship between Tourism Receipts, Real Effective Exchange Rate and Economic Growth in Tunisia", *International Journal of Tourism Research*, p. 559.

这种成功在很大程度上依赖全球经济上涨的势头,在经济衰退时期难以为继。

三 发展旅游业的负面影响

旅游业所造成的负面影响,很早就有学者们指出了。对于非洲国家发展旅游业可能出现的问题,美国奥特伯恩学院学者保罗·朱尔萨和詹姆斯·温凯茨认为,其主要存在经济和非经济两方面的负面影响。他们承认,如果操作得当,旅游业可以在农业之外增加就业机会,提高人均收入水平,减小人口增长压力,增加外汇储备。但是,由于非洲国家处于较低的经济发展水平,其旅游业发展往往脱离本国政府的驾驭和控制,受到国际资本的辖制。国际资本常常主导了从国际航班、高级酒店、餐饮服务到消费方式等全产业的生产,留给非洲国家的收入非常有限。相反,突尼斯等非洲国家对旅游业昂贵的投资使资金流向旅游业,导致农业和工业发展不足,长此以往会形成国家经济发展的恶性循环。同时,旅游业吸纳了大量年轻、有创造力的农业人口,使老人、妇女、儿童留守农村,加剧了农业的凋敝。另外,旅游业发展还带来通货膨胀和物价上升,不利于制造业的发展。此外,各方游客追逐刺激、新奇而出现的放纵行为可能对当地文化造成很大冲击,对民族文化也构成很大威胁。最后,旅游业发展几乎无一例外地导致环境污染加剧,对当地生态造成严重破坏。[①]

首先,旅游业带来的环境污染问题愈演愈烈。旅游景点过度使用地下水导致水位下降,严重危机农业生产。突尼斯全年平均降水量仅为1.3英寸,仅有一条不断流的河流,水资源非常匮乏。[②] 因此,旅游业发展形成的旅游景区与周边地区争夺水资源的态势非常明显,前者往往是后者的8倍之多。[③] 正如一位摩洛哥地理学家所言,"地下水的急剧减少往往和当地兴建大型宾馆设施一起发生。然而,当干旱引发缺水问

---

① Paul E. Jursa, James E. Winkates, "Tourism as a Mode of Development", *A Journal of Opinion*, Vol. 4, No. 1 (Spring, 1974), pp. 45 – 49.

② Robert A. Poirier, "Tourism and Development in Tunisia", *Annals of Tourism Research*, Vol. 22, No. 1, 1995, p. 69.

③ Ibid., p. 168.

题时，游客却是最后才被影响的"。① 对于沿海地区的过度开发，导致出现生态污染。而对当地资源的过度开发，则加剧了温室气体的排放。更加重要的是，旅游业严重影响了农业生产。与其他北非国家一样，突尼斯的可耕地主要集中在沿海平原，发展旅游业必然挤占农业资源，而房地产的开发使得耕地永远退出使用，这对突尼斯原本就已很难自给的农业造成了重大打击。

其次，旅游业发展未能实现预期目标，地区差距拉大，失业问题依然严重。突尼斯虽然有意增加南部地区的旅游投资，开发了撒哈拉旅游项目。但事实上，该地区的旅游在整个突尼斯旅游行业微不足道，突尼斯政府必须根据国际市场需求布局，其旅游收入最终都流向了首都圈和沿海地区，对内陆地区的投入微乎其微。其结果是地区之间的差距非但没有减小，反而不断被拉大。② 突尼斯大区（包括突尼斯、阿里亚纳、本·阿鲁斯和马努巴四省）人均收入是中西部地区的两倍，而中西部地区的贫困率是突尼斯大区的3倍。③ 旅游业的季节性特点使得在这一部门就业的人口往往处于流动性。2007年，债务率为突尼斯GDP的53.6%，④ 突尼斯原试图通过接受国际货币基金组织和世界银行的私有化疗法走出债务困境，结果非但未能实现预期目标，私有化疗法反而成为突尼斯吸引外资和增加投资的障碍。由于存在大量的裙带主义和权力寻租，私有化没有激发企业的活力，相反大量国有资产被变卖，国内投资环境恶化。突尼斯债务负担始终占GDP的50%以上，每年还本付息的压力很大。及至2008年，突尼斯债务已达110亿美元。⑤ 而且，由于旅游业提供的直接就业岗位不仅技术含量低，而且缺乏吸引力，因此不

---

① Waleed Hazbun, "The Development of Tourism Industries in the Arab World: Trapped between the Forces of Economic Globalization and Cultural Commodification", *Globalization*, 2012, p. 9.

② Mongi Boughzalai Mohamed Tlili Hamdi: "Promoting Inclusive Growth in Arab Countries: Rural and Regional Development and Inequality in Tunisia", *Brookings Report*, p. 9.

③ Monqi Boughzala, "Youth Employment and Economic Transition in Tunisia, Global Economy and Development Program", *Brookings Report*, 2011, p. 7.

④ Christopher Alexander, *Tunisia: Stability and Reform in the Modern Maghreb*, Routledge, 2010, p. 87.

⑤ Kenneth Perkins, *A History of Modern Tunisia* (2ed edition), Cambridge University Press, 2014, p. 215.

能真正解决就业问题。许多旅游业岗位属于兼职或零工,不能增加稳定的就业岗位,充其量解决的也仅是边缘人口的就业问题。[1] 因此,突尼斯总体失业率一直维持在15%左右,青年失业问题成为突尼斯社会的一大难题,并呈现出受教育水平越高,失业率越高的怪圈。

再次,大力发展旅游业引发了严重社会问题。20世纪70年代背包客的涌入在某种程度上刺激了突尼斯民众的民族情感,并推动了伊斯兰复兴运动的发展。那些享受阳光、沙滩、海水的欧洲游客将其世俗生活方式带到了突尼斯,让本地居民产生了强烈的不适。伊斯兰复兴运动创始人之一拉希德·格努希曾提到,促使他发展伊斯兰复兴运动的原因之一,就是感觉在本国生活得像个"外国人"。[2] 他的这种感受有相对代表性。由文化差异和文明碰撞导致个体遭受的屈辱感,还导致突尼斯爆发了2002年的德杰巴岛爆炸案和2015年的苏塞恐怖袭击。[3] 突尼斯政府的应对方法是建立更多的主题景点,将休闲、娱乐社会封闭起来,使其脱离普通民众视线。但是,突尼斯政府这样做的结果仍会在民众中产生排外心理,加剧民众对一些豪华设施浪费资源的反感,以及对上层社会花天酒地的痛恨。一句话,只要文化的差异存在,就不可能避免类似的冲突。封闭区域以外国习惯为标准,更加刺激普通人的神经。

最后,大力发展旅游业导致对新自由主义模式的依附。因受国际政治、地区形势以及客源地等因素影响,突尼斯旅游业非常脆弱,时常出现市场波动。1973—1974年的"石油危机"爆发后,突尼斯经济面临严重困难。1985—1986年,突尼斯由于"面包暴动"陷入政治动荡。受中东北非政治动荡冲击,在2010年年底伊始的突尼斯政治社会转型

---

[1] Robert A. Poirier, Stephen Wright, "The Political Economy of Tourism in Tunisia", *The Journal of Modern African Studies*, Vol. 31, No. 1, March, 1993, p. 160.

[2] Mohamed Elhachimi Hamdi, *The Politicisation of Islam: A Case Study of Tunisia*, Westview Press, 1998, p. 17.

[3] 2002年4月11日,极端分子尼扎尔·本·穆罕默德·纳斯尔·纳瓦尔(Nizar Ben Muhammad Nasr Nawar)驾驶卡车发动恐怖袭击,造成包括14名德国人、5名法国人和2名突尼斯人在内的21人死亡,30余人受伤,http://aldeilis.net/bpb/djerba.html;2015年6月26日,在突尼斯重要旅游城市苏塞又发生了一次恐怖袭击。枪手向海滩上休闲的游客开枪后逃逸。此次事件造成了38名游客遇难,给突尼斯旅游业一次重击,http://www.tunisia-live.net/2015/06/28/seifeddine-rezgui-who-was-the-sousse-killer/。

过程中，其旅游业呈现出长期萧条状态。突尼斯旅游业面向的主要是欧洲市场，包括英国、法国、意大利、德国等国的游客，犹太人也是重要客户。1973年，访突游客和突尼斯旅游收入在突尼斯旅游业发展过程中首次出现下降之势。与1972年相比，访突游客逗留时间减少了13%，床位使用率下降了14%。究其原因，虽与当时爆发的中东战争以及石油危机有关，但主要原因则是德国旅游业巨头尼克曼公司取消了订单。尼克曼公司原本预定了突尼斯4600家宾馆，涉及4.5万名访突游客。但是，迫于物价上涨压力，突尼斯旅游局试图调整相关价格，遭到尼克曼公司的坚决反对，最终导致订单被取消，此事件给突尼斯旅游业造成严重损失。[1] 1984—1985年，突尼斯旅游业发展再次遭遇瓶颈。突尼斯主推的"背包客"旅游，由于技术含量低、旅游体验差，在其他国家提升旅游开发水平的情况下逐渐丧失了竞争力。[2]

突尼斯在经济发展过程中，不论是采用自由主义经济政策，还是社会主义经济政策，乃至国家资本主义的其他形式，都必须解决两个基本难题：增加就业和弥合地区差异。如前所述，突尼斯政府旅游业的规划正是为了应对这两个问题，但在现实中，旅游业的发展并不能解决突尼斯经济结构中的根本问题，即"有增长、无发展"的问题。新自由模式下的"结构调整"改变了所有制形式，但未能推动突尼斯经济实现腾飞，因而无法从根本上解决就业问题，也无法通过政府调节缩小地区差异。

四 转型时期突尼斯旅游业的发展

2010年底、2011年初，突尼斯在政治变革中推翻了本·阿里的统治，开始进入政治转型。在此过程中，其旅游业的发展与政治转型如影随形，几乎成为这一转型的风向标。

首先，旅游业发展被寄予厚望，承担了经济复苏的重任。2011年10月23日，突尼斯进行制宪议会选举后，政治转型顺利开启。新的时

---

[1] Waleed Hazbun, *Beaches, Ruins, Resorts: The Politics of Tourism in the Arab World*, University of Minnesota Press, 2008, p. 15.

[2] Ibid., p. 42.

代，突尼斯百废待兴，国家急需建设资金，以维持新政治体制运行。同时，突尼斯还面临着失业率居高不下、通货膨胀严重、贫困人口增加的难题。鉴此，转型时期的历届政府都将目光投向了旅游业这一可稳定争取外汇的部门。

其次，受国内局势恶化冲击的旅游业陷入低迷，使突尼斯转型充满了不确定性。2015年年初，正当突尼斯旅游业出现复苏迹象，欧洲游客大批回归之时，突尼斯却遭遇了严重的恐怖袭击。在3月18日发生的恐袭事件中，有19人死亡，38人受伤，其中主要是英国人。[1] 6月26日，突尼斯苏塞海滩又发生一起恐袭事件，造成38名游客死亡。恐怖袭击沉重打击了突尼斯旅游业，各国政府纷纷发布警告，一时间，突尼斯成为十分危险的地方，乃至有评论者称：突尼斯旅游业是不是已经终结？[2] 根据突尼斯旅游部公布的数据，截至2015年11月，仅有480万游客造访突尼斯，比2014年下降了26%，突尼斯旅游收入下降了33%。[3] 在突尼斯旅游客源中，来自欧洲国家的游客锐减。为此，突尼斯旅游业部门计划在2016年更多地从伊朗、俄罗斯和中国等东方市场吸引游客。2011年，由于突尼斯主要创汇部门旅游业遭受重大打击，收入减少50%，致使其经济增长率仅为-0.2%。同期，突尼斯外部直接投资减少了20%，超过80家外资企业撤离。[4] 2011年利比亚内战爆发后，大量突尼斯劳工被迫回国，侨汇收入随之减少，失业率上升。2014年突尼斯经济增长率为2.4%（天气较好、农业丰收的原因），2015年为0.7%，2016年为1%。[5] 2015年，由于接连受恐怖袭击影响，旅游业再次下挫25%，突尼斯南部一些旅游景点约70%的旅馆被

---

[1] "Attack on Tunisia Museum Leaves 19 People Dead", https：//middle-east-online.com/en/attack-tunisia-museum-leaves-19-people-dead.

[2] Daniel Levine-Spound, "Is This the End for Tunisia's Tourism Industry?", http：//www.tunisia-live.net/2015/06/27/tunisia-tourism-industry/.

[3] "Tourists Visiting Tunisia down 26% until November 20", http：//www.tap.info.tn/en/index.php/politics2/31574-tourists-visiting-tunisia-down-26-until-november-20-tourism-minister.

[4] Christopher Alexander, *Tunisia*：*From Stability to Revolution in the Maghreb*（2ed eds.），Routledge, 2016, p. 124.

[5] Lamine Ghanmi, "Tunisia Wrestles with Budget Pressures Amid Political Maneuvering", http：//www.thearabweekly.com/Economy/9032/Tunisia-wrestles-with-budget-pressures-amid-political-manoeuvring.

迫关闭。① 受此影响，突尼斯政治也出现了动荡。在短短的6年时间（2011—2016年），换了8任总理。其间，突尼斯政府被迫长期实行紧急状态，把大量精力投入国内安保上，无法维护和保障正常的生产秩序。突尼斯政治转型亦充满了不确定性。

最后，经济调整面临严峻挑战。2010年年底突尼斯变革之前，人们希望突尼斯能够进入一个"新时代"，认为只要推翻了腐败、专制的本·阿里政权，一切问题就会迎刃而解。然而，突尼斯此后的经济发展仍延续了本·阿里时期的模式，即新自由主义经济继续发挥主导作用。为获得贷款，突尼斯政府不得不按照世界银行和国际货币基金组织开出的"处方"实施经济改革，这导致突尼斯面临着诸多新的严峻挑战。一方面，突尼斯由于处于转型的不稳定时期，受由此造成的各种因素制约，不仅一直未能充分利用和享受发展旅游业所带来诸多益处，而且导致突尼斯在这方面的长期努力陷入困境。另一方面，新自由主义"处方"使突尼斯长期陷入该模式带来的弊端之中。新自由主义模式不加区别地推行自由化、私有化改革，使得突尼斯被迫放弃进口替代模式，中止工业化进程，被卷入全球市场当中，完全根据国际资本的需求安排经济生产。突尼斯在自由化、私有化、西方化、全球化改革过程中，原先具有一定实力的国有企业大都被分配给了与政权联系紧密的商人手中，包括总统家族在内的高官显贵大肆敛财，侵吞国有资产时有所闻。由此导致出现了新的既得利益集团，但本来力量就孱弱的私营经济并没有发展起来。新自由主义发展模式让突尼斯放弃了政府主导的优势，又未能实现市场配置资源的设想，突尼斯经济非但未能实现发展，而且变得更加脆弱。突尼斯只有在外部援助大幅增加，国内局势稳定的形势下，才能实现包括旅游业在内的各经济部门有所发展。在全球经济低迷的情况下，很难依靠旅游业实现经济发展，扭转不利局面。

发展旅游业是突尼斯解决国内发展问题和抵御外部压力的必然选择。突尼斯自然环境等地理条件优势突出，为其发展包括服务业在内的旅游业，以及商贸等行业提供了得天独厚的优势。其中，旅游业具有门

---

① Christopher Alexander, *Tunisia: From Stability to Revolution in the Maghreb* (2ed eds.), Routledge, 2016, p. 125.

槛相对较低的特点。因此，发展旅游业亦成为突尼斯应对和融入全球化的必然选择。从某种程度上说，旅游业也可被视为突尼斯的政治，代表了突尼斯政治发展的方向，即世俗化、西方化。一方面，突尼斯要实现布尔吉巴时期与不发达作战以及本·阿里时期变革的政治目标，就必须借助旅游业的支撑和推动。突尼斯旅游业的发展促进了其现代化事业的推进，也展现了政府治理的有效性，进而进一步加强了统治者的合法性。另一方面，突尼斯旅游业的蓬勃发展也改善了民众的生活和国家面貌，在很大程度上对维护国内安全稳定局面发挥了积极作用。对于威权政权而言，维护安全稳定也是国家政治的重要内容，只有保持了安全稳定的大局才能吸引外资，促进就业，分化敌对分子，从而巩固威权政治。同时，旅游业还是解决就业、促进发展的重要工具。而就国际政治而言，发展旅游业则是展现一个国家稳定、文明、进步与现代化的橱窗，国家也可借此向世界树立和显明其良好的国家形象。

尽管突尼斯旅游业已实现快速发展，但尚未能解决结构性难题。事实上，这与新自由主义模式本身的弊端不无关系。资本主义从国家资本主义向国际金融资本主义发展的浪潮，推动了中东国家经济改革和经济发展战略的变革，旅游业是其中尤为重要的一环。当浪潮退去之后，人们发现旅游业发展解决的问题和产生的问题一样多。概而言之，新自由主义模式下的自由化、私有化、西方化、全球化，从根本上是以西方价值观、西方中心主义为指导，没有顾及发展中国家的个体情况。[①] 突尼斯旅游业只是国际旅游产业的一个链条，它在新自由主义模式下已形成了对发达国家的依附，这种在长达数十年的世界经济发展过程中形成的国际分工很难在短时期内发生改变，这种发展惯性在相当一段时期内还将延续下去，并将进一步影响包括突尼斯在内的中东国家。

特朗普上台后美国更加重新重视实体经济，这可被视为是对2008年以来国际金融危机的反思和调整。美国的国际金融资本在全球建立了霸权，并将继续肆意掠夺发展中国家和地区。许多发展中国家尚未意识

---

① John Brohman, "Universalism, Eurocentrism, and Ideological Bias in Development Studies: From Modernisation to Neoliberalism", *Third World Quarterly*, Vol. 16, No. 1, March, 1995, pp. 124－129.

到新自由主义发展模式的弊端，有些国家和地区则开始觉醒，如拉美国家已意识到了上述危险，但囿于国际分工和自身经济实力，难以摆脱困境。因此，中东国家的转型注定是艰难、痛苦、漫长的过程。突尼斯政治转型需要解决经济发展问题，以及恢复正常社会秩序，而其中生死攸关的仍是旅游业，旅游业停滞是突尼斯转型的困难所在，也是其重要指针。

突尼斯变革后，力图与专制、独裁的旧制度划清界限，建立新的民主、富裕、公平的制度。这一方面需要新政府的创新，另一方面需要争取国际援助。而突尼斯新政府在继承旧经济体制情况下，民族工业难以复苏并发挥重要作用，旅游业仍然是换取外汇的重要抓手，这在伊斯兰复兴运动执政时期（2011—2014年）可以清楚看到。该党虽然鼓吹突尼斯的阿拉伯—伊斯兰属性，对西方国家游客有伤风化的行为方式难以苟同，但为了向民众展示其经济治理能力，仍不得不借助旅游业。突尼斯呼声党（2015—2019年执政）作为新旧结合的政府，更是难以实现经济发展模式的创新。同时，国外投资主要基于一国稳定的国内局势，这在突尼斯旅游业中有着最直观的反映。毕竟针对游客的恐袭活动，加重了对其投资的顾虑，而外资的不足又使突尼斯旅游业的发展裹足不前。

本章小结

作为地中海南岸的一个袖珍国家，突尼斯以其历史上的辉煌和稳定、繁荣吸引了许多人的目光。突尼斯丰富的历史文化、自然风光曾让来自世界各地的游客们流连忘返。不过，所有这一切都是在一个高效的威权主义政权的控制下实现的。

近代以来，在西方列强的威胁下，突尼斯开始向民族国家过渡，并开启了现代化历程。突尼斯政治、经济、社会生活等各领域的现代化确立了突尼斯的发展路径。

第一，突尼斯秉持渐进发展理念。自1861年宪法改革以来，突尼斯便形成了面向西方，融入地区与国际政治的全面改革。改革的动力是求生存、谋发展。改革的方式基本上是自上而下的"顶层设计"和一代又一代西方文化影响下的民族主义精英的接力。

第二，突尼斯威权主义政治的形成与发展是其历史发展的必然产物。它在特定时期适应了突尼斯的政治经济形势，促进突尼斯的社会发展，引领突尼斯民族的进步。但是，浓厚的人治特征和对专制结构的过分依赖导致这一体制逐渐走向固化，影响其功能的正常发挥，阻碍生产力的发展，最终走向了其逻辑结果。

第三，推行积极的社会政策是突尼斯威权主义政权秉持的治理原则之一。突尼斯独立之初，采用了民粹主义统治方式，并以此换取了民众的普遍支持。在20世纪80年代以来的自由化改革中，虽然这一政策有所改变，但突尼斯政府仍然坚持了对贫困人口的扶持，尽力维持对社会的承诺。突尼斯的稳定离不开威权主义政权对社会政策的重视和坚持。

第四，突尼斯的区位特征决定了其政治经济形式，从而确定了其发展模式只能是国家资本主义发展模式和外向型的经济发展模式。突尼斯国土面积狭小，资源贫乏，市场有限，注定了其难以推行进口—替代型发展模式。然而，突尼斯位于交通要道、临近欧洲市场、人力资源优势突出决定了其在地区竞争中的优越条件。突尼斯模式的成功也依赖于这些优势。但是，突尼斯私营企业的先天不足和缺乏潜力导致突尼斯的民族经济发展困难，并具有脆弱性。1996年突尼斯有87000家私营企业，雇员在100人以上的企业只有1400家，60%的企业雇员不超过20人。[①]突尼斯的私营企业实际上处于一种维持生存的水平。而国有企业也不具备强大的竞争能力，私有化并没有解决其管理和生产上的缺陷。

第五，突尼斯经济发展与政治改革之间存在联动。当经济发展平稳顺利时，威权主义政治体制得以维持和发展。一旦遭遇经济危机，威权主义的合法性立刻遭到怀疑，从而为政治变革准备条件，催生政权变更。经济形势恶化总是导致政治变革。

[①] Christopher Alexander, *Tunisia: Stability and reform in the modern Maghreb*, London & New York: Rortledge, 2010, p. 87.

第三章 突尼斯行政机构改革

行政权力超越立法与司法机构，权力过于集中于总统个人是突尼斯威权主义政权的显著特征。长期以来，中央集权逐渐加强、总统权力过大且不受限制在突尼斯政治体制改革中显然属于尾大不掉的问题。以总统为代表的行政权力在构建政治合法性和实现机制化，以及解决继承难题的过程中变化不大，由于行政机构权力过于集中和机制固化最终导致了各种矛盾积聚，但无法在体制内得以解决。危机管理失败的后果只能是变革风暴的来临和政权的垮台。

第一节 "总统君主制"的建立

一 突尼斯民族国家形成的有利条件

殖民入侵之前，突尼斯已经是一个同质化程度很高的王朝国家。这表现在：语言主要为阿拉伯语，宗教为伊斯兰教，主要遵循逊尼派的马利克教法学派。

19世纪以来，现代民族国家机构在突尼斯的建立经历了漫长的演变过程。在此过程中，突尼斯和其他非西方国家一样，受到了殖民化以及其他形式的强烈影响。与众不同的是，突尼斯实现了更为有效的现代化转变。[1]

在政治方面，侯赛因王朝完全控制了突尼斯。不论定居农民还是游牧民、半游牧民都在中央政府的管理之下。萨赫勒（阿拉伯语，意

---

[1] Charles A. Micaud, Leon Carl Brown & Clement Henry Moore, *Tunisia: the Politics of Modernization*, New York & London: Preaeger, 1964, p. 3.

为"沿海地区")已经开始了现代化。而内陆地区定居农业也在迅速发展。游牧民和半游牧民逐渐被纳入了国家税收体系，接受中央政府的统治。

在经济方面，突尼斯是地中海重要市场之一。在国内，中央政府通过税收与民众保持联系。而且，突尼斯依托区位优势，与南欧、非洲、中东国家开展广泛的贸易。

在文化方面，突尼斯不仅拥有迦太基遗迹，还有著名的伊斯兰世界第三朝觐圣地凯鲁万清真寺，著名高等学府宰图纳大学。突尼斯早期现代化过程中建立的萨迪克中学进一步为突尼斯文化和教育的发展奠定了基础。时至今日，拥有数量庞大的知识分子一直是突尼斯引以为傲的竞争优势之一。

二 突尼斯民族国家构建的过程

"民族国家构建（nation-state building）"是"国家构建"和"民族构建"的双重进程，体现了"国家""民族"的构建特征以及民族国家的动态过程。① 蒂利依据欧洲的经验，把二者视为民族国家发展的两个不同历史阶段，"国家构建"先于"民族构建"。前者表现为政权的官僚化、渗透性、分化以及对下层民众控制的巩固；后者表现为公民对民族国家的认同、参与、承担义务和忠诚。② 但是，对于非欧洲社会来说，由于欧洲国家在世界范围的扩张，打断了自身发展的正常节奏和顺序，所以"民族构建"和"国家构建"往往是同步进行的，呈现出复合性和模仿性双重特征。③

突尼斯民族国家构建经历了三个阶段：第一阶段，1705年，侯赛因王朝建立后，突尼斯民族国家雏形形成；第二阶段，1881年突尼斯沦为法国保护国后民族国家建构经历了被动的推动；第三阶段，20世纪初，突尼斯民族解放运动兴起并最终取得了胜利。突尼斯民族国家正式形成。

---

① 杨雪冬：《民族国家与国家构建：一个理论综述》，转引自黄民兴《论20世纪中东国家的民族构建问题》，《西亚非洲》2006年第9期。
② 同上。
③ 同上。

1705年，侯赛因王朝在突尼斯建立了自治王国，并一直统治到了1957年。19世纪上半叶艾哈迈德贝伊模仿埃及穆罕默德·阿里进行了现代化改革，但收效甚微。不过，中央政权加强对部落地区控制的措施一直没有间断。艾哈迈德贝伊之后，突尼斯逐渐沦为殖民地。先是"立宪改革"失败，1864年爆发了农民起义。接着，1869年，突尼斯财政宣布破产，由英、法、意控制了突尼斯财政。针对欧洲列强的不断渗透和为了应对外国人不断攫取的特权，突尼斯于1857年颁布了"基础法案"，1861年颁布了中东地区第一部"宪法"。1861年"立宪改革"之后，突尼斯的中央集权进程明显加快。为了应对西方列强咄咄逼人的攻势，侯赛因王朝不得不加紧扩军备战和加强中央政府的权力。艾哈迈德贝伊时期，突尼斯进行了军事改革。赫尔丁帕夏的改革中，加强中央政府的权威和进行中央集权是主要内容和目标。

　　突尼斯"立宪改革"的先驱赫尔丁在1873—1877年担任首相期间继续推行现代化改革，试图建立强有力的政府。然而，突尼斯最终没能避免被殖民的命运。1881年，突尼斯沦为法国保护国，法国殖民当局完全控制了突尼斯。但在此过程中，突尼斯"国家构建"与"民族国家"迈出了关键一步。突尼斯逐渐摆脱了奥斯曼帝国的控制，统治突尼斯的马穆鲁克实现了"突尼斯化"，并产生了本地官僚。突尼斯民众也逐渐建立了对本国政权的政治认同。

　　1881年突尼斯沦为法国的保护国之后，中央集权进程得以继续发展。殖民者首次通过武力彻底击败了部落地区的抵抗，将部落民置于各级政府的控制之下。法国派驻的总督掌握了制定和推行现代化政策的大权，但殖民政府保留了贝伊政府。这一双轨制政府推动了向现代政府体制的过渡。由于殖民者就土地所有制强行推行建立了法律体系，农业得到迅速发展。法国殖民期间，突尼斯国家权力进一步增长。在此期间，突尼斯建立了常备军，行政机构开始现代化过程。1883年，殖民政府重新实施因1864年民众起义而中断的兵役法[1]，在全国范围内征兵。18—26岁的青年成为招募对象。经过数年的努力，突尼斯政府已经建立了一支人数众多的军队。到第一次世界大战时，突尼斯拥有11899人的军队

---

[1] 该法案颁布于1860年。

和 14650 人的预备役军队。① 随着常备军的建立，部落地区对抗中央统治的历史一去不复返，这进一步巩固和推动了突尼斯民族国家构建。

同时，殖民政府在政策和人员招聘方面建立了中央政府的绝对权威。行政机构变得更加庞大，政府在保障经济的商业化方面更加有力。在建立国家官僚机构的过程中，农村精英被创造出来，作为殖民当局的盟友和臣民。② 殖民当局对行政权的控制，动摇了封建王朝的统治，使得王室贵族的权力名存实亡，这加快了突尼斯向现代民族国家的过渡。而殖民者的管理效应和在农业和工矿业方面的现代化措施对突尼斯精英的现代政府观念产生了影响。"青年突尼斯人"认识到政府不仅仅是收税机构，还具有管理国家和为人民谋福利的功能。③ 突尼斯在殖民当局的"归化政策"下进一步产生了民族主义情绪和民族国家认同。1920年，突尼斯爆发反对"归化突尼斯人"葬入穆斯林公墓的事件，标志着突尼斯民族意识的觉醒。

宪政党，特别是新宪政党成立后，突尼斯民族解放运动正式兴起，明确了建立现代民族国家的目标。1920 年宪政党成立后，开始诉诸民族主义。民族主义者一开始要求与殖民者同等的待遇。到了 30 年代，突尼斯人要求建立突尼斯人自己管理的政府。突尼斯的民族解放运动在限定的疆域内发展，并最终以建立独立的民族国家结束。在此过程中，新宪政党充当了当之无愧的领导机构。突尼斯独立初期，地区民族主义战胜"泛阿拉伯主义"为突尼斯民族国家提供了理论支持。此外，掌握国家命运的最高权力逐渐从突尼斯首都为数不多的几个大家族（baladi）转移到了新兴的官僚精英、教师、专业人士手中。具有小资产阶级属性的，同时受过传统教育和现代欧洲教育的知识分子成长为领导阶层。独立后，突尼斯以参照法国模式建立了现代官僚体制。在保持动员体系的同时，执政党联合工会和其他社会组织继续推进民族国家建设。

---

① Lisa Anderson, *The State and Social Transformation in Tunisia and Libya*, 1830 – 1980, New Jersey: Princeton University Press, 1986, p. 143.

② Nazih N. Ayubi, *Over-stating the Arab State: Politics and Society in the Middle East*, London & New York: I. B. Tauris Publishers, 1995, p. 120.

③ Charles A. Micaud, Leon Carl Brown & Clement Henry Moore, *Tunisia: the Politics of Modernization*, New York & London: Preaeger, 1964, p. 29.

三 "总统君主制"的建立

突尼斯在民族国家建构过程中,权力逐渐集中,总统个人权力迅速膨胀,形成了事实上的"总统君主制"[①]。突尼斯虽然废除了君主制,但民选总统却在事实上沿袭了君主至高无上的生杀予夺权力,共和国总统与旧制度中的君主(贝伊)大致相当。因此,突尼斯出现了一种威权主义体制下的矛盾政治体制。

第一,"总统君主制"是突尼斯历史传统的延续和发展。之所以产生这种矛盾的政治体制,一方面是突尼斯封建政治的残余;另一方面是民主共和观念在突尼斯政治制度上的反映。根据历史发展的客观规律,突尼斯必然要经历一个过渡阶段,这个过渡阶段正是威权主义政治。

第二,"总统君主制"的建立体现了突尼斯民族解放运动的阶段性成果。这一制度象征的是哈比卜·布尔吉巴个人在民族解放运动中积聚的崇高个人威望,即其"克里斯玛"领袖地位。在长期争取民族独立解放的过程中,布尔吉巴曾经三次被捕,但始终坚持与殖民者既斗争又合作的立场,最终以独特的方式赢得了国家独立和民族解放,这为其积聚了其他政治家难以企及的政治资本。突尼斯独立后,新宪政党以其组织的严密性和动员的有效性迅速占领了法国殖民者撤退之后留下的行政职位,这为布尔吉巴个人统治和新宪政党的领导提供了坚实的保障。

第三,"总统君主制"在突尼斯的建立经历了形成和巩固阶段。突尼斯独立前夕,布尔吉巴作为民族英雄形象的形成和与本·优素福的政治斗争的胜利为这一机制的建立奠定了基础。突尼斯独立之后以君主立宪政体过渡,为"总统君主制"的建立提供现成模仿对象。突尼斯民族解放运动的特征之一是"渐进主义",其发展的内在逻辑便是由民选的总统继承贝伊的权力,但维持共和制度。

第四,权力集中和失衡是"总统君主制"的突出特征。突尼斯独立之后迅速举行制宪议会选举,新宪政党大获全胜。布尔吉巴接替本·奥马尔出任首相。同时,他还兼任国防部长、外交部长等要职。1959年

[①] Clement Henry Moore, *Tunisia since Independence: the dynamics of one-party government*, Berkeley: University of California Press, 1965, p. 71.

宪法颁布之前，布尔吉巴逐渐依靠新宪政党树立了个人权威，建立专制统治。1959年7月25日，突尼斯共和国历史上第一部宪法颁布。该宪法确认了过渡时期突尼斯的政治现实，赋予总统几乎不受限制的权力，并确立了行政机构的主导地位。突尼斯宪法规定，总统为最高元首，政府内阁向总统负责。总统在国家面临威胁时可以宣布进入紧急状态，并视情况解除该状态。总统与议会共同享有立法创制权且拥有优先表决权。而作为立法机构的议会一年中仅有半年会期，其余时间处于休会状态。新宪政党控制的议会很难对政府形成监督。相反，议会成了批准政府决策的橡皮图章。司法领域同样是行政主导。

第五，总统、政党（执政党）、行政部门构成了"总统君主制"的"三驾马车"，是该体制维持和运行的关键力量。在布尔吉巴统治下，总统无疑是整个威权主义政治体制的核心。作为"克里斯玛"型领导人，布尔吉巴的思想是突尼斯官方意识形态的来源。突尼斯国民个人思想和整个民族的民族性都受到布尔吉巴思想的影响。此外，布尔吉巴行政能力突出，他以卓越的统治技巧使党的民族主义运动领导人在其领导下发挥才能，这不仅维护了党的团结、国家的稳定，而且也推动了现代化建设。在这一体制中，行政机构和新宪政党都是总统必须依赖的力量。行政机构为政策制定、实行、反馈提供了必要的条件。而新宪政党的作用更是不可替代。新宪政党不仅是布尔吉巴动员群众、获取民众支持和拥护的工具，而且为行政部门输送政治合格的人才。新宪政党控制下的群众团体还为形成最广泛统治基础发挥了作用。因此，"总统君主制"的复杂结构既是突尼斯独立初期权力分割的过渡性机制，有其落后、保守的一面。而现代化管理人才的主导和政党的独特作用，又表明该体制具有积极、合理的内容。

第二节　行政机构改革

一　"宪政社会主义"阶段行政机构大力扩充

突尼斯独立之后，迅速对官僚机构实现了"突尼斯化"和"阿拉伯化"，并创造了大量公共事业岗位，以解决就业问题。1956—1960年，由于大量殖民者和部分犹太人的离开，突尼斯人接替他们成为公共部门和政府机构中的管理人员。其中,经济部门吸收了大约 3 万人,行政部门接纳了 1 万—1.5 万人。①

突尼斯由"自由主义"经济发展模式转入计划经济之后,国家对经济和社会的控制加强,由此导致行政机构的再次扩充。首先,突尼斯政府接过了发展经济的重担,建立了大量国有企业,控制了外贸和零售业。其次,由于殖民者的撤离,突尼斯培养了大量技术人员填补这一空白。由"计划和金融部"派出的技术人员充斥各个地区的合作社。最后,本·萨拉赫还尝试建立一整套新的管理体制,以推行"宪政社会主义"事业。在此机制下,突尼斯建立了隶属于计划和经济部的各级"合作委员会"(如图 3-1 所示)。特别是在省一级建立了"合作委员

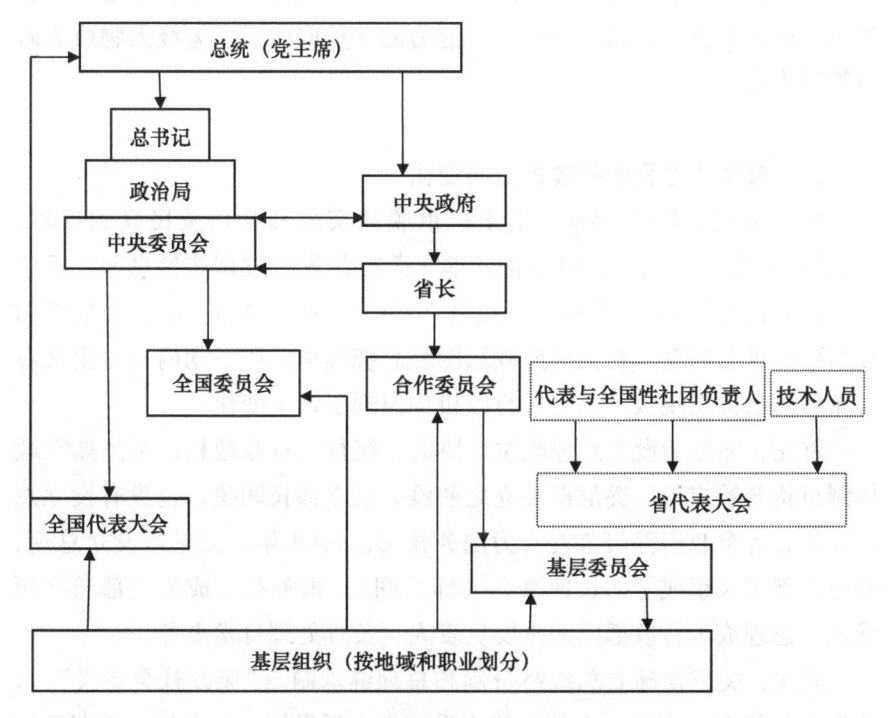

图 3-1　"宪政社会主义"时期突尼斯的行政体制结构

资料来源:Lars Rudebeck, *Party and People:A Study of Political Change in Tunisia*, London: C. Hurst & Company, 1965, p. 268。

---

① Samir Amin, *The Maghreb in the Modern World*, Penguin Books Ltd., 1970, p. 150.

会"以促进当地的合作社的发展。从 1963 年起，合作委员会成为行政机构的有机组成部分。[①]

"宪政社会主义"时期，中央集权、个人集权和追求效率仍是行政机构改革的突出特点。在这一时期，为了实行国家干预经济的计划经济，政府对地方和社会力量的控制加强，建立了从中央到地方完整的行政机构。中央制定合作化、工业化、进出口、零售业政策之后，由地方政府在合作委员会的指导下负责执行。同时，由于政府干预的需要，不仅布尔吉巴个人的权力有所增强，"宪政社会主义"的实际推行者艾哈迈德·本·萨拉赫的权力也迅速膨胀，成为仅次于布尔吉巴的国家领导人。不过，虽然塑造领袖崇高地位很重要，但突尼斯发展的总战略还是经济、社会各领域的现代化。追求效率是行政机构的主要目标之一。在布尔吉巴的主持下，大量年轻、有能力的党员取代了元老级人物成为政府管理人员。

二 自由化过程中行政权力的变化

1968 年底、1969 年初，由于严重脱离实际和党内及民众的反对，"宪政社会主义"试验戛然而止。本·萨拉赫先是被调往信息部，后遭审判，并被处以 10 年监禁。与经济上的调整和转向相对应，突尼斯的政治形势风云突变。在突尼斯政坛围绕总统继承问题，党内自由主义者对布尔吉巴提出挑战。突尼斯行政机构出现了以下变化：

首先，突尼斯设立总理职位，协助总统行使行政政权。突尼斯行政体制机构开始成形。突尼斯独立之初没有设立部长职位，也没有设立总理职位，各个政府部门负责人为国务秘书。1969 年，突尼斯设立总理，并由各部部长组成了部长理事会（即内阁）。国务秘书成为次部长级领导人。总理成为行政部门的主要负责人，负责处理日常事务。[②]

其次，突尼斯确立总统终身制和总理继承制。"宪政社会主义"试验失败使得布尔吉巴个人领导能力受到自由派质疑，加之他的任期已经

---

① Harold D. Nelson ed., *Tunisia: A Country Study*, Washington, D. C.: The American University, 1979, p. 185.

② Ibid., p. 175.

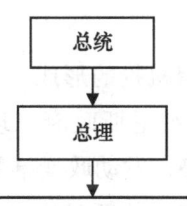

```
           ┌─────────┐
           │  总统   │
           └────┬────┘
                ↓
           ┌─────────┐
           │  总理   │
           └────┬────┘
                ↓
┌──────────────────────────────────────────────────────┐
│ 各部部长：农业部、文化事务和信息部、国防部、教育部、财政部、外交部、卫生 │
│         部、工业矿业和能源部、内政部、司法部、贸易部、交通与通信部、社会事务部、│
│         供应部、青年和体育部                                              │
│ 国务秘书：教育秘书、外交秘书、信息秘书（对总理负责）、供应秘书、职业和培训 │
│         秘书（对社会事务部部长负责）                                      │
│ 其他职位：部长代表（对总理负责）、计划部长代表（对总统负责）、负责沟通政府 │
│         与议会的部长、总统特别顾问                                        │
└──────────────────────────────────────────────────────┘
```

图 3-2　20 世纪 70 年代突尼斯的行政体制结构

资料来源：Harold D. Nelson (ed.), *Tunisia: A Country Study*, Washington, D.C.: The American University, 1979, p.175。

超过两届，到 20 世纪 70 年代初关于布尔吉巴的去留成为突尼斯政治的焦点。然而，突尼斯 70 年代初经济调整取得明显成效，努埃拉总理成为布尔吉巴的有力支持者。与布尔吉巴一样，后者也坚持威权主义政治。因此，在 1974 年新宪政党大会上，布尔吉巴挫败了自由派的挑战，当选为党的终身主席。次年，突尼斯通过宪法修正案，布尔吉巴成为终身总统。这标志着突尼斯威权主义统治的进一步强化。而在总统的继承问题上，布尔吉巴以避免其死后国家可能出现短期动荡为考量，建议由行政机构负责人，即总理而不是议长继任总统。这既体现了布尔吉巴对努埃拉总理的信任，也表现了行政部门的强势地位。

最后，突尼斯开始自由化改革，公共部门行政权力发生变化。70 年代，突尼斯放弃计划经济，重新引入"国家、集体、私人"混合所有制经济。在西方国家的压力下，突尼斯开始自由化改革。部分领域被迫对外开放，一些国有企业被私有化。同时，突尼斯取消了大量的政府补贴。这对突尼斯国有企业和部分行政部门产生了影响。计划经济部被拆分，丧失了之前"超级部"的地位，政治改革随之展开。

三 "新时代"技术官僚机构的形成

1987年11月7日,时任突尼斯政府总理、新宪政党总书记的阿比丁·宰因·本·阿里顺应形势,发动政变推翻布尔吉巴的长期统治。从此,突尼斯进入了本·阿里统治的新时代(New Era)。进入"新时代"后,突尼斯的行政机构发生了明显变化。本·阿里不仅替换了布尔吉巴的政府机构而且引入了新的治理机制。

首先,行政机构角色发生重要变化。与布尔吉巴时期相比,行政机构不再掌握关键战略性决策的权利,而是由"控制者""规范者"向"执行者"转变。一切重大政策制定和决策权被收归总统府,行政部门更多地充当了政策执行者的角色。最明显的表现是总理地位和角色的变化。如前所述,在布尔吉巴时期,总理是国内仅次于总统的政治领导人,处于最高权力继承的第一位,他领导的内阁具有强大的决策权。本·阿里上台后,不仅修改了宪法,剥夺了总理的继承权,而且严格限制了总理的权力。总理仅仅成了首席部长,负责政策的执行。[1]

其次,本·阿里时期官员选拔机制发生变化,行政部门专门化进一步发展。布尔吉巴时期,行政人员在新宪政党内的活跃程度和威望往往是官员任职的重要条件。本·阿里引入了法国公务员准入制度,任何进入该团队的人员都要经过公务员考试。对于关键行政职务,行政人员往往要满足长期的从政经历,从官僚机构的底层向高层晋级。而对于一些技术性较强的非关键职务,则采取自上而下的任命形式。[2]

再次,本·阿里对行政机构进行了大规模改组,技术官僚取代执政党政治领袖,行政机构基本上实现了"非政治化"。从布尔吉巴统治后期开始,专业人士越来越获得重任。本·阿里进一步推动了这一进程。大约在世纪之交时刻,内阁成员基本上全部由年富力强的专业人士担任。[3] 穆罕默德·格努希就是典型代表。他在计划部从政之后,

---

[1] Steffen Erdle, *Ben Ali's Tunisia* (1987–2009): *A Case Study of Modernization in the Arab World*, Berlin: Klaus Schwarz Verlag, 2010, p. 152.

[2] Steffen Erdle, *Ben Ali's "New Tunisia"* (1987–2009): *A Case Study of Authoritarian Modernization in the Arab World*, Berlin: Klaus Schwarz, 2010, p. 153.

[3] Ibid., p. 154.

依靠专业技能,以计划与金融部部长、国际合作和外资部部长身份推动了突尼斯经济改革,最终被任命为突尼斯总理。在本·阿里决策圈中还有其他类似的"经济专家""安全专家""行政专家""决策专家"等技术性官僚。[①] 对这些专业人士的政治要求不再限于资深民主宪政联盟党员,而仅仅要求其一般的党员身份。布尔吉巴时期的政治人物往往具有很高的威望和知名度,本·阿里政府的官僚一般不具备这种地位。

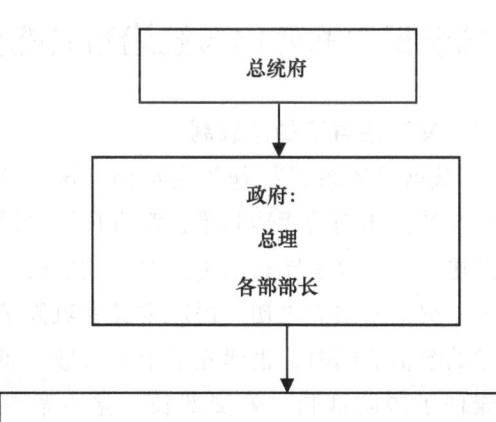

```
            ┌─────────┐
            │  总统府  │
            └────┬────┘
                 │
                 ▼
            ┌─────────┐
            │  政府:  │
            │  总理   │
            │ 各部部长 │
            └────┬────┘
                 │
                 ▼
    ┌──────────────────────────────┐
    │执行机构、公共部门、国有企业(如:│
    │行政长官和执法人员、中央银行、税│
    │收与关税机构、全国性机构、全国性│
    │社团、农业和职业组织、教育和研究│
    │机构、国有电台与电视等)       │
    └──────────────────────────────┘
```

图 3-3 本·阿里时期突尼斯官僚机构

资料来源:Steffen Erdle, *Ben Ali's "New Tunisia" (1987-2009): A Case Study of Authoritarian Modernization in the Arab World*, Berlin: Klaus Schwarz, 2010, p. 502。

最后,本·阿里时期行政部门的现代化取得了明显进展,科层制和技术性官僚体制的发展大大提高了政府的行政能力。一大批具有良好教育背景的专业人士在行政机构的竞争性机制中脱颖而出,成为推进政府

[①] Steffen Erdle, *Ben Ali's "New Tunisia" (1987-2009): A Case Study of Authoritarian Modernization in the Arab World*, Berlin: Klaus Schwarz, 2010, pp. 154-155.

治理的重要力量。本·阿里政权对专业人士的录用和竞争性选拔机制的重视提高了行政部门的效率，从而对突尼斯经济和社会领域的现代化创造了条件。但是，总统掌握过多的行政权力和最终决策权体现了威权主义行政机构的弊端。这造成了相当程度的管理问题，使得行政审批程序过于繁复、僵化。加之行政部门的腐败危及了整个政权的合理运行。行政权力高度集中和行政人员录用限于执政党也影响了行政机构的专门化和专业化，以及国家治理现代化。

第三节　总统权力的变化与统治方式的变革

一　"布尔吉巴主义"主导下的总统制

布尔吉巴曾说："我就是体系。"[①] 作为突尼斯开国总统，布尔吉巴对现代突尼斯威权主义政治体制的缔造和维护都发挥了关键的作用。

首先，布尔吉巴建立了行政主导和总统凌驾于政府机构之上的个人统治模式。如前所述，突尼斯独立之初，民族主义者巩固了政权。布尔吉巴在巩固新宪政党的统治的同时，也建立了个人权威。布尔吉巴不仅担任首相，而且还兼任了国防部长、外交部长、党主席等多个重要职位。1957年7月25日突尼斯制宪议会宣布废除贝伊之后，布尔吉巴继承了传统君主的专制权力和象征。布尔吉巴不仅成为共和国总统，拥有最高行政权力，还具有立法创制权，兼任最高军队领导人。布尔吉巴甚至沿袭了贝伊王家仪仗和接受清真寺的祝福。[②] 他依靠对新宪政党的控制，形成党的动议和进行人事任免。在布尔吉巴统治时期，司法机构处于半独立状态，布尔吉巴可以通过政治原因审判政权的反对者和异见人士。

其次，布尔吉巴以"人道自由主义"作为改造和提升国民素质的指导理论，确立了其精神领袖地位。受西方教育的影响，布尔吉巴崇尚理性，并倾向于西方自由主义，并提出了"人道自由主义"，将其作为一

[①] Le système? C'est moi le système. See Clement Henry Moore, *Tunisia since Independence: the dynamics of one-party government*, Berkeley: University of California Press, 1965.

[②] Andrew Borowiec, *Modern Tunisia: A Democratic Apprenticeship*, Praeger Publishers, 1998, p. 23.

切政治活动的"终极目标和基本价值"。"人道自由主义"是以法国文化为代表的西方文化和以伊斯兰文化为代表的东方文化的有机结合。一方面，布尔吉巴接受了自由主义，将西方政治制度引入了突尼斯。并在文化领域进行西方化，竭力主张将突尼斯带入西方世界。另一方面，布尔吉巴提出了自己的独特见解。在布尔吉巴看来，人道自由主义意味着首先和主要关注"人的提升"。突尼斯在他的带领下，不仅要实现物质繁荣，而且要实现"人的提升"。通过教育和社会改革，突尼斯的国民文化将得到极大的提升，从而实现人的现代化。布尔吉巴信奉"理性的超强能量"是对社会和谐的呼吁，包括一种代表人类、国家、社会的集体使命感。布尔吉巴认为，应该将个体物质和智力水平的提升作为一切集体行动的最终目标。他指出："对我们来说，人的尊严可以实现。我们相信人可以完善，我们拒绝相信有不可救药的人。我们首先给他们怀疑的好处，然后我们采取必要的劝说，从而加强我们这个阶层。"人道自由主义还包括，在个人层面的"忠诚""正直""坦率""自由""爱国主义""工作""责任"，以及社会层面的"正义""平等""友爱""团结""慈善"等内容。

再次，在国家战略和发展方向方面，布尔吉巴提出了"布尔吉巴主义"，并以此奠定了意识形态基础。"布尔吉巴主义"是"渐进主义""理性主义"和"实用主义"的结合。渐进主义是与激进主义相对的，理性主义是与非理性主义相对的，而现实主义是与理想主义相对的。布尔吉巴在外交中反复强调突尼斯人民争取独立斗争的独特经验，也就是以上三种方式的综合。其中现实主义是其政治哲学的基础，渐进主义是其核心，而理性主义是其指针。"布尔吉巴主义"在一定程度上是一种"实用主义"。准确而客观地判断国际国内形势以及各种利益团体之间的利害关系是政治策略得以成功施行的关键。渐进主义是"布尔吉巴主义"的精髓，二者之间甚至可以画等号。如前所述，布尔吉巴将突尼斯独立的成功经验归结为他的"渐进主义"斗争策略，并希望向整个阿拉伯世界推广。不论赞赏还是攻击他的人都把这种策略视为他的主要特点。在"非殖民化"过程中，西方国家往往赞赏逐步交权和撤出殖民地。布尔吉巴据信得到了法国政坛高层孟戴斯和舒曼，甚至戴高乐元帅本人的赞赏。而纳赛尔主义者则轻蔑地将他的策略讥讽为"先拿到能得到的那一份，然后贪婪地要求更多的东西"。[①] 理性主义是相对于非理性主义而言的。布尔吉巴认为，阿拉伯国家的民众被其不负责任的统治者所蒙蔽，一味追求不可能实现的目标。他认为新的领导人应该抛弃幻想，以现实的态度与以色列和解，向西方学习，也就是向前殖民者学习，尽快建设先进、发达的现代国家。在布尔吉巴的执政岁月里，他大体保持了理性态度，这也为他在国际、国内成功提供了保障。可以说他所有的失误都是由于偏离了理性主义而造成的。比如 1961 年"比塞大事件"就是一例。

最后，布尔吉巴对突尼斯的政治发展产生了深远影响。以布尔吉巴本人命名的政治思想被上升为突尼斯国家战略和意识形态，凸显了布尔吉巴本人的突出地位和重要影响。事实上，布尔吉巴对"布尔吉巴主义"的贡献超过了纳赛尔对"纳赛尔主义"的贡献。在突尼斯共和国初创时期，布尔吉巴以其卓越的领导能力，使得突尼斯成为非洲国家的典范。[②] 大量的研究曾将突尼斯作为成功的典型探究发展中国家政治发展的道路。

总体而言，在布尔吉巴领导下，突尼斯走上了快速发展的道路，布尔吉巴对突尼斯在经济、社会、政治等领域的改革都作出了卓越贡献。布尔吉巴时期，突尼斯经济发展、政治开明，尤为重要的是社会改革走在了中东北非国家前列。"布尔吉巴主义"倡导的团结、秩序观念维护了政治稳定，这成了突尼斯的政治传统之一。但是，布尔吉巴迷恋权力和自我意识膨胀导致专制权力无限制增强。布尔吉巴以该理论的唯一解释者谋求终身制，为威权主义体制的进一步发展产生了不良影响。布尔吉巴建立的"总统君主制"体现了其个人设计特征，这种体制难以解决继承难题，影响了它的活力和有效性。

二 "变革"新时代的总统制

1987 年，时任突尼斯共和国总理的阿比丁·宰因·本·阿里发动

[①] Samuel Merlin, *The search for peace in the Middle East: the story of President Bourguiba's campaign for a negotiated peace between Israel and the Arab States*, T. Yoseloff, 1968, p. 65.

[②] Charles A. Micaud, "Politics in North Africa: Tunisia", *Africa Today*, Vol. 18, No. 4, 1971, p. 60.

政变，推翻了耄耋之年的终身总统哈比卜·布尔吉巴，登上了突尼斯最高权力的宝座。到2010年年底突尼斯剧变中被赶下台，本·阿里实际统治突尼斯达23年。在长期的统治过程中，本·阿里无疑在突尼斯现代史上留下了重重的一笔。然而，以"变革"为口号上台的本·阿里在总统制的延续和变革实践中却充满了矛盾。

首先，本·阿里时期，政治改革变成了"虚假民主"。本·阿里上台之初，由于其倡导改革和赞扬民主，使得一些政治人物和学者对其推动变革充满了期望。因此，本·阿里上台的最初几年被称为"突尼斯之春"。在"第三波"浪潮的助推下，突尼斯似乎有走上西式自由主义民主道路的迹象。本·阿里将"变革"作为其政权合法性来源，以变革的设计师和总经理自居，确立了其不可替代的身份。事实上，本·阿里推动全国和解、释放政治犯、修改宪法中终身总统的条款等举动展示了其致力于政治改革的决心。然而，阿尔及利亚内战和海湾战争的爆发以及国内政治局势的发展，特别是"伊斯兰复兴运动"的兴起，促使本·阿里走上了以稳定、团结为主导的政治改革道路。在此战略指导下，突尼斯推行有限度的"自由化"改革，实行"受控制的民主"[1]。突尼斯实现了多党制，但执政党仍然处于绝对主导地位；实行了总统和议会选举制，但每次大选都徒具形式；在竞争性政治中，长期将真正的反对派伊斯兰政党排斥在外。

其次，本·阿里时期领导方式由集体领导转向了个人专制，从限定总统任期变成了事实上的终身总统。布尔吉巴统治时期，总统虽然高高在上，但是政策的制定和实行必须在党内高层的参与和配合下完成。本·阿里上台后逐渐改变了这一规则。本·阿里不仅剪除了党内外的权力竞争者，而且阻止潜在对手的崛起。在其内阁中，拥有专业技术背景的党内"新手"获得了重任。在其决策机制中，总统私人顾问居于极其重要的地位，但并不负责政策的执行。此外，本·阿里稳固和维持个人权力的努力使其走向了事实上的终身制。2002年，突尼斯议会通过宪法修正案，本·阿里违背自己的诺言，为实现终身制扫除了障碍。

---

[1] Andrew Borowiec, *Modern Tunisia: A Democratic Apprenticeship*, Praeger Publishes, 1998, p. 74.

2009年,本·阿里成功当选为总统,开始其第五个总统任期。这表明,本·阿里开启了一个新的时代,但并没有摆脱"总统君主制"并发展一套新的政治体制。

再次,本·阿里时期自由化改革促进了侍从主义的发展。布尔吉巴时期,侍从主义体制大量存在。由于布尔吉巴不得不借助于党内资深成员维持统治,布尔吉巴仅仅是侍从主义体制网络中的主要庇护主(chief patron)。[1] 本·阿里缺乏领导民族解放运动的经历和长期的党内高级职务,因此不具备之前庇护主的资本。同时,他也不用照顾其他庇护主的利益。本·阿里的做法是重新建构自己的侍从主义体制。其中,本·阿里本身成了最大的庇护主。[2] 本·阿里通过安插家族成员担任重要职务和与国内大资本家联姻,控制了大量的资源。但是,所有资源的利益的分配权掌握在本·阿里自己手中。而且,行政机构、经济部门和安全部门各自独立,统归本·阿里的掌控。因此,本·阿里发展了突尼斯的侍从主义体制,形成了以总统为核心的新的利益分配机制。

最后,"总统君主制"发生了结构性变化。总统、政党(执政党)、行政部门在整个威权主义政治体制中的作用由"三驾马车"变成了向外辐射的"蛛网"结构。在布尔吉巴建立的"总统君主制"中,党的高级领导人都有一定的自主性,行政部门和党的组织是总统不得不依靠的力量。本·阿里上台后逐渐改变了这一结构,行政部门基本上变成了推行总统政策的工具,执政党的作用变成了巩固总统地位的工具。行政部门技术化和执政党地位的下降是本·阿里时期政治变革的突出特征。但是,行政部门技术化和中立化并没有带来机制化和合理化。相反,个人专制统治的重新引入使得威权主义政治体制更加趋于僵化,以至于丧失了其促进经济发展和社会变革的功能,预示了其瓦解的命运。本·阿里倡导的总统主导的"变革"最终转向了变革总统制本身。

---

[1] Christopher Alexander, "Back from the Democratic Brink: Authoritarinisn and Civil Society in Tunisia", *Middle East Report*, No. 205, 1997, p. 36.

[2] Steffen Erdle, Ben Ali's "New Tunisia" (1987 – 2009): *A Case Study of Authoritarian Modernization in the Arab World*, Berlin: Klaus Schwarz, 2010, p. 176.

三 强人政治的强盛与没落

突尼斯的总统制作为威权主义政治体制的组成部分,建立政权的有效性是其固有内容。在实践中,两位总统虽然实行强人政治,严厉排斥反对派,但始终将国民经济发展和人民生活水平的提高作为执政的方向和目标。追求经济现代化,以政权的有效性换取和保持民众的支持是威权统治的内在逻辑。

首先,终身总统的确立彰显了强人政治特色。1974 年,哈比卜·布尔吉巴就任总统 15 年后,通过引入终身总统制暂时性解决了权力继承问题。布尔吉巴成为终身总统标志着其个人地位达到了顶点。布尔吉巴其最高统治者地位的巩固保证了由他亲手缔造的政治体制的延续和发展。他坚定地认为只有自己掌握着政权运作的智慧,只有自己具备带领国家发展的能力,强人政治特征尽显。

其次,总统选举的引入一定程度上动摇了强人政治的合法性。总统选举是本·阿里政变的承诺和突尼斯政治变革的标志之一。布尔吉巴下台意味着个人专制失去了民意支持。本·阿里以"拯救者""改革者"的形象强力推动经济自由化和有限民主化,一时间获得了国内外的广泛支持和称赞。本·阿里虽然确立了"总经理"的角色,但在 2002 年之前还是以有限的民主化举措掩饰强人政治色彩。

最后,终身总统的再次引入摧毁了最高权威,使得这一机制难以为继。此前的"虚假民主"虽然遭到了反对派的不断批评,但毕竟代表了程序民主。这在政治发展层面无疑具有积极意义。如果进展顺利,权力可以经过这一程序传递给下一代领导人。但是,突尼斯威权主义发展的僵化和固化中断了这一趋势。2002 年,突尼斯宪法修正案的通过和 2009 年本·阿里再次当选为总统象征着强人政治的再次确立。本·阿里在政治改革道路上的倒退,导致民众收回了其支持。突尼斯的威权主义政治也开始了倒计时。

四 布尔吉巴与本·阿里总统制的异同

突尼斯的威权主义政治经历了布尔吉巴和本·阿里两个阶段。就其继承关系而言,本·阿里虽然是政变上台,但他的行为是顺应时代之举。

布尔吉巴统治末期的政治、经济、文化危机使得突尼斯面临严重的困难。本·阿里上台后表示尊重布尔吉巴的成就，而且从根本上延续了其内外政策。其追求的政治目标同样是：维护突尼斯的主权国家地位；促进突尼斯的社会整合；加速突尼斯经济现代化；推动突尼斯社会和文化领域的变革。但是，由于二者的个性差异和不同的政治、社会背景和国际环境的不同，布尔吉巴和本·阿里建立的总统制在合法性来源、政治基础、社会经济经济基础、统治机制等方面存在极大差异（参见表3-1）。

表3-1　　　　布尔吉巴体制和本·阿里体制的异同

	布尔吉巴时期	本·阿里时期
历史背景	非殖民化；民族国家构建；社会—经济现代化；第三世界主义；冷战	社会经济和政治危机；结构调整；经济全球化；自由贸易；反恐战争
社会政治基础	最初广泛的民族联盟；日益依赖萨赫勒地区；官僚机构；资产阶级	全面复兴统治联盟；商业巨头；年轻人；妇女；内陆省份
社会经济基础	公共部门的关键作用；后期对私营部门依赖加重；经济租金的重要作用	进一步加强私营经济部门；制造业的重要作用；经济租金作用下降
政治合法性	现代官僚和"克里斯玛"权威的综合；扩散的与特定的合法性	首先侧重现代官僚权威；排他性的特定合法性
政治目标	政治主权；社会整合；社会—经济发展；社会—文化转变	政治主权；社会整合；社会—经济发展；社会—文化代表
权力行使	主要通过正式机构；党—国；国家社团；安全机构作用不断增加	正式和非正式机构；总统府；家族网络；党—国；安全机构的关键作用
权力范围	完全控制公共领域；经济领域有限放手；社会领域自主性高	重新全面控制公共领域；进一步退出经济领域；社会领域自主性低
权力转换	竞争性弱；通常是自上而下；最高层事实上不存在转变机制	竞争性弱；通常是自上而下；最高层事实上不存在转变机制
社会渗透	最初强烈渗透；后期由于可分配资源下降渗透减弱	不稳定渗透；基于物质服务和表现的政治认同和默许
对外关系	与西方大国保持友好关系；与阿拉伯邻国关系紧张；背景：南—北冲突与东—西对抗	与西方国家保持友好关系；与阿拉伯邻国关系有所提升；背景：经济改革和结构调整计划；欧洲—地中海自由贸易区；反恐战争

资料来源：Steffen Erdle, Ben Ali's "New Tunisia" (1987 - 2009): A Case Study of Authoritarian Modernization in the Arab World, Berlin: Klaus Schwarz, 2010, p. 515。

首先,作为突尼斯的"国父",布尔吉巴是"克里斯玛"型领导人,始终拥有很高的声望。而且布尔吉巴善于演讲,经常出现在公共场合,与民众的接触更多。相反,本·阿里只拥有官僚机构权威,个人风格与布尔吉巴迥异。

其次,布尔吉巴总统制的政治基础是独立初期强大的民族向心力、家乡拥有强大经济、政治影响力的萨赫勒地区民众,其亲手建立的官僚队伍和民族资产阶级。上述支持力量始终对布尔吉巴保持忠诚。与布尔吉巴不同,本·阿里重新建立了世俗主义者阵营,更加依赖年轻人、妇女,对内陆省份着力较多。

再次,布尔吉巴的总统制建立在突尼斯经济起步阶段,国有经济居于关键地位。本·阿里上台后接受了"经济结构调整计划",推动了国有经济的私有化,制造业等大型企业是其首先依赖的社会经济基础。

最后,布尔吉巴总统制的统治机制更多依赖执政党控制下的官僚机构,法团主义组织发挥了重要的建言作用。本·阿里总统制更加依赖总统府在顾问建议下做出的决策,安全机构所代表的强制机构的作用居于关键地位。

本章小结

"总统君主制"的建立彰显了传统与现代的矛盾制度安排。与传统政体不同,突尼斯独立后建立的威权主义政治体制具有现代政治体制的一些特点,但同时又具有浓厚的集权特征和不平衡性。

同样,在突尼斯现代化进程中,威权主义政体有意识地奉行了"有效性"原则,使得突尼斯不仅在经济方面,而且在社会、政治、人民生活各方面取得了明显的进步。这一有效性的发挥既发掘了威权主义体制的潜力,又为进一步的转型提供了条件。

"总统君主制"体现了突尼斯的威权主义体制的集权特征和强人政治特征,表现了这一体制的过渡性特点。在社会经历变革、经济飞速发展的时代,政治变革的浪潮不可阻挡。这种个人专制统治模式由于自身难以克服的专制倾向和裙带主义、腐败作风不断引起了民众的不满和抗议。而且,这种个人集权统治模式也与政治机制化和参与扩大化的要求不符。当"强人政治"走向"老人政治"① 时，便宣告了其生命的终结。布尔吉巴总统与本·阿里总统的强势统治和年届高龄被推翻的结局展现了"总统君主制"统治模式的历史轨迹。

---

① 哈比卜·布尔吉巴总统1987年下台时已届86岁高龄，宰因·阿比丁·本·阿里总统被推翻时75岁。

第四章 突尼斯政党制度沿革

政党是为了通过选举或其他途径来赢得政府权力而组织起来的一群人。与压力集团或社会运动相比，具有四个特征：第一，政党旨在通过赢得共治来实施政治权力；第二，政党是有着正式"带卡"的成员资格的有组织的实体，因而与更广泛与分散的社会运动不同；第三，政党具有极广泛的议题焦点，并对有关政府政策的每一项重大议题发表意见；第四，政党在不同程度上都是通过享有共同的政治偏好和总体的意识形态认同而联合起来的。[①]

政党是现代化的一个产物，一经产生便发挥了日益重要的作用。政党最早产生于西方。在人类社会从传统社会向现代社会转变的过程中，政党应运而生。[②] 美国政治学家戴维·阿普特认为：第一，政党的一个重要功能是组织公共舆论、汇集民意，并将民意传递给政府官员和领导者；第二，作为社会中的重要组织，可以自行产生权力；第三，作为干涉变量、依赖变量和独立变量影响国家内部政治形势。[③]

突尼斯最早的政党产生于20世纪初，是突尼斯民族觉醒的标志，也是突尼斯政治开始现代化的一个重要里程碑。1908年，青年突尼斯党开始出现。第一次世界大战后，受国际形势的影响，突尼斯也产生了民族主义政党——自由宪政党。该党正式成立于1920年，主要代表城乡资产阶级的利益。1934年，自由宪政党发生了分裂。以哈比卜·布

---

① ［英］安德鲁·海伍德：《政治学核心概念》，吴勇译，天津人民出版社2008年版，第270页。
② 李艳枝：《中东政党政治的演变》，中国社会科学出版社2015年版，第3页。
③ ［美］戴维·E.阿普特：《现代化的政治》，陈尧译，上海世纪出版集团2011年版，第137—138页。

尔吉巴为代表的激进派另组新宪政党。他们通过发动底层民众参与政治，推动了民族解放运动向更高的水平发展。这些民族政党，在突尼斯政治发展中确立了其不可或缺的地位，也在突尼斯的政治中打上了深深的烙印。

1956年，在新宪政党的带领下，突尼斯获得了独立，该党顺理成章地获得了执政地位。现代突尼斯的政党制度开始以此为基础发展起来。执政党与国家的关系，以及执政党与其他政党的关系是2011年以前突尼斯政党制度的主要内容。《政党与人民——突尼斯政治变革的案例研究》[①] 一书中，瑞典政治学家把突尼斯的政党和国家机构等量齐观。作者认为这种政党制度中，政党和国家机器已经合二为一了。

在独立后不久，突尼斯政权关心的是如何创造权威。[②] 新宪政党以"革命者"身份创造了权威，并以"建设者"的身份延续了权威。在突尼斯威权主义政治体制的建立与改革过程中，执政党发挥了至关重要的作用。自1920年成立以来，宪政党历经风雨，经历了从"革命者"向"建设者""改革者"转变的角色变化。2011年突尼斯政治变革之后，执政党宪政民主联盟丧失执政地位，被过渡政府解散，突尼斯政党制度进入新时期。

第一节　"新宪政党"与现代突尼斯政治体制的建立

一　新宪政党的建立

新宪政党脱胎于宪政党，二者之间既有联系又有区别。宪政党成立于1920年，由突尼斯民族主义运动领袖萨阿列比缔造。在"民族自决"观念的影响下，宪政党的建立标志着突尼斯民族觉醒的到来。但是，宪政党属于精英主义政党，其成员主要局限于中上层资产阶级和具有现代思想的宗教人士。宪政党成立后，并没有提出争取民族独立的要

[①] Lars Rudebeck, *Party and People: A Case Study of Political Change in Tunisia*, C. Hurst & Company, 1967.

[②] [美] 戴维·阿普特：《现代化的政治》，陈尧译，上海世纪出版集团2011年版，第144页。

求，仅仅是将制定宪法和突尼斯人参与国家管理作为其政治目标。因此，当布尔吉巴等人提出较为激进的观点时，宪政党无法支持并容纳他们。在此背景下，布尔吉巴等人从宪政党分离出来，并成立了新的政党，取名为"新宪政党"。根据布尔吉巴自己的说法，"宪法"这一政治标志在突尼斯民众中仍然具有很强的认同感。所以，"新宪政党人"首先是以"改革者"的身份出现的，其次才是"革命者"。但是，"革命者"身份的突破才使其走向了成功。

"新宪政党"不同于"宪政党"，它是突尼斯第一个群众性政党。首先，新宪政党面向全体国民，向所有人开放。其次，新宪政党第一次反映了突尼斯民众要求摆脱殖民统治，恢复民族尊严的呼声。最后，新宪政党成立后，布尔吉巴等人开始全国范围内的动员，真正自觉地动员普通民众参与并争取民族解放运动的成功。

纵观突尼斯民族解放运动的历程，新宪政党是其中坚力量。新宪政党成立后致力于发动民众，向殖民者施压，要求国家独立和民族解放。新宪政党建立的基层组织发挥了很好的组织动员作用。在新宪政党的带领下，突尼斯的民族主义者发动了一波又一波的斗争。此外，布尔吉巴等民族主义者逐渐成长为民族解放运动的旗手和民族国家的象征。

新宪政党在民族解放运动中的历史作用奠定了其执掌突尼斯政权的基础，为突尼斯威权主义政权提供了合法性。无疑，新宪政党在突尼斯民族解放运动中的表现，是该党历史地位形成的关键和由其主导的政权取得民众支持的决定性条件。

二 "布尔吉巴主义"的胜利

1954年，突尼斯与法国殖民当局谈判取得进展。法国同意突尼斯内部自治。在该计划下，突尼斯人民获得了自己管理自己的权力。但是，突尼斯的关税、外交、国防、民航、警察、广播等都归法国掌管。根据条约，法国人在突尼斯依然享有特权。

然而，就在突尼斯实现内部自治的前景逐渐明朗的情况下，新宪政党内部发生了分裂。以新宪政党主席哈比卜·布尔吉巴为首的一派愿意接受内部自治的地位，并以此为基础就最终实现国家进行独立谈判。这种观念完全符合"布尔吉巴主义"现实主义、渐进主义和理性主义的原则。这也得到了突尼斯大部分民众的拥护。但是，以新宪政党总书记本·优素福为首的部分党员在保守势力的支持下，反对内部自治的计划，要求彻底的独立地位。受"纳赛尔主义"的影响，本·优素福希望突尼斯融入阿拉伯世界的革命浪潮。因此，双方爆发了激烈的冲突。1955年11月，布尔吉巴召集新宪政党代表在斯法克斯召开了党的第五次全国代表大会。本·优素福及其追随者予以抵制，但没有摆脱被开除出党的命运。本·优素福此后在突尼斯城召集党员大会也没有挽回局势，最终在与布尔吉巴的竞争中败北，由此正式确立了"布尔吉巴主义"在党内的统治地位。

"布尔吉巴主义"在新宪政党内的胜利，也带来了其在突尼斯国内的胜利。经过此次斗争，布尔吉巴基本上扫清了党内的反对者。这不仅确立了布尔吉巴在党内的绝对领导地位，而且在组织和思想上完成了大扫除。新宪政党在统一、团结的气氛下开始接管政权的行动。同时，由于"布尔吉巴主义"占据上风，突尼斯避免了在"纳赛尔主义"盛行的时代卷入阿拉伯民族主义运动的洪流，避免成为埃及等地区强国卫星国的命运。本次大会决议中将党的目标确定为"为国家在保障民权、自由方面提供坚实结构，确保人民在政治、经济和社会领域的繁荣与进步"。① 突尼斯得以掌握自主探索民族国家发展道路的机遇。

三　新宪政党 1958 年重组

1956 年 3 月 20 日，突尼斯正式取得独立地位。随后，突尼斯举行历史上第一次全国性大选，布尔吉巴及其新宪政党获得了压倒性胜利。突尼斯从此进入由新宪政党主导的历史。

突尼斯独立之后，新宪政党党员人数激增，成分更加复杂。1954年7月之前，新宪政党员约为106000人，1955年11月时达到325000人，到1957年时进一步增长至600000人。② 加之行政机构的掣肘，促使布尔吉巴改革执政党。他曾说："我们需要强大的权力以驱散分歧，

---

① Lars Rudebeck, *Party and People: A Study of Political Change in Tunisia*, C. Hurst & Company, 1969, p. 83.

② Clement Henry Moore, "The Neo-Destour Party of Tunisia: A Structure for Democracy?", *World Politics*, Vol. 14, No. 3, 1962, p. 467.

我们需要共识和纪律以提高效率","党不可避免地将其组织披上国家行政的甲胄,这样两个机构可以相互加强,和谐发展"。① 因此,1958年年末,在布尔吉巴主持下,对新宪政党组织结构进行改革。从党的基层组织、地区组织、省委到党的全国代表大会、中央委员会、政治局都进行了改革。②

新宪政党的基层组织是模仿共产党的基层组织建立的③,曾在突尼斯民族解放运动中动员群众,保存实力,发挥了巨大作用。新宪政党是一个开放的群众性政党,任何接受党的基本原则和缴纳党费的突尼斯国民都可以加入。新宪政党人数的激增也导致其基层组织大量增长,这不仅不符合突尼斯的行政区划设置,而且各个基层组织之间的人数差异很大。多则几千人,少则数十人。经过改革,新宪政党的基层组织从1500个下降到了1000个。这与突尼斯当时的最小行政单位谢赫辖区(Cheikhat)的数目正好匹配。不过,为了发挥基层组织的创新能力,政治局又根据需要设置了一些基层组织。

政治局通过省委加强了对基层组织的管理。基层党组织委员会候选人不再是所有党员都可竞选,而是必须得到政治局的批准。政治局可以中止或解散任何有分离倾向和无法与行政机构合作的基层组织委员会。产生这种情况的原因很可能是由于地方家族或部落势力的内讧,和基层组织未能贯彻执行党的路线政策。党的基层委员会与国家最低级的行政机构也保持密切的联系。通常谢赫由基层委员会主任出任。基层委员会往往具有很强的动员能力,因而受到上级组织的重视。就侍从主义体制而言,庇护虽然是自上而下的,但是基层组织的意见一般都能受到重视。不过,基层组织并不具有讨论国家内外政策的权力。基层组织仅仅发挥动员、教育群众的作用。基层委员会一般每周召开一次例会,学习领会领袖观点和党的政策。

---

① Clement Henry Moore, "The Neo-Destour Party of Tunisia: A Structure for Democracy?", *World Politics*, Vol. 14, No. 3, 1962, p. 467.

② Clement Henry Moore, "The Neo-Destour Party of Tunisia: A Structure for Democracy?", *World Politics*, Vol. 14, No. 3 (Apr., 1962), pp. 468 – 482.

③ [法]让·加尼阿热:《突尼斯民族解放运动简史》,上海人民出版社1975年版,第150页。

新宪政党地区委员会的改革是此次改革中的中心内容。改革之前，新宪政党基层组织选举产生党的地区委员会（federation）。然而，党的地区委员会内部经常产生分歧，且不利于权力的集中和政策的执行。因此，新宪政党取消了经选举产生的地区委员会，而实行由经省长推荐、政治局任命的地区代表（delegate），由地区代表组成省委。虽然是通过任命的方式产生，省委委员在吸纳新的成员加入方面具有自主权。招募年轻教师、大学生往往是补充新鲜血液的途径。省委不仅充当了基层组织和政治局之间的中介，而且是基层和行政当局之间的媒介。他们往往可以将民众的要求传递给高层。省委每两个月开一次会，一般由政治局委员主持。与会代表可以就党的政策进行辩论，但没有决定权。经过改革，新宪政党基本解决了地方旧贵族和其他有影响的人士主导地区事务，党中央的政府无力干预的局面。政治局通过任命地区代表提升了干部和工作效率，促进了地区和整个国家的发展。不过，由此导致的后果是影响了党的决策的民主程度。

另外，党的中央机构也经历了改组。经过改革确立了中央机构的组成和功能。党的全国代表大会是新宪政党的最高权力机构。党章规定每3年召开一次，一般由党主席召集。会议决定党的重大方针政策和发展战略。党的中央委员会由党的全国代表大会选举产生，包括政治局委员、各省委员等。党的领导人主要来自新宪政党和工会成员。在实际政治实践中，往往由该委员会形成决议，推行党的具体政策。政治局是党的决策机构，负责制定政策和在党的全国代表大会休会期间担任最高领导机构。政治局委员由党主席布尔吉巴任命。政治局委员往往担任内阁部长和重要外交代表，是布尔吉巴制定重大政策的重要协商机构。

经过此次改革，新宪政党与突尼斯新政权进一步融合，其活力得到了保持。不过，此次改革仍然是新宪政党执政之后的最初探索，党政关系并没有得到彻底解决。

四 新宪政党在突尼斯威权主义体制建立中的作用

1959年，新宪政党召开全国代表大会，即"胜利的大会"（Congress of Victory），并制定了新的党章。新党章中确定党的功能是"群众的动员机构"。党章声称"新宪政党是人民的政党，其力量来自人民，并忠诚于人民的意愿"。①

首先,新宪政党成功地带领突尼斯人走向独立,为新宪政党人掌握政权提供了合法性。作为开国总统,哈比卜·布尔吉巴的合法性中既有其作为"国父"的人格魅力因素,也有其作为党的缔造者的"最高斗士"的特殊经历。显然,这种领导民族解放和国家独立的独特经历在其合法性中更具有根本性地位。此外,作为执政党,新宪政党掌握了大量资源,为其成员分配了大量庇护性利益。

其次,新宪政党为突尼斯威权主义的建立提供了组织保障和动员机构。新宪政党取得政权后,迅速实现了由君主立宪制向共和国的过渡。新政权既不是军政权,也不是个人独裁体制。为了保持政府机构的正常运作和社会、经济与政治改革的进行,必须依赖强有力的政治组织。新宪政党充当了这种机制。

最后,新宪政党为突尼斯威权主义的建立提供了理论基础。突尼斯共和国建立之后,新宪政党给国家的发展道路打上了自己的烙印。在新宪法中包括了新宪政党口号——"自由、秩序、正义"。布尔吉巴反复强调的"人道自由主义"成了突尼斯推动社会改革和经济发展的理论指导。以渐进主义、实用主义、理性主义为主要内容的"布尔吉巴主义"成了共和国的意识形态理论。

总之,新宪政党在突尼斯独立之后,继续作为全民性群众政党,对威权主义的建立发挥了举足轻重的作用。新宪政党的组织机构和理论观念为威权主义体制的运行和该体制下社会改革、经济发展事业的顺利进行产生了基础性作用。新宪政党是威权主义体制的合法性来源和政权运行的基本支柱。

第二节 "社会主义宪政党"与突尼斯政治体制改革

一 1963—1964 年新宪政党改革

新宪政党与突尼斯政府的融合经历了数年时间,在 1964 年党的第

---

① Lars Rudebeck, *Party and People: A Study of Political Change in Tunisia*, C. Hurst & Company, 1969, p. 83.

五次全国代表大会上，这一融合终于完成。1963年，突尼斯共产党被禁止，突尼斯正式成为了一党制国家。不论在形式上还是本质上，党政合一体制得以形成。

新宪政党在探索国家建设道路的过程中，对于党政关系逐渐有了新观点。独立以来形成的党政二元机制由于在动员群众、政策实行方面存在相互冲突而面临改革，因此真正迈向一党制成为推行"宪政社会主义"的客观要求。1963年3月2—4日，新宪政党全国委员会召开会议，并形成了以下决议。首先，决定对新宪政党进行结构性改革。从而实现以下目标：促进党员与党保持密切关系，教育党员信任党的事业，支持党的积极分子的活动；为他们在党的各级组织实践其责任提供便利；在党和政府的各个层面上加强党与工会的联系。其次，通过党，并以党的原则推行国家政策。最后，在实现"宪政社会主义"的旗帜下加强党与国家机构的联系，动员党的所有积极分子和各类团体实施宪政社会主义。[①] 另外，在实践层面，新宪政党在全国委员会决定建立由省长主持的"合作委员会"。1963年夏天，新宪政党首次选举此类组织，并在全国范围内建立了"合作委员会"。

1964年10月19日，新宪政党召开了全国代表大会。会议在热烈的气氛中开幕。党的报告认为，突尼斯在新宪政党的领导下，取得了伟大成就。这表现在：（1）赶走了最后一批殖民者，收复了所有被殖民者占领的土地，取得了完整的国家主权；（2）颁布宪法，建立了民主机构，实现了人民主权；（3）选择了社会主义与社会和经济的计划，走向了繁荣和富裕的道路。本次大会基本上完成了既定的改革任务。在新的党章中，注明了"社会主义宪政党为了与不发达斗争和促进人民进步中选择了宪政社会主义。作为共和体制的中心和国家至关重要的发动机，社会主义宪政党以群众作为基础，并以民主制度为组织原则"。[②] 更名之后，建立了党的中央委员会（The Central Committee），实行民主集中制领导。在新的机制中，党的中央委员会被寄予厚望。根据党章，

---

① Lars Rudebeck, *Party and People: A Study of Political Change in Tunisia*, C. Hurst & Company, 1969, p. 79.

② Lars Rudebeck, *Party and People: A Study of Political Change in Tunisia*, p. 83.

政治局委员和政府中担任重要领导职务的新宪政党高级领导人、身兼重要外交使命的驻外大使和省长们都被囊括进了这一机构。党章还进一步将该委员会确定为党的全国代表大会的执行机构。与之前的政治局的作用相同。此外，中央委员会还被授予在布尔吉巴逝世之后监督权力交接的任务。根据布尔吉巴的建议，中央委员会在总统去世的24—48小时之内迅速选举党的最高领导人，并负责维护政局稳定。

二 社会主义宪政党与"宪政社会主义试验"

1961年7月，突尼斯总工会前总书记本·萨拉赫被任命为计划与金融国务秘书（相当于部长），标志着"宪政社会主义"正式挂牌上马。布尔吉巴在各个场合做了造势宣传和宏观论述。接着本·萨拉赫受命制订了具体的经济社会的发展计划。在其领导下，突尼斯集中了全国最优秀的技术人员，并拟定了"1962—1971十年发展规划"。1961年8月23日，这一规划正式发布。"规划"确定了接下来十年发展的基本目标。第一个目标是经济"突尼斯化"。其目标是在进出口方面降低对法国的依赖，减少金融、工业和农业领域的外国份额。第二个目标是"人的提升"，即实现机会均等，提高生活水平；重新分配收入，改善普通民众的营养、住房、教育和卫生状况。第三个目标是调节经济结构，改变部门比例不平衡的情况。最后一个目标是实现自我发展，取得自我维持的增长。

在"宪政社会主义"的实施过程中，社会主义宪政党不仅体现了该计划的理论观念，而且提供了组织保障、利益传送和社会动员机制。尤其是表现在地方层面上，新成立的"合作委员会"的历史使命和实际作用都体现了党的以上功能。在省长的总负责下，党委为组织发动群众不遗余力。

在实践中，突尼斯先后制订并实行了两个经济计划，分别是"1962—1964计划"和"1965—1968计划"，并取得了相当的成就，但也存在许多不足。社会主义宪政党将摆脱"不发达"状态作为党的奋斗目标，并以此形成党的新阶段的奋斗目标。计划部成立之后，新宪政党进一步密切了与国家的关系。1961年11月本·萨拉赫进入新宪政党的政治局成为政治局委员。宪政社会主义的实施越来越依赖党的各级组织。

社会主义宪政党经历数年探索之后，摸清了党在新时期需要承担的历史使命，为党增添生命力。

三 突尼斯一党制的正式确立

1969年，新的更为激进的计划由于引起了党内和国内的激烈反对而作罢，"宪政社会主义"试验告一段落。但是，就突尼斯威权主义政治体制而言，由于"宪政社会主义"试验的现实需要，突尼斯的政党制度和党政关系都发生了深刻变化。突尼斯正式建立了一党制的政党体制。

首先，社会主义宪政党正式确立了其历史地位，承担起为争取摆脱不发达状态实施"宪政社会主义"计划的组织任务。在新的党章中，党的地位和领导作用更加明确。社会主义宪政党正式引入发展主义和现代化理论并将其作为党的意识形态。通过发展主义和现代化理论，把党和国家的事业联系在了一起。

其次，党的组织与政府管理体制实现了相互融合、相互配合。社会主义宪政党以动员群众，争取群众对政府政策的支持，以及反馈群众的反映为其根本任务。党的各级组织与政府决策和执行机构相互融合。党的决议经过议会和总统确认，变成了国家的发展战略。党的政治局、中央委员会在与政府内阁和地方政府的联动中推行党的政策。

最后，社会主义宪政党形成了政府官员和精英的遴选机制。在社会主义宪政党统治下，党的领导人不仅同时担任国家领导人，党还控制了许多社会团体。加入社会主义宪政党成为获得政治身份、晋升地区和国家领导人的前提条件。在社会主义宪政党一党制下，党的中央委员会委员充任中央政府领导、驻外大使、立法、司法机构负责人和省级领导人。社会主义宪政党政治局和中央委员会基本上囊括了突尼斯精英阶层。社会主义宪政党成为了全民党。

第三节 "宪政民主联盟"与突尼斯"民主化"

一 社会主义宪政党的复兴与宪政民主联盟的建立

进入20世纪70年代末期，由于布尔吉巴终身主席和终身总统的确定，突尼斯的威权主义政权开始走向了僵化。然而，经济自由化的发展要求政治领域的相应变革。由于时机不成熟和领导人缺乏改革的意愿，改革最终以失败告终。社会主义宪政党同时面临左翼和右翼政治势力的挑战。学生运动、工会运动等左翼运动与伊斯兰复兴运动的兴起都对突尼斯的政治形势造成了影响。突尼斯面临剧烈的政治变革。

1987年11月7日，突尼斯时任总理宰因·阿比丁·本·阿里以总统哈比卜·布尔吉巴身体状况无法履行职责为由推翻了后者的统治。本·阿里以"变革"为口号带领突尼斯进入了其领导下的"变革"时代。突尼斯对其政党制度进行了改革，转向了"多党制"。1988年，社会主义宪政党全国代表大会非常大会召开，正式更名为宪政民主联盟（RCD）。新宪政党实现了独立之后的第二次更名。"民主"取代了"社会主义"，标志着该党抛弃以计划经济为标志的"宪政社会主义"战略，探索新的意识形态和发展战略以保持民众的支持。

宪政民主联盟主导下，党的复兴事业主要表现在以下方面。

首先，本·阿里重新界定了宪政民主联盟在威权主义政治体制中的地位和作用。一方面，宪政民主联盟不再具备社会主义宪政党所具有的政策形成和议程制定功能，而是更多地充当政策宣传的工具。另一方面，宪政民主联盟继续作为维持侍从主义体制的有效工具而存在。这样，既保证了政局的稳定，又为威权主义政权增添了"民主"色彩。

其次，宪政民主联盟重新夯实了其执政基础。在中央层面，政治局与党的中央委员会经过更新换代之后变得更加有效率。本·阿里将政治局的人数从12名减少到了7人，并设立专门负责党的事务的总书记，为其配备的6名秘书。在党的基层，宪政民主联盟更加注重发展年轻党员和吸收专业人士加入。另外，宪政民主联盟还为各级官员提供了培训机会。对于年轻党员，每年从28个地区中遴选20—30人进行为期三年的培训。对高级党员提供了"夏季大学"培训计划。1998年，突尼斯还建立了"政治学院"，专门在理论和实践方面培养党的未来精英。[①]

最后，宪政民主联盟的党员构成完成了大换血，"共和国一代"和

[①] Steffen Erdle, *Ben Ali's Tunisia* (1987 – 2009): *A Case Study of Modernization in the Arab World*, Berlin: Klaus Schwarz Verlag, 2010, p. 161.

"变革时代"精英成为中坚力量。1956年前后出生的党员替代了民族解放运动年代的党员，走上各级领导岗位。而在政权核心部门中，1987年政变期间的支持者和内政、安全部门的骨干成员获得了本·阿里的信任，成为决策部门负责人。

通过改革，宪政民主联盟保持了团结，扩大了社会基础，更新了政治纲领，从而在新形势下获得了进一步发展，而不是走向衰落。1988—2008年，宪政民主联盟的基层组织从5120个增加到了8843个，并在海外建立了197个基层组织，党员人数从160万增加到了220万。[1] 而突尼斯的总人数则刚刚过千万。

二 一党主导下多党制的运行

突尼斯政党制度的变革，就其实质而言，从一党制转向了一党主导的多党制。在具体的政治实践中，突尼斯的政党制度体现了以下特点。

首先，突尼斯在形式上实现了"多党制"。新的政党法规定，政党不能建立在宗教、语言、种族或地域基础上，要遵循"人权和民族成就"原则。[2] 因此，除伊斯兰复兴运动党之外，突尼斯的世俗主义政党都获得了合法性。社会民主运动（MDS, Movement of Democratic Socialist）、突尼斯革新运动（HE, Haraakat Ettajded）、人民团结党（PUP, Popular Unity Party）、民主进步党（DRP, Democratic Rassemblement Party）、自由社会党（LSP, Liberal Social Party）、统一民主联盟（UDU, Unionist Democratic Union）等与执政党形成了共同竞争的局面。在历次大选中，上述政党都被容许参与选举。

其次，突尼斯主动引入了"人权"观念，非政府组织得到一定程度的发展。为了反映突尼斯在向西方自由主义民主制度过渡，突尼斯建立了"人权事务部"，向全世界展示其"人权成就"。而在突尼斯的政治自由化过程中，公共空间的扩展也较为明显。伊斯兰组织、社会团体和

---

[1] Steffen Erdle, *Ben Ali's Tunisia* (1987 – 2009): *A Case Study of Modernization in the Arab World*, Berlin: Klaus Schwarz Verlag, 2010, p. 157.

[2] Emma C. Murphy, *Economic and Political Change in Tunisia: From Bourguiba to Ben Ali*, St. Martin's Press in association with University of Durham; Basingstoke, Hampshire: Macmillan Press Ltd., 1999, p. 21.

政府机构都加入了这一领域的争夺。①

最后，突尼斯建立了独特的政府补贴制度，将反对党的活动控制在一定限度之内。不仅各个政党通过预算领取运行经费，而且其政治纲领的制定也受到了威权主义政权的钳制。政府通过经费和报纸杂志的审批，以及合法性文件的授予制度控制了反对党的生存空间。另一方面，政府通过向服从其意志的反对党分配议席，授予了它们有限的庇护资源，扩展了侍从主义体制。

三 政治改革的缓慢推进

本·阿里上台伊始，就将政治改革作为施政重点。1987—1989 年，本·阿里通过释放政治犯、推行多党制、制定《民族宪章》、进行全国大选等措施赢得了民众的支持。宪政民主联盟在其领导下焕发出了新的活力。然而，在实践过程中，政治改革最终走向了其反面，即改革停滞。

首先，突尼斯由"指导下的民主"转向了"总统的民主"。独立之后的突尼斯由于布尔吉巴的个人魅力和执政党新宪政党在民族解放运动中的突出作用，总统与政党取得了主宰政局的地位。因此，突尼斯的政治改革被牢牢控制在总统的手中，采取的是"自上而下"的形式。

突尼斯政治在哈比卜·布尔吉巴和本·阿里两任总统期间（1957—2011 年），呈现了进步—保守—进步—保守的基本态势。哈比卜·布尔吉巴在其任内进行了大刀阔斧的社会、经济改革。比如，突尼斯 1957 年废除了君主制，实行总统共和制。1959 年制定了突尼斯独立后第一部宪法，保障了国民的基本自由权利，但也授予了总统的广泛权力。布尔吉巴废除了多妻制，给予妇女平等权利，突尼斯的政治参与得到极大的拓展。然而，布尔吉巴于 1964 年和 1969 年蝉联总统。1974 年，突尼斯通过宪法修正案，布尔吉巴事实上建立了"总统君主制"。② 作为共和国总统，哈比卜·布尔吉巴拥有与专制君主相同的权力，民主制度

---

① Emma C. Murphy, *Economic and Political Change in Tunisia: From Bourguiba to Ben Ali*, p. 25.

② Stephen K. King, *The New Authoritarianism in the Middle East and North Africa*, 2009, p. 73.

被削弱。直到1981年，突尼斯才开始向多党制过渡，突尼斯共产党（1981年）、社会民主运动（1981年）和人民团结党（1983年）这3个政党获得了合法性。在布尔吉巴时期，新宪政党（1964年更名为社会主义宪政党）成了动员群众政治参与和沟通民意的工具。但是，布尔吉巴政府虽然承诺多元主义，事实上却不遗余力地镇压政治反对派。布尔吉巴先后镇压了"优素福分子"、本·萨拉赫、突尼斯共产党与伊斯兰主义者。① 布尔吉巴"控制中的民主"是在确保其"最高斗士""突尼斯之父"地位的基础上，根据其对国际国内形势的分析，按其个人设定的道路所进行的必要的改革。

本·阿里时期突尼斯的政治改革仍然延续了"自上而下"的特点。他在继续保持总统主导地位的同时，倡导"开放"和"变革"，以"民主"招牌为其政权构建合法性。本·阿里将自己的政治、经济决策刻意诠释为"变革"，在各种场合标榜改革者的形象。1987年发动政变后，他摆出了和解的姿态，大量释放并特赦政治犯，欢迎海外流亡人士回国。1988年与其他政治力量签订的"民族宪章"中，明确写入了"开放"和"变革"的内容。② 突尼斯议会与总统选举也实现了制度化。

然而，发生在邻国阿尔及利亚的"民主"实验以及此后的内战灾难使得本·阿里放缓了改革步伐，加强了对改革进程的控制，政府政策再度趋于保守。1999年，突尼斯首次举行了竞争性的总统选举，反对党领导人被提名为总统候选人。2002年，突尼斯议会建立上院。2006年，本·阿里在议会中增加了19个席位，并将其分配给了几个主要反对党。但是，这种选举的象征意义大于实际意义（如表4-1所示）。宪法规定总统有权向议会提出议案，签署议会通过的议案，且其权力不受制约。由于执政党宪政民主联盟掌握了80%以上的议会席位（如表4-2所示），总统可以解散内阁却不存在被弹劾的可能性。另外，为了压缩突

---

① 本·优素福曾在突尼斯独立前后挑战布尔吉巴的领导地位，本·萨拉赫推行社会主义实验失败后流亡欧洲，并组建反对党，伊斯兰主义组织20世纪70年代兴起后受到了布尔吉巴政府的镇压。See Susan Waltz, "Clientelism and Reform in Ben Ali's Tunisia", in I. William Zartman (ed.), *Tunisia: The Political Economy of Reform*, Lynne Rienner Publishers, 1991, p. 35.

② 杨鲁萍、林庆春编著：《列国志·突尼斯》，社会科学文献出版社2003年版，第92页。

尼斯非政府组织的发展空间,本·阿里建立了"民族团结基金(FSN)",促进贫困地区的发展和解决失业大学生就业问题。这一基金从扶贫和改善城镇居民生活条件为主,但其政治意义在于和伊斯兰组织以及其他反对派慈善组织争取贫困群众的支持。该基金的发放过程并不透明,而且将对本·阿里政权效忠作为前提条件。[①]

表4-1　　　　　本·阿里时期的总统选举情况

选举时间	候选人	得票数	得票率(%)
1989年	宰因·阿比丁·本·阿里	2087028	100
1994年	宰因·阿比丁·本·阿里	2987375	100
1999年	宰因·阿比丁·本·阿里	3269067	99.4
2004年	宰因·阿比丁·本·阿里	4204292	94.4
2009年	宰因·阿比丁·本·阿里	4238711	89.6

资料来源:http://en.wikipedia.org/wiki/Constitutional_Democratic_Rally。

表4-2　　　　　本·阿里时期议会选举情况

选举时间	党主席	得票数	得票率(%)	议席数
1989年	宰因·阿比丁·本·阿里	1633004	80.6	141
1994年	宰因·阿比丁·本·阿里	2768667	97.7	144
1999年	宰因·阿比丁·本·阿里	—	—	148
2004年	宰因·阿比丁·本·阿里	3678645	87.5	152
2009年	宰因·阿比丁·本·阿里	3754559	84.5	161

资料来源:http://en.wikipedia.org/wiki/Constitutional_Democratic_Rally。

其次,突尼斯的政治改革出现了反复。在本·阿里的政治改革中,修改宪法中终身总统条款和对总统任期加以限定是其历史功绩之一。但是,他为了延长任期而再次修改宪法的限制性条款明显背离了其之前的承诺。2002年,突尼斯宪法修正案通过全民公决,取消了总统的任期限制,并将总统的参选年龄提高到75岁,本·阿里为继续第四个总统

[①] Stephen K. King, *The New Authoritarianism in the Middle East and North Africa*, p. 179.

任期扫清了道路。另外，其纵容总统家族大肆敛财和培养接班人的做法也与改革的努力相去甚远。

最后，政治改革的停滞使得宪政民主联盟失去了活力和凝聚力。宪政民主联盟成了利益集团的代表和分配利益的机构。突尼斯在政治改革方面的缓慢进展使得宪政民主联盟的合法性丧失，凝聚力下降。进入21世纪以来，本·阿里个人专断的政治体制完全形成，政党和行政机构、立法机构、司法机构统一于总统府的权威之下。执政党不仅丧失了左右政局的能力，而且其本身的无限扩张也影响了其作为政治组织的有效性。由于政府在解决失业率方面的糟糕表现，大量年轻人已经不再相信党的理念。宪政民主联盟在吸收年轻人加入方面遇到了困难。在执政党内部，由于总统府的至高无上地位，党员身份仅仅成为进入政治体制和获取庇护的保障，党员在党的原则和纲领方面变得松弛。宪政民主联盟的政党建设遇到了严重障碍，本·阿里对《民族宪章》的背离和突尼斯威权主义政治体制的强化在突尼斯民众中引发了不满。这集中反映在民众抗议的关键时刻，不仅年轻人群体构成抗议主体，女性选民态度冷漠，而且执政党本身没有提供必要的支持。[①] 2011年12月17日的一场变革最终推翻了拥有90余年历史的宪政民主联盟。

第四节　突尼斯政党制度的新发展

一　中东剧变以来突尼斯政党的演变

美国著名政治学家塞缪尔·亨廷顿认为，在政治现代化的过程中，政党制度发展一般会经历宗派期、两极化、扩展期和制度化几个阶段。[②] 突尼斯在政治转型时期，政党政治则表现出了不同的发展态势。本·阿里政权被推翻之后，一些反对派人士纷纷行动起来，参与到了政治活动当中，如本·贾法里、蒙塞夫·马尔祖基等人。拉希德·格努希也于2011年3月胜利返回。他们在原有基础上创建了新的政党。在各

[①] Michele Penner Angrist, Understanding the Success of Mass Civic Protest in Tunisia, *Middle East Journal*, Vol. 67, No. 4, 2013, p. 553.

[②] ［美］塞缪尔·P. 亨廷顿：《变化社会中的政治秩序》，王冠华、刘为等译，上海世纪出版集团2008年版，第344页。

种政治力量互动过程中,也开始出现了两极化的进程,主要以伊斯兰政党和世俗政党的分化为主,极右和极左政党都有。短时期内,上述政党开始了迅速扩张。复兴运动、民主进步党、共和大会党等在巩固既有力量的情况下有所发展。一些新的政党也争取到了大量支持者。制度化的过程则在新的政党法颁布之后,自动运行。从 2011 年突尼斯政治转型以来,政党政治可以明确区分的则是碎片化阶段和制度化阶段。

(一)发展阶段

1. 碎片化阶段(2011 年 1—10 月)

2011 年 1 月 14 日,突尼斯总统本·阿里流亡沙特阿拉伯后,威权主义政权迅速崩溃。虽然以格努希总理为首的宪政民主联盟试图挽救局势,但在过渡时期权力争端后只得放权。各股政治势力为了争取政治利益开始了激烈的竞争。而就突尼斯的政党政治发展而言,2011 年 1—10 月是其碎片化阶段。

突尼斯剧变推翻了本·阿里政权,废除了之前的一党主宰的多党制度。2011 年 3 月 9 日宪政民主联盟也被解散,标志着突尼斯政党制度进入了新的发展阶段。由于本·阿里时期的反对党受到了严密控制,并没有发展空间。在转型时期,突尼斯政党制度出现了碎片化的态势。本·阿里政权被推翻后,在"维护革命成果,推动政治改革和民主转型高级委员会"的主导下,突尼斯成立了 150 个政党,5000 余个协会。突尼斯实现了组织协会的自由。在 2011 年 10 月 23 日制宪议会选举中一下子涌现出了 81 个合法政党。[①] 政党的图谱从极左到极右,蔚为大观,如左翼的共产党、民族主义世俗政党、原先的反对党、右翼的复兴运动、萨拉菲运动党,以及极右翼的伊斯兰之声,等等。[②] 事实上许多政党只是代表某些团体的宗派政党而已。其他左翼政党有"突尼斯劳工党(Tunisian Labor Party, TLP)""社会主义民主运动(Socialist Democratic Movement, SDM)""社会民主正义党(Party for Social Democrat Justice, PSDJ)""爱国民主党(Patriotic Democrats, Watad)""社会主义左翼党

[①] http://english.aljazeera.net/indepth/features/2011/10/201110614579390256.html.

[②] http://image.guardian.co.uk/sys-files/Guardian/documents/2011/10/19/Tunisian_Parties_2010.pdf.

(Socialist Left Party，SLP)""突尼斯工人共产党（Tunisian Workers Communist Party，TWCP)";中左政党有"争取劳动与自由民主论坛（Ettakatol or Democratic Forum for Labour and Liberties，EDFLL)""共和大会党（Congress for the Republic，CPR)""进步民主党（Progressive Democratic Party，PDP)""现代民主之极（Modernist Democratic Pole，PDM)";中间党派有"家园党（The Homeland Party，El Watan)""光荣党（The Glory Party，Al Majd)""人民共和联盟（Popular Republican Union，PRU)""创新党（The Initiative Party，Al Moubadara)";中右政党有"复兴运动（The Renaissance Party，An-Nahda)""独立民主联盟（Independent Democratic Alliance)""自由爱国联盟（Free Patriotic Union，UPL)""突尼斯希望（Afek Tounes)";右翼政党有"自由马格里布党（Liberal Maghrebine Party，LMP)";民族主义政党有"人民统一党（Popular Unity Party，PUP)""再生党（Regeneration Party，Al Baath)"。[1] 在这一时期，突尼斯的政党政治获得了蓬勃发展的机遇，但是，各个政党的纲领没有得到测试，力量没有得到检验，出现了群龙无首的局面。

2. 制度化阶段（2011年10月至今）

2011年10月23日，突尼斯制宪议会选举之后，突尼斯政党政治发展进入了制度化阶段。此次大选，共有19个政党进入了议会。伊斯兰政党复兴运动获得了相对多数（得票率为37%，议会席位为41%）选票成为议会第一大党，共和大会党、进步民主党、劳工自由民主联盟以明显差距紧随其后。制宪议会同时担负制定突尼斯新宪法和过渡时期国家治理的责任，这为突尼斯政党政治走向制度化创造了条件。一方面，各个政党在议会当中就国家基本政治制度的规划有机会提出自己的意见，从而为新时期政治发展打上自己的烙印。另一方面，获得政权的执政党则可以通过选举产生的政治合法性推行本党政治纲领，带领突尼斯政治转型的方向。

另外，由于萨拉菲运动的兴起，以及由此而来的恐怖主义威胁，突

---

[1] http：//image.guardian.co.uk/sys-files/Guardian/documents/2011/10/19/Tunisian_Parties_2010.pdf.

尼斯议会艰难通过了取缔萨拉菲组织的决议。突尼斯的政党制度在延续世俗特征，允许宗教政党存在的同时，打击了极端主义政党，形成了基本规范。

（二）主要特点

塞缪尔·亨廷顿认为："政治参与扩大的方式会影响到随后将要发展起来的政党体制。"① 发展中国家政党制度的形成往往源于民族主义运动，有一党制、两党制和多党制三种模式。突尼斯在独立后，形成了一党制度，其制度化程度达到了很高程度。但是，在经历政治变革之后，重新开始的制度化过程中，走向了多党制。不过，突尼斯的政治转型毕竟不同于20世纪的"第三波"，属于新时代的政治变革，因而也体现出了新的特点。

首先，转型时期各个政党在适应新环境方面表现出了不同程度的适应能力。伊斯兰政党复兴运动一枝独秀，很快以其强大的组织能力和动员能力成为转型时期第一大党。在两次选举中分别获得了37%和26%的选票。共和大会党、争取民主自由联盟、社会民主运动，以及突尼斯共产党以其历史遗产也获得了相应的议会席位。新成立的政党"人民请愿党（the Popular Petition，PP）"由于拥有雄厚的经济实力和魅力型政党领袖，也获得了一定程度的成功。但是，人民统一党、社会民主自由运动、民主工会联盟（UDU）等由于无法适应改变了的环境被选民所遗弃。这些政党在本·阿里时期就存在，但在新时期提出的纲领没有把握住民众的需要，在适应新的情况方面表现了明显的弱点。

其次，转型时期产生的政党包容性更强。通过两次选举，温和政党在突尼斯政治中获得了更多的席位，极端政党逐渐失去了存在的空间。复兴运动、人民请愿党代表了温和伊斯兰政党，共和大会党、突尼斯呼声党则代表了温和世俗政党。它们都能包容其他不同类型的政党。极右翼政党教法支持者协会（Ansar AL-Sharia）被突尼斯政府宣布为恐怖组织。而且，在突尼斯的政治实践中，中左政党和中右政党也成功实现了联合执政。在制宪议会统治时期，复兴运动与共和大会党、争取劳动与

---

① ［美］塞缪尔·P. 亨廷顿：《变化社会中的政治秩序》，王冠华、刘为等译，上海世纪出版集团2008年版，第349页。

自由民主论坛形成了三党联合。复兴运动展现出的合作意识受到了各界的一致称赞。2014年12月大选之后,原先坚决反对复兴运动的突尼斯呼声党也接受了复兴运动加入联合政府的事实,建立了新的联合政府。虽然这在呼声党内部产生了激烈争论,但大部分党员接受这种组合。事实上,突尼斯在转型时期面临的社会、经济与政治难题迫使各个政治党派联合起来,共同应对危机。

再次,两党制隐现,区分度加强。世俗政党由于共同反对复兴运动开始联合起来。在转型初期,世俗政党相互拆台,互相攻击,没有表现出引领政治改革的意识。随着复兴运动的上台执政,世俗政党之间的团结与合作开始展现出来。世俗政党在与复兴运动争夺统治权的过程中,也从意识形态斗争中开始解脱出来。他们已经认识到,民众并不仅仅关心世俗或宗教的纲领,而是更加注重民生问题。

两党制能有效地使政治两极化成为制度并使之缓和,而正是此种两极化才首先导致了政党政治的兴起。[1] 经过两次选举,代表伊斯兰主义势力的中右政党复兴运动和代表民族主义世俗势力的中左政党突尼斯呼声党脱颖而出。不论是议员席位的竞争还是总统选举,都发挥了重要作用。复兴运动作为突尼斯政治剧变的产物,在威权政治结束之后迅速崛起,成为突尼斯政坛的主要力量。在突尼斯发生变革之后,国际社会便对伊斯兰政党密切关注。在伊斯兰政党主导下,突尼斯是否会发展神权政治,曾经是西方观察家担忧的问题之一。然而,拉希德·格努希发表宣言,承诺将坚持民主。复兴运动在其带领之下,遵循了民主选举方式,并与世俗政党共同组建联合政府,没有像埃及那样实现一党政治,从而被迫与世俗政党共和大会党与争取劳动与自由民主论坛联合执政。这被视作突尼斯的独特经验。[2] 复兴运动已经成长为突尼斯最强大的政党。伊斯兰政党的发展则更为引人注目。另外,复兴运动在突尼斯新宪法制定期间,务实地回应了民众的关切,赢得了国际社会的赞誉。最终,突尼斯政治中,沙利亚法没有被定为法律源泉,叛教行为没有入

---

[1] [美]塞缪尔·P.亨廷顿:《变化社会中的政治秩序》,王冠华、刘为等译,上海世纪出版集团2008年版,第360页。

[2] Eva Bellin, "Drivers of Democracy: Lessons from Tunisia", *Middle East Brief*, Crown Center for Middle East Studies of Brandeis University, August 2013, No. 75, p. 3.

刑，妇女地位得到了保障，突尼斯共和国建立初期通过的"个人地位法"被很好地保留了下来。因此，突尼斯政党政治中展现了伊斯兰政党与世俗政党的务实合作，增加了其巩固改革成果的砝码。复兴运动表现出的温和伊斯兰政党形象成为其政治标志，赢得了国内外政治势力的肯定。

为了与伊斯兰政党竞争，世俗政党最终进行联合尝试。2012年7月6日，由贝吉·赛义德·埃塞卜西牵头成立的世俗政党呼声党实现了对反对党的联合。许多世俗反对党人士，包括宪政民主联盟成员加入了该党。2012年10月7日，不满埃塞卜西的左翼政党联合组成了人民阵线。该党以共产主义、民族主义为旗帜，在哈马·哈马米（Hamma Hamami）领导下，吸纳了12个世俗政党。另外，"进步民主党（PDP）""突尼斯希望党（Afek Tounes）"和"共和党（Joumhouri）"也实现了联合。

最后，突尼斯政党政治向专业型、政策型政党发展。转型时期，突尼斯的政党政治虽然出现了与西方国家政治现代化过程中类似的特点，但也表现出了新的特点。由于突尼斯发生变革的时代已经不同于20世纪70、80年代，突尼斯政党政治发展过程中也出现了不同于前一个时代的新型政党。复兴运动、呼声党、共和大会党、民主进步党都在经历由传统政党向现代政党转变的过程。上述成功获得议会席位的政党大众型政党的色彩弱化，以赢得选举作为政党的主要目标的色彩加强。在威权主义政治时期，反对党主要以获得议会中的分配席位为其短期目标，因而是追求职位型的政党。在转型时期，这一策略已经难以奏效。政党最终能否成功，都需要寄希望于选民的支持。政党只有制定出能够满足选民期望的政策才能取得成功。因而，各主要政党已经越来越重视民众的关切，制定了能够吸引民众的政策。复兴运动虽然是一个伊斯兰政党，泛阿拉伯主义色彩浓厚，但为了回应民众，它也面向世俗精英，极力推广伊斯兰教与民主的兼容。突尼斯呼声党通过攻击联合政府在提振经济和保障安全方面的弱点获得了广泛的支持，其选举策略也在于誓言改善突尼斯的国家治理局面，使突尼斯恢复繁荣。其他的政党，如突尼斯共产党、民主进步运动等也都表现出了类似的特点。

二 突尼斯政党制度与政治转型的关系

政党政治是政治转型的核心。[①] 突尼斯在本·阿里倒台之后的过渡阶段，新老政党发挥了重要的作用。政党的分化组合以及制度化的过程，既是威权政治垮台后政治转型的产物，也推动了政治转型。不论是伊斯兰政党复兴运动，还是世俗政党突尼斯呼声党，都经历了迅速发展的时期。一个强有力的政党往往体现在组织和动员两个方面。组织的力量可以是政党团结在既定的政治纲领和意识形态，动员的力量则可以很好地为实现各项目标提供条件。民主政治尤其需要这种力量。如果政党政治发展程度低，其他社会势力则可能填补这个空白。突尼斯政党政治对于政治转型的推动，体现在机制、制度、动力等方面。

首先，政党政治保证了突尼斯的政治转型，为突尼斯政治发展提供了基本的运行机制。转型时期出现的政党为选举服务，形成了各自独特的政纲。政治现实的挑战也增强了政党的凝聚力。在新形势下，各个政党充分发挥了其组织和动员的能力，开展了卓有成效的竞选。转型时期，突尼斯各个政党利用各种平台进行活动。不论复兴运动、民主进步党、共和大会党，还是突尼斯呼声党，为了追求选举的成功，在政党建设方面投入了大量的精力。伊斯兰政党和世俗政党之间的分歧，世俗政党之间的争论最终都能够通过政党政治的渠道得以解决。2013年突尼斯政治危机发生之后，市民团体组成的"对话四方"成功调停，也与突尼斯政党政治的发展有密切关系。突尼斯政党接受并坚持民主规则，本身就为政治转型做出了重大贡献。

其次，政党政治保证了宪法制度的建立。突尼斯之所以能够实现政治转型，与其宪法制度的重新确立有密切的关系。突尼斯在完成政权更迭之后，并没有效仿穆斯林兄弟会的做法，而是小心翼翼地进行了宪法制度的重构。民众一波又一波的抗议浪潮彻底埋葬了旧体制，保证本·阿里旧部被排除在过渡政府之外。本·阿里时期的二号人物，宪政民主联盟秘书长穆罕默德·格努希曾试图领导过渡政府，使突尼斯政治变革

[①] Lise Storm, *Party Politics and the Prospects for Democracy in North Africa*, Boulder & London: Lynn Rienner Publishers, 2014, p. 17.

实现软着陆,但以失败告终。曾在哈比卜·布尔吉巴总统时期担任过部长的资深政治家埃塞卜西出山之后才稳定住了局势。制宪议会选举之后,复兴运动主导的政府和议会也曾希望按照自己的政纲实现改造突尼斯。由于突尼斯世俗阵营的强烈反对,复兴运动选择了妥协,从而建立了一个包容性更强的政治制度。其一,伊斯兰教被定为突尼斯的国教,但并没有以沙利亚法作为法律的来源。这保证了突尼斯的世俗特点。其二,复兴运动放弃了原先将叛教列入宪法条文的尝试,接受了信仰自由的条款。其三,对于妇女地位,复兴运动也尊重了民众自独立以来就形成的平等共识,没有强加自己的观念。妇女仍然是平等的社会成员,而不是男性的附属。其四,经过复兴运动和世俗政党的激烈争论,双方接受了半总统制的政治体制。从而既保证了复兴运动希望在议会中保持影响的长期目标,也呼应了世俗政党对于强有力行政机构的偏爱。[1] 突尼斯虽然花费了两年多时间才最终完成了宪法制定,但正是艰难的制宪历程保证了突尼斯宪法制度为各方所接受。突尼斯政党政治第一次发挥了如此重大的作用。

最后,政党政治使各种政治力量的竞争更为理性,新的政治规则在突尼斯开始建立起来。在突尼斯政治转型的过程中,始终以低暴力的形式向前推进。获得合法地位的政党在表达自己的政治诉求的时候,几乎都采取了游行、示威、媒体战等途径,而不是诉诸暴力。转型时期政治暴力的制造者基本上是被排除在政党政治之外的极端分子所为。如萨拉菲运动曾袭击了突尼斯文化中心、一些世俗电台和酒吧。[2] 另外,突尼斯政治精英在追求个人政治野心的过程中也基本上以政党为依托,而不是依靠军队。蒙塞夫·马尔祖基、贝吉·赛义德·埃塞卜西、穆斯塔法·本·贾法尔、哈什米·哈姆迪(Hachmi Hamdi)等人都有担任突尼斯总统的愿望。[3] 但他们实现政治野心的方式无一例外都选择依靠各自

---

[1] Justin O. Frosini, Francesco Biagi (eds.), *Political and Constitutional Transition in North Africa: Actors and Factors*, London & New York: Routledge, 2015, pp. 19 – 23.

[2] http://www.magharebia.com/cocoon/awi/xhtml1/en_GB/features/awi/features/2012/06/06/feature-03.

[3] Anne Wolf, Can Secular Parties Lead The New Tunisia, Report of Carnegie Endowment for International Peace, April 2014, p. 17.

的政党，而且相互竞争更为理性。尤为重要的是，各个政党吸取大选的经验教训越来越以民众的利益为核心，而不再是沿袭陈旧的政治纲领。复兴运动抛弃了实现伊斯兰政治的纲领，选择了与世俗政党的合作。世俗政党也改变了坚决反对伊斯兰政党的主张，开始包容伊斯兰主义思想。共和大会党前主席马尔祖基就曾公开表示支持妇女戴面纱。在竞选环节，各个政党的纲领开始集中在具体的社会、政治和经济议题，而不是泛泛而谈。

突尼斯政党政治的发展使其开始形成了新的政治文化，突尼斯政治精英和民众都开始接受通过民主政治的渠道实现利益的表达。政府的合法性来源于人民的授权，突尼斯政党政治的发展促进了政治转型的实现。

三　突尼斯政治转型时期政党制度的现实困境

中东北非动荡以来，突尼斯相对顺利地进行了政治转型。与埃及、利比亚、叙利亚等国不同，突尼斯政治转型表现出了相对平稳的特点。突尼斯在经历了民众暴乱之后，虽然也有暴力事件发生，给突尼斯造成了很大的安全压力，但并没有扰乱突尼斯的政治秩序。突尼斯在政治转型时期基本上实现了政治稳定，政治秩序实现了动态上的平衡。但是，突尼斯政党制度仍然面临一些明显的现实困境。

第一，突尼斯的政党政治还不能完全发挥政治参与机制的作用。政治参与和政治制度化的相互作用是政治稳定的主要作用机理。突尼斯在政治转型时期民众的政治参与迅速上升，对政治体系的制度化提出了很大的压力。转型时期，突尼斯民众参与政治的渠道有三个。第一个渠道是向各种协会表达自己的愿望。如"革命成果保存联盟（Leagues for the Protection of the Revolution）""民族拯救阵线（National Salvation Front, NSF）""保护妇女权益协会（Association of Democratic Women）"等。另外，"突尼斯总工会""突尼斯雇主协会""突尼斯律师协会""突尼斯人权联盟"等既有的非政府组织也发挥了重要的作用。第二个渠道是各个政党。不论旧的反对党，还是新成立的政党，都能够起到代表一定规模选民的作用。复兴运动、突尼斯呼声党、民主进步党等中间党派的代表性最强，极左和极右的党派代表性则比较差。萨拉菲运动的政党没有获得合法性。共产党仍在争取获得议会席位,但受到了具有工会背景的政党的冲击。第三个渠道是媒体。媒体在很大程度上发挥了反对党的作用。① 尤其是在伊斯兰政党上台执政后,新闻媒体对伊斯兰主义的上升进行了揭露和抵制。如2012年曝光的一个视频显示,2011年复兴运动领导人拉希德·格努希支持激进的萨拉菲运动,呼吁参与该运动的年轻人耐心等待伊斯兰社会的建立。②

在转型时期,突尼斯政党政治为民众的政治参与提供了条件。一方面,民众的政治、经济、文化诉求都得到了体现。另一方面,突尼斯最终确立的半总统制国家体制有利于小党的存在,而且也能保证小党在议会中的代表权被其他政治势力所重视。就历史经验而言,议会制更有利于政治转型的实现。③ 议会制度由选民选举产生,为政权提供了合法性。议会是权力的中心,行政权力从属于议会,内阁由议会产生并接受议会的质询和监督。转型时期,突尼斯政党政治迎来了难得的发展机遇。突尼斯的政党,除了不能从事分裂国家的活动之外,几乎没有限制。突尼斯政党可以制定其纲领,公开动员群众参与,举行竞选集会,表达政治观点。由于宪法的保障,各个政党还可以发展下属组织。政党可以发挥政府与社会团体、民众沟通中介的作用。

第二,突尼斯的政党制度还远未成熟。突尼斯政党政治的发展促进了政治体制的制度化。在转型时期,突尼斯建立了新的国家政权、议会制度和司法体系。各个政党对于选举结果的接受,以选举作为主要的政治活动,以及以政党作为政治活动的中心,使得突尼斯政治体制制度化得到进一步的加强。突尼斯成功举行的两次大选被观察家给予了高度评价,基本上达到了公平、公正的标准。④ 选举之后,不论是各个政党,还是政治领导人都接受了选举的结果。不论是传统的政党,还是新成立的政党都在努力适应这种制度。

---

① Anne Wolf, Can Secular Parties Lead the New Tunisia, Report of Carnegie Endowment for International Peace, April 2014, p. 13.

② http://www.tunisia-live.net/2012/10/11/secret-video-reveals-ghannouchis-vision-for-islam-in-tunisia/.

③ 陈尧:《新权威主义政权的民主转型》,上海人民出版社2006年版,第252页。

④ https://www.cartercenter.org/news/publications/election_reports.html#tunisia.

但是，转型时期突尼斯政党政治的制度化仍然是一种弱制度化。一方面，这是由于突尼斯政党政治的历史所决定的。对于转型时期的政党政治而言，原先的政党政治制度化越高，转型时期的制度化水平就越低。[①] 突尼斯独立之后，原先的民族主义政党新宪政党顺利接管了政权。1964年，突尼斯全力推进社会主义运动期间曾将其更名为社会主义宪政党。1987年，突尼斯出现政治危机后，政治强人本·阿里将其改组为宪政民主联盟，并一直维持到了2011年。突尼斯在政治转型之前，主要以一党统治为主，反对党非常弱小。由此造成了突尼斯的政党制度化水平很高。新宪政党曾被视作强政党的典型。[②] 另一方面，突尼斯的威权主义政治解体之后，政党政治的碎片化程度很高。突尼斯以一千多万人口，拥有上百个政党，让选民难以适从。而且，政党体系越是碎片化，政党的力量越容易受到社会势力的控制。[③] 突尼斯2013年政治危机发生之后，非政府组织发挥了协调作用，就是这种权力机制的真实写照。

第三，突尼斯的政党制度容纳了大量传统因素。突尼斯在进行政治转型的同时，仍然存在一些传统政治的内容。首先，突尼斯的政党区分度不强，政党更多以领导人为其标志。如复兴运动和人民请愿党（al-Aridha）同属现代伊斯兰政党，而组成突尼斯联盟的各个世俗主义政党之间政纲并无根本区别。相反，拉希德·格努希、贝吉·赛义德·埃塞卜西、穆斯塔法·本·贾法尔、哈马等人则代表了不同的政党。突尼斯政党政治中的宗派色彩仍然很严重，这显然不利于政治现代化的发展。其次，政党内部传统政治的习俗广泛存在。庇护主义、裙带主义、老人政治尾大不掉。伊斯兰主义者接受了复兴运动的领导。在复兴运动主导政治时期，大多数省长（22个省中的18个）由复兴运动或与其关系密切的独立派人士担任。原执政党宪政民主联盟分子则被呼声党所搜罗。

---

① ［意］安德鲁·帕尼比昂科：《政党：组织与权力》，周建勇译，上海世纪出版集团2013年版，第300页。
② ［美］塞缪尔·P. 亨廷顿：《变化社会中的政治秩序》，王冠华、刘为等译，上海世纪出版集团2008年版，第335页。
③ ［意］安德鲁·帕尼比昂科：《政党：组织与权力》，周建勇译，上海世纪出版集团2013年版，第300页。

呼声党开始成为政商联合的新模式。拉希德·格努希任命自己的女儿、女婿从事主要政治活动，[1] 女儿成为复兴运动的新闻发言人，女婿被任命为联合政府的外长。显然其女婿的能力在党内不具有竞争力。埃塞卜西儿子的崛起导致政党分裂。[2] 拉希德·格努希连续当选党主席，埃塞卜西年届90岁仍把持政治活动。主要政党中复兴运动是党内民主最健全的政党，但也没有实现代际更替。穆斯塔法·本·贾法尔形成了党内的决策圈。进步民主党被认为仅仅以哈马个人权力为依归。由富豪哈什米·哈姆迪建立的人民请愿党完全是通过金钱开道参与政治。

第四，伊斯兰政党的未来发展存在不稳定因素。突尼斯的伊斯兰政党复兴运动被视作政治转型取得成功的一个重要因素。但是，作为突尼斯政治中一支举足轻重的力量，复兴运动并没有完全公布其政治纲领。相反，复兴运动的许多妥协行为掩盖了其真实目的。复兴运动虽然渴望在突尼斯重建伊斯兰社会，但并没有采取穆斯林兄弟会的做法，而是以较为务实的方式参与突尼斯政党政治。复兴运动领袖拉希德·格努希曾经告诫萨拉菲主义者要耐心。他在其他的表述中也遵循了这种策略。有学者甚至认为，复兴运动虽然早已在党的名称中剔除了"伊斯兰"的字样，但作为宗教政党的性质并没有变化。从本质上看，复兴运动与穆斯林兄弟会属于同一类政党。此类政党以实现其纲领中的宗教诉求作为重要的努力方向。因此，在权力的诱惑下，复兴运动也将不遗余力地追求伊斯兰化的目标。[3] 这无疑将对突尼斯政党制度的发展和政治转型产生不利影响。因为突尼斯独立以来的发展历程已经在很大程度上走上了世俗化的道路，回归伊斯兰的发展方式会使得突尼斯政治陷入分裂，从而不利于突尼斯的政治转型。

因此，在转型时期，突尼斯的政党制度还无法完全提供政治稳定的作用。在这方面，突尼斯的渐进主义传统发挥了很大作用。突尼斯有远见的政治家如蒙塞夫·马尔祖基和贝吉·赛义德·埃塞卜西都在推动政

---

[1] James Brandon and Raffaello Pantucci, "UK Islamists and the Arab Uprisings", *Current Trends in Islamist Ideology*, Vol. 13, 2012, p. 26.

[2] http://carnegieendowment.org/sada/?fa=62216.

[3] Shadi Hamid, *Temptations of Power: Islamists and Illiberal Democracy in A New Middle East*, Oxford University Press, 2014, p. 195.

治和解。埃塞卜西建立的呼声党中有大量宪政民主联盟成员。2017年10月，在总统埃塞卜西的力主之下，突尼斯议会终于通过了和解法案。① 这使得旧政权中的政治精英可以继续从政，也鼓励了私营企业主的投资热情。但围绕这一法案导致的激烈争论也使得突尼斯政坛出现了新的裂痕。突尼斯要成功实现政治转型，就必须解决当前存在的政党政治难题。

本章小结

新宪政党在长期的发展过程中，紧紧把握住了时代的脉搏。这体现在民族解放运动时期作为争取民族独立的旗帜，独立之后实行现代化强国战略，20世纪80年代末以民主促进者作为新的追求。正因为如此，新宪政党经历了较长的发展时期，在突尼斯历史上镌刻上了自己的名字。

新宪政党向社会主义宪政党和宪政民主联盟的转变过程中，保持了"宪法"的标志，也体现了长期以来坚持的政治传统。在这一传统下，"立宪主义"和"改革主义"是其核心理念。"宪法"标志着突尼斯政治体制制度化的发展，"改革"则是其生命攸关的生存战略。独立以来，新宪政党在制度化方面的发展，使得突尼斯的威权主义体制不断走向深入和强化。在此体制下，突尼斯在社会、经济、政治方面都取得了重大进步。然而，威权主义政治与改革注定是相互对立的发展方向。权威加强的同时，改革必定走向停滞。这样的事件在突尼斯历史上出现了两次，一次是在1987年，一次是在2008年。在第一次，本·阿里顺应时代发动了政变，扭转了威权体制的僵化局面。在第二次，本·阿里为自己建立的威权体制的僵化所束缚，最终被民众所推翻。

突尼斯的政党政治在中东剧变之后有了长足发展，逐渐建立起了现代政党制度。与其他陷入严重动荡甚至内战的中东北非国家相比，突尼斯政党之间的有序竞争促进了政治转型的相对平稳进行。但是，突尼斯的政治转型则还有很长的路要走。传统政治习俗仍然存在，这对政治转

---

① http://www.middle-east-online.com/english/? id=85676.

型形成了威胁。就其政党制度而言，这种政党制度仍然是一种脆弱的制度。它既不能被精英阶层完全认同，也无法代表绝大多数的青年人群和边缘人群。但是，突尼斯既然建构了成功的模型，就必须持续为新的模型的建立提供创新。一旦创新不足，突尼斯就有可能倒退到威权政治的老路上去。

第五章　军队与安全机构政治地位的嬗变

在突尼斯政治体制中，军队和警察等组成的暴力机器地位非常重要。不论是在维护国家统一和安全，还是在保持政治体制稳定方面都发挥着不可替代的作用。军队和安全机构的发展壮大，以及军队和安全机构之间关系的变化，都显示出比较清晰的脉络。

第一节　军队与安全机构的建立

一　突尼斯军队的建立

突尼斯具有悠久而辉煌的军队传统，但在其沦为法国保护国之后中断。公元 711 年，突尼斯军队曾攻取了西班牙，1270 年击退了路易九世领导的十字军。[1] 然而，1881 年法国军队轻易战胜突尼斯军队，并建立殖民统治。现代突尼斯的军队建立于突尼斯独立之后，从未恢复其历史上的强势地位。

突尼斯军队被称为"共和国的婴儿"[2]。现代突尼斯军队的来源包括三个方面。突尼斯被法国征服之后，其军队处于法国殖民者的控制之下，贝伊保持了少量卫队（突尼斯独立时约为 850 人）。这支具有象征意义的仪仗队成为现代突尼斯军队的第一个来源。1883 年，法国殖民当局开始征兵，并组建法突混合军队。1893 年开始，根据法令，所有

---

[1] Howard C. Reese, Thomas D. Roberts (etc.), *Area Handbook for the Republic of Tunisia*, The American University Press, 1970, p. 373.

[2] Lewis B. Ware, *Tunisia in the Post-Bourguiba Era: The Role of the Military in a Civil Arab Republic*, Air University Press, 1986, p. 52.

的突尼斯成年男性都需要服兵役,期限为三年。但由于突尼斯的社会结构,富人往往通过行贿得以免除兵役,只有贫民被征召入伍。在军队中,法国殖民当局实行严格的种族隔离。除了少数归化的突尼斯人可以担任下级非指挥性官职外,所有士兵都归法国人指挥。作为法国殖民地,突尼斯为法国在两次世界大战中提供了人力、物力。突尼斯军队作为法国军队的附属参加了两次世界大战。约75000名突尼斯人参加了第一次世界大战,其中约50000人在欧洲前线参加了战斗,付出了重大伤亡。第二次世界大战期间约15000名突尼斯人参加了规模达到120000人的北非军团。[1] 此外,突尼斯军队还参加了法国在中南半岛的战争。由法国军队中突尼斯军人转入的官兵成为现代突尼斯军队的第二个来源。

1952年,突尼斯与宗主国矛盾激化后部分民族主义者由于不满法国殖民统治组织了游击队,在突尼斯城南部地区进行袭扰战。1954—1956年由于法国的镇压,这支游击队转向了突尼斯中部和南部,并获得了当地群众的支持。他们针对法国殖民者及其突尼斯走狗的袭击向殖民者施加了强大的压力。突尼斯独立前夕,游击队员响应布尔吉巴政府的号召,放下了武器。其中的一部分加入了新组建的突尼斯军队,成为现代突尼斯军队的第三个来源。

1956年突尼斯独立之后,开始着手组建军队,作为主权国家的象征。1956年3月20日,根据法突协议,突尼斯取得了完全独立的地位。1956年6月21日,法国与突尼斯的相互换文中决定成立突尼斯多兵种陆军军团,军团人员由在法军服役的突尼斯军人转入,并由法国提供一些必要的装备。24日,由25名军官、250名士官和1250名士兵组成的突尼斯军人队伍在首都突尼斯城游行,宣告突尼斯建立国家军队。[2] 但是这支军队人数极少,仅有3000余人。1959年,突尼斯建立了空军并于1960年正式成军。

---

[1] Harold D. Nelson (ed.), *Tunisia: A Country Study*, Washington, D.C.: The American University Press, 1979, p.229.

[2] 杨鲁萍、林庆春编著:《列国志·突尼斯》,社会科学文献出版社2003年版,第299—300页。

二 突尼斯共和国沿袭法国警察制度

突尼斯取得独立地位之后，法国殖民当局向突尼斯政府移交了警察权力。因此，突尼斯完全沿袭了法国的警察制度。之所以如此，与突尼斯的独立方式密切相关。在"布尔吉巴主义"的指导下，占主流的突尼斯民族主义者接受了分阶段独立的安排。1955年突尼斯首先实现了"内部自治"，作为向独立地位过渡的基础。在过渡阶段，法国殖民当局继续掌管警察、外交、军事等部门。随着北非阿拉伯国家民族解放运动的加速推进，突尼斯与摩洛哥一道获得政治独立。作为主权国家的象征，法国政府被迫向突尼斯政府移交了上述权力。由法国人掌握的警察机构变成了突尼斯新政权的统治工具。

突尼斯的警察由国家安全部队（Sûreté Nationale）、国民卫队（Garde Nationale）组成。前者脱胎于殖民时期的法国警察部队，后者由殖民政府的宪兵队演变而来。突尼斯警察最初来源于新宪政党党员、放下武器的游击队员和服务于法国殖民当局司法机构的突尼斯人。突尼斯独立之后，主要由国家安全部队负责城市治安，其任务包括维护公共安全，保护公民生命与财产安全，进行刑事侦查，逮捕罪犯等。这支警察由国家安全部队主席（Directorate of National Security Forces）直接指挥，但各省省长有权调动。此外，该部队还组建了特别支队，负责边境管理、移民局、政治情报部门、总统卫队、一般性信息搜集等任务。突尼斯秘密警察也隶属于国家安全部队。20世纪60年代后期由于国内安全形势需要，该部队还组建了公共秩序维护旅（Brigade de l'Order Publique, BOP），负责控制群众聚集、应对集会游行和暴力罢工等。[1]

国民卫队主要负责乡村地区的治安和秩序，也是国家安全部队的人才储备机构。这支警察部队事实上是一个准军事组织。与国家安全部队不同，它负有在非常时期协助军队维护国内秩序的任务。此外，在发生自然灾害时，它也参与救灾。

---

[1] Harold D. Nelson ed., *Tunisia: A Country Study*, Washington, D. C.: The American University Press, 1979, pp. 250–251.

三 军队与安全机构的职能和作用

军队和安全机构是突尼斯威权主义政治体制的有机组成部分，是强制机构的重要支撑。军队和安全机构的首要作用便是镇压反对者，维持现存政治秩序。

首先，军队是威权主义意识形态的维护者。军队忠诚于国家及其指导原则——"布尔吉巴主义"。突尼斯独立之后，大批新宪政党党员加入了军队和安全机构，新宪政党支持者被任命为高级领导人。

其次，突尼斯军队在维护国内安全方面起重要作用。一方面，虽然军队是主权国家领土安全的首要维护者，但突尼斯军队力量弱小，难以担负重任。突尼斯的领土安全的独立地位主要依靠外交上依赖美国和法国，以及国际秩序维持。1961年"比塞大危机"期间军队的孱弱地位暴露无遗。另一方面，在保障国内安全方面，突尼斯军队还是发挥了应有的作用。突尼斯长期免于国内动乱和恐怖主义的威胁，享受稳定与繁荣，这与军队的保障作用存在密切关系。

另外，由于突尼斯特殊的国情。军队和安全机构还发挥了社会作用。军人在服役期间除了军事训练之外，还需要接受各种技能培训，包括贸易、制鞋、裁缝、木工、瓦工、机床、拖拉机驾驶、筑路等方面。军人培训的经历最低相当于正常教育体制六年级的学历。[1]

除此之外，军队和安全机构为突尼斯中下层民众提供了就业机会。突尼斯军队人数占适龄人口的比例很小，从而使得征兵相对容易和简单。与殖民时期一样，中上层人士往往可以避免服兵役。但是，军队相对较高的生活条件和福利依然吸引了大量中下层民众（主要来自内陆地区）。入伍成为他们解决就业问题的重要途径。而且，由于国内培训人员和设施缺乏，突尼斯的军人往往赴法国、美国等国家受训，为其职务晋升提供了机会。这是谋求改变地位的中下层民众创造了向上发展的途径。

---

[1] Howard C. Reese, Thomas D. Roberts (etc.), *Area Handbook for the Republic of Tunisia*, The American University Press, 1970, p. 375.

第二节　军队现代化和安全机构扩充

一　突尼斯军队走向现代化

哈佛大学中东史教授罗杰·欧文认为，应该从以下三个方面研究中东国家的军队：第一，将军队作为一个特殊的社会组织。第二，充分考察其赖以建立的国家环境，特别是其仿照的对象和支持者。第三，实际分析特定国家中军队的地位。[1] 就突尼斯而言，军队与共和国同时诞生，军队与国家有着天然的联系。共和国给了军队"出生证"，而军队的使命是保卫共和国免于外敌入侵、国内混乱和被神权国家所替代。突尼斯的军队建立在地区军事平衡的基础上，依赖世界军事强国保障其安全。突尼斯的生存既依赖阿尔及利亚和利比亚两个近邻的均势，同时依赖美国、法国，以及德国、英国、意大利等国的威慑力量。

突尼斯军队的现代化表现在义务兵役制度和预备役部队的组建，装备与训练的现代化，军队远离政治传统的形成与保持等方面。

首先，突尼斯确立了"全民防御"战略。直到1959年，突尼斯依靠志愿兵维持军队规模。1959年《义务兵役法》颁布之后，情况才有所改变。根据法律，所有身体健康年满20岁的男性公民都需要服役一年。学生、教师、公务员和技术人员可以分阶段完成服役。1966年开始，时任国防部长艾哈迈德·梅斯蒂尼（Ahmad Mestiri）提出了军队现代化战略。这一战略吸取了以色列的经验，致力于提升军队的装备和训练，并变依靠职业军人的防御战略为全民防御战略。梅斯蒂尼从"六五战争"中看到了以色列军队势如破竹般强大，他还发现了以色列战时预备役迅速转为现役并投入战斗的效率。因此，突尼斯也引入了"全民防御"的军事战略。突尼斯前国防部长阿卜杜拉·法哈特（Abdulla Farhat）曾说："当今只有原子弹和全民防御才能赢得胜利。鉴于我们不主张扩张主义和没有发展原子弹的野心，我们只能选择第

---

[1] Roger Owen, *State Power and Politics in the Making of the Modern Middle East* (3rd Edition), London & New York: Routledge, 2004, pp. 178–179.

二种战略。"① 在此战略的指导下，突尼斯在保持部分骨干力量的同时，每年大规模征召适龄青年入伍，进行军事教育和训练。服役结束之后，还需进入分别为9年和15年的预备役队伍。这样，突尼斯军队在维持较少的军事人员的同时，可以在战争动员时迅速组建一支庞大的军队。

其次，突尼斯长期维持了一支相对弱小的军队，国防开支占政府开支比例极少，从而摆脱了军费负担。表5-1、表5-2显示了突尼斯军队在哈比卜·布尔吉巴和本·阿里两任总统统治期间军队人数缓慢变化并趋于稳定的情况。突尼斯军费占GNP的比例从来没有超过2%，②占GDP的比例仅为1.4%，远远低于北非地区国家阿尔及利亚的3.3%、埃及的3.4%、利比亚的3.9%和摩洛哥的5%。③

再次，突尼斯努力通过各种渠道向军事现代化发展。这表现在人员训练和装备的现代化方面。突尼斯与法国、美国等国签订了协议，每年派出学员到西方国家进行军事训练。1973年，突尼斯还建立了自己的军事学院。突尼斯将装备的更新换代主要依托在发达国家的武器转让上，其中美国是其武器的主要来源国。1979—1983年，各国向突尼斯的武器转让价值3.9亿美元，其中1.1亿美元来自美国，1.3亿美元来自法国，7000万美元来自西德，1000万美元来自中国。1984—1988年，突尼斯获得价值1亿美元的武器装让，全部来自美国。1993—1997年，突尼斯获得价值2亿美元的武器转让，其中一半来自美国。

最后，现代突尼斯的军队远离政治，基本上实现了职业化，从来没有出现军事政变和军人干政的情况。突尼斯不允许军人参与政治，禁止军人加入任何政党或组织。④ 突尼斯自1956年独立并组建军队，直到2011年年初本·阿里在民众的抗议声中下台，军队始终被限制在兵营之

---

① Harold D. Nelson (ed.), *Tunisia: A Country Study*, Washington, D. C.: The American University Press, 1979, p. 235.

② Anthony H. Cordesman, *A Tragedy of Arms: Military and Security Developments in the Maghreb*, Westport, Connecticut & London: Preger, 2002, p. 264.

③ Justin C. De Leon, Charlotte R. Jones (eds.), *Tunisia and Egypt Unrest and Revolution*, New York: Nova Science Publishers, Inc., 2012, p. 19.

④ 杨鲁萍、林庆春编著：《列国志·突尼斯》，第300页。

表 5-1　　　　　　1966—2013 年国防支出与军队人数

年份	国防支出（百万美元）	国防支出占政府支出的比例（%）	军费占 GNP 比例（%）	军队人数	准军事部队人数
1966	26		1.3	17000	5000
1967	32	4.7	1.4	18000	5000
1968	36	6.9	1.5	21050	5000
1969	34	4.3	1.3	21050	5000
1970	43	5.4	1.6	21050	5000
1971	44	5.8	1.4	21550	10000
1972	49	6.0	1.4	24000	10000
1973	49	5.2	1.4	24000	10000
1974	54	5.1	1.4	24000	10000
1975	68	5.5	1.6	24000	9000
1976	84	5.9	1.7	20000	9500
1977	90	5.9	1.7	22200	9000
1978	153	6.0		22200	9000
1980	196			28600	2500
1985	320			35100	9500
1990	315			38000	13500
1995	311			35500	23000
2000	356			35000	12000
2013	661	4.21		40000	

资料来源：Harold D. Nelson (ed.), *Tunisia: A Country Study*, Washington, D. C.: The American University Press, 1979, p. 282; Anthony H. Cordesman, *A Tragedy of Arms: Military and Security Developments in the Maghreb*, Westport, Connecticut & London: Preger, 2002, p. 262; 中国外交部网站, http://www.fmprc.gov.cn/mfa_chn/gjhdq_603914/gj_603916/fz_605026/1206_606308/。

内，以服务国家和保卫和平为己任。突尼斯军队除参加抢险救灾外，还参加了联合国维和行动。突尼斯军队历史上被征召镇压群众游行示威仅有三次，分别是 1978 年、1984 年和 2010 年。在前两次行动完成后，军队迅速回到了兵营。最后一次行动中，军队的抗命导致威权主义政权的垮台。其他的镇压行动都由警察完成。因此，突尼斯被誉为中东地区军队职业化程度最高和政治色彩最淡的国家之一。[1]

表 5-2　　　　　军队骨干人员与一年期征召人员构成表

年份	陆军（总数/一年期征召人员）	空军（骨干人员）	海军（骨干人员）
1975	20000（13500）	2000	2000
1980	24000	2000	2600
1985	30000（26000）	2500	2600
1990	30000（25000）	3500	4500
1995	27000（25000）	3500	5000
2000	27000（23400）	3500	4500

资料来源：Anthony H. Cordesman, *A Tragedy of Arms: Military and Security Developments in the Maghreb*, Westport, Connecticut & London: Preger, 2002, pp. 262-263。

二　突尼斯警察地位和作用上升

20世纪70年代后期以来，突尼斯的警察部队开始不断增长。面对此起彼伏的罢工和抗议游行，时任总理努埃拉采取了铁腕镇压的方式。布尔吉巴统治时期发生的"黑色星期四（1978年）""面包暴动（1984年）"，以及对"伊斯兰倾向运动（MTI）"的大规模镇压都体现了警察国家的特征。本·阿里上台后进一步加强了警察的力量。而且，与前任不同，本·阿里统治时期更加倚重警察，很少调动军队维持治安秩序。斯蒂芬·金在考察突尼斯新威权主义的合法性来源后得出结论，本·阿里治下的突尼斯已经变成了警察国家。[2] 公民权利受到极大限制，安全警察无处不在。反对派及其家人受到压制。他们即使在出狱之后，仍然面临"社会性死亡（social death）"。他们无法进入公共部门，无法获取经济机遇。伊斯兰组织成员尤其经受了不必要的镇压和折磨。

本·阿里上台后安全部门负责人被提拔到关键职位，开创了军人和安全人员大规模参政的先河。本·阿里的政变盟友获任重要职位，亲信

---

[1] Harold D. Nelson (ed.), *Tunisia: A Country Study*, p. 282.

[2] Stephen J. King, *The New Authoritarianism in the North Africa and Middle East*, Bloomington & Indianapolis: Indiana University Press, 2009, p. 181.

获任安全部队首脑。如本·阿里的人权顾问拉菲克·贝勒哈德基（Rafik Belhadj Kacem）2004年出任内政部长，内政部政治主任蒙基·舒舍勒（Mongi Chouchene）2001年出任地区事务国务秘书，阿卜德萨达尔·本努赫（Abdessatar Bennour）取代穆罕默德·希迪出任国家安全主任，担任国家安全首脑的阿里·塞利阿提（Ali Seriaty）2002年起担任总统安全部队主任。① 在突尼斯，国防部长并非实权人物。相反，本·阿里让他最亲密的助手担任安全部门领导人，保证了其对强制性力量的掌握。

2002年之后，警察的地位进一步上升，作用进一步突出。突尼斯警察人数增加到140000人，成为突尼斯国内最大的人事部门。② 考虑到这一数量还不包括地方警察、宪兵队和内政部的其他雇员，警察总数肯定会更高。而且，这一数字还在逐年增长。警察的预算大大超过了军费开支。

三　军队的边缘化和安全机构的渗透

突尼斯的威权主义政权是建立在庞大而有效的官僚机构、组织动员能力强大的执政党和哈比卜·布尔吉巴与本·阿里两任总统体现出的"强人政治"的基础上的，而非军政权或军人政权。因此，军队在威权主义政治体制中处于边缘地位，安全机构成为政治强人可以依赖的有效统治工具。这主要体现在两个方面。首先，军队的人员和预算固定，而安全机构则得到不断增长。如表5-1、表5-2所示，与突尼斯人口的增长速度相比，其军队人员极为有限，长期保持在4万以下。相反，突尼斯的警察人数则不断增长，以实现威权主义政权对国家的控制。准军事人员的增长速度很大程度上抵消了军队规模扩大造成了军事政变和军队干预政治的潜在威胁。

---

① Stephen J. King, *The New Authoritarianism in the North Africa and Middle East*, Bloomington & Indianapolis: Indiana University Press, 2009, pp. 143-144.

② Stephen J. King, *The New Authoritarianism in the North Africa and Middle East*, Bloomington & Indianapolis: Indiana University Press, 2009, p. 144, 另一说为20000人，参见Eric Goldstein/Human Rights Watch, "Dismantling the Machinery of Oppression", *The Wall Street Journal*, February 16, 2011。

其次，安全部门成为突尼斯维持威权主义统治的有效工具。安全部队、国民卫队、总统卫队的最后指挥权全部归总统掌握。无论布尔吉巴时期还是本·阿里时期，突尼斯的威权主义政权都努力以"有效性"争取民众的支持，依赖执政党的广泛代表性和组织能力增强其"合法性"。但是，对于持不同政见者和政治伊斯兰势力，他们都采取了毫不妥协的政策。突尼斯著名的政治人物反复遭逮捕充分体现了这一点。理由则是简单的"抹黑总统""与国外势力勾结""发布信息并鼓动骚乱""参与恐怖主义组织"等。本·阿里还建立了庞大的秘密组织对非政府组织进行监控。[①] 政治伊斯兰在20世纪70年代兴起以来，屡遭镇压。大量伊斯兰主义者被关进了监狱，遭受了非人待遇，包括酷刑、性虐待等。他们中的大多数即使获释出狱，突尼斯行政人员加之他们的是"社会性死亡"和"内部放逐"。在此情况下，他们无法就业、出国、经商，只能自我放逐到中西部边缘地区生活。[②]

第三节 转型时期突尼斯的安全困境和安全治理

一 突尼斯的多重安全困境

2011年1月14日，本·阿里政权被推翻，突尼斯进入新的政治转型时期。经济重建、政治改革、社会发展成为转型时期突尼斯面临的艰巨任务。随着旧政权的倒台，突尼斯的安全局面从此前长期稳定的状态转入反复动荡的状态。恐怖主义造成的安全威胁与其他安全问题相互交织，对突尼斯构成了多重安全威胁，使该国陷入了安全困境。

（一）恐怖主义威胁

对突尼斯而言，2011年以来国家安全面临的最严峻非传统安全威胁主要来自于恐怖主义。在意识形态层面，突尼斯国内的恐怖主义主要

[①] Steffen Erdle, *Ben Ali's Tunisia* (1987–2009): *A Case Study of Modernization in the Arab World*, Berlin: Klaus Schwarz Verlag, 2010, pp. 305–306.

[②] Beatrice Hibou, *The Force of Obedience*: *The Political Economy of Repression in Tunisia*, Polity Press, 2011, p. 279.

属于"圣战"萨拉菲主义。突尼斯剧变后,"圣战"思想①摆脱了束缚,迸发出强大的影响力。突尼斯的恐怖分子中存在大量的萨拉菲主义者。萨拉菲主义者大致可分为虔敬派、政治参与派和"圣战"派。② 突尼斯剧变之后,萨拉菲分子重新分化组合,"圣战"派逐渐发展成为该国主要的恐怖主义威胁。

第一,温和派萨拉菲主义者表现不佳,难以发挥政治参与作用。突尼斯剧变后,老一辈萨拉菲主义者组建政党,参与民主政治。穆罕默德·赫乌贾创建了"改革阵线";萨义德·贾兹里创建了"仁慈党";穆勒迪·穆贾希德创建了"真实党"。在政治领域,上述萨拉菲政党的领导人都是国内的萨拉菲主义者,其政治纲领都坚持建立"伊斯兰国家",全面实行伊斯兰教法(沙利亚法);在经济领域,他们主张取消利息,恢复"天课"制度;在文化方面,他们主张重启"创制之门",引进西方在科学技术领域的创新;在社会领域,他们谴责违反伊斯兰教法的行为,主张恢复多妻制,取消男女平等的规定。③ 这一部分萨拉菲主义者选择以和平方式参与政治进程,是萨拉菲主义者中的温和派。其中,"改革阵线"是最具影响力的萨拉菲政党,但在2014年10月的全国大选中没有取得席位。因此,从总体态势看,温和派的影响并未显示出来,无力吸引大量处于社会边缘的普通民众。

第二,激进派萨拉菲主义者力量持续壮大,对突尼斯政治稳定构成

---

① 法哈德·霍斯罗卡瓦尔(Farhad Khosrokhavar)认为,自2011年以来,"圣战"思想经历了四个发展阶段。2011年年底前,和平示威是主流,"圣战"思想处于低潮,示威民众的诉求集中在获得尊严和社会公平、正义等世俗领域,"圣战"分子的激进做法在民众当中缺乏吸引力。2011年年底—2013年前,利用阿拉伯政治转型时期国家的安全真空和社会危机,"圣战"思潮再度兴起。2013—2014年,突尼斯和埃及政府伊斯兰主义者的激进活动趋向暴力,与政府的对抗日趋激烈。2014年6月底"伊斯兰国"宣布"建国"后,"圣战"组织的声势达到前所未有的高度。该组织以扩张领土和建立"哈里发国"为宗旨,吸引了数以千计的突尼斯伊斯兰主义者前往叙利亚和伊拉克冲突地区进行"圣战"。参见 Farhad Khosrokhavar, "Jihadism in the Aftermath of Arab Revolutions: An Outcome of the 'Failed State'?", in Emel Aksali, ed., *Neoliberal Governmentality and the Future of the State in the Middle East and North Africa*, London: Palgrave, 2016, p. 86.

② Stefano M. Torelli, Fabio Merone and Francesco Cavatorta, "Salafism in Tunisia: Challenges and Opportunities for Democratization", *Middle East Policy Council*, Vol. 19, No. 4, Winter 2012, p. 144.

③ Ibid., p. 145.

挑战。激进派萨拉菲主义者的代表是"伊斯兰教法支持者"组织。该组织的创始人是阿布·阿亚德·突尼西（Abu Ayyad al-Tunisi）[①]。他曾经参加过阿富汗抗苏战争，2003 年从土耳其被引渡回国，2011 年获释。2011 年 4 月，他创建了"伊斯兰教法支持者"组织，采取多种手段宣扬萨拉菲主义的观点：诸如号召其支持者集体前往突尼斯圣城凯鲁万朝觐；占领清真寺，反对亲政府的伊玛目；向政府请愿，要求释放被关押在伊拉克监狱的"圣战"分子等。"伊斯兰教法支持者"组织反对世俗政府的各项政策，也反对复兴运动的妥协政策，认为复兴运动背叛了伊斯兰教。[②] 2013 年 2 月和 7 月，两位主张世俗化的左翼议员接连被刺杀，"伊斯兰教法支持者"组织宣称对此负责。同年 8 月，突尼斯政府将该组织列为恐怖组织，逮捕了该组织多名骨干力量和同情者。此后，"伊斯兰教法支持者"组织加大了发动暴力恐怖袭击的频率和力度，对突尼斯国内安全造成了严重威胁。该组织尤其擅长利用互联网招募青年人和宣传极端教义，大量失业青年受其蛊惑参与"圣战"。据估计，在叙利亚、伊拉克和利比亚的突尼斯籍"圣战"分子数量一度高达 6000 人，另有约 12000 人因被突尼斯安全部门拦截而未获准出境。[③] 2014 年年底，"伊斯兰教法支持者"内部发生分裂，部分成员开始隐藏身份，从事本·古尔丹口岸的走私活动，而部分激进分子则加入"奥克巴·本·纳法旅"组织（Okba Ibn Nafaa Brigade），不断与突尼斯的武装力量进行激烈对抗。[④]

"奥克巴·本·纳法旅"由回国的"圣战者"在"基地组织马格里布分支"的指导下于 2012 年 12 月建立。2015 年，"奥克巴·本·纳法旅"开始袭击平民和政府目标。突尼斯政府认定巴尔杜博物馆恐袭案、

[①] 突尼西原名为赛义夫·阿拉·欧麦尔·本·侯赛因（Sayf Allah Umar bin Hussein）。

[②] Stefano M. Torelli, Fabio Merone and Francesco Cavatorta, "Salafism in Tunisia: Challenges and Opportunities for Democratization", p. 144.

[③] Stefano M. Torelli, "Tunisia's Counterterror Efforts Hampered by Weak Institutions", *Terrorism Monitor*, Vol. 15, No. 4, February 2017, p. 6.

[④] Anouar Boukhrs, "The Geographic Trajectory of Conflict and Militancy in Tunisia", *Carnegie Endowment for International Peace*, July 20, 2017, p. 4, https://carnegieendowment.org/files/CP313_Boukhars_Tunisia_Final.pdf, http://carnegieendowment.org/2017/07/20/geographic-trajectory-of-conflict-and-militancy-in-tunisia-pub-71585.

苏塞海滩枪击案、总统卫队遇袭均为该组织所为，但"伊斯兰国"宣布对袭击事件负责。① 2016 年，"奥克巴·本·纳法旅"的隐蔽分支在本·古尔丹口岸发动大规模袭击，攻击当地的安全部队。该组织试图突破本·古尔丹口岸哨所，控制边境地区，但被安全部队击退，他们的阴谋最终没有得逞。

第三，恐怖组织在突尼斯边境地区建立据点，增加了政府清剿的难度。突尼斯发生变革之前，恐怖组织从未在当地建立过据点。2011 年以来，恐怖组织在突尼斯有了落脚点。突尼斯西部、中南部和东南部边界地区成为恐怖主义的重灾区。

首先，突尼斯与阿尔及利亚接壤的西部边境地区，主要受到"基地"组织的威胁。在突尼斯的民族国家构建过程中，地区平衡始终是困扰政府的难题，自法国殖民时期以来一直未得到妥善解决。本·阿里政府推行的新自由主义政策，使得国家的资源集中在东北部地区，尤其是突尼斯城。东部地区以 56% 的人口创造了 92% 的工业产值，国内生产总值占比达 85%。② 西部地区拥有突尼斯 30% 的人口以及整个国家 55% 的贫困人口。以卡赛琳省为例，该省有 50 万人口，社会经济指标全面落后。西部地区曾经长期抗拒中央政府的管辖，治安混乱，安全问题尤为突出。同时，由阿尔及利亚的"圣战士组织"演化而来的"基地组织马格里布分支"在这一地区拥有较大影响。突尼斯变革后，此前长期盘踞在阿尔及利亚山区的恐怖分子开始将注意力转向阿突边境地区。"基地组织马格里布分支"对突尼斯"圣战"分子的接纳和培训增强了他们的战斗力，对突尼斯造成了严重的安全威胁。

其次，中南部地区也受到了恐怖主义威胁。该地区素来就有反抗中央政府的传统，诸如 1980 年加夫萨暴动、1984 年加夫萨事件、2008 年加夫萨盆地抗议、2010 年西迪·布吉德省的自焚事件。2016 年，由于突尼斯政府在这一地区实行紧急状态，又出现了新一轮抗议。工作、医疗和社会保障缺失，公共基础设施落后，都是民众抗议的内容。普遍缺

---

① Djallil Lounnas, "The Tunisian Jihad: Between al-Qaeda and ISIS", *Middle East Policy*, Vol. 24, No. 1, 2019, p. 104.

② Anouar Boukhrs, "The Geographic Trajectory of Conflict and Militancy in Tunisia", p. 13.

乏公平正义是产生恐怖主义的重要原因。本·阿里时期，突尼斯曾经推行一些反恐的治标措施，诸如推行就业基金和发展基金，但是这些举措并没有延续下来。相反，新的官员建立起了自己的庇护网络，进一步加剧了不平等状况。这为恐怖主义组织进行招募活动提供了口实。

最后，东南部地区恐怖威胁上升。这一地区自然条件最差，在一定程度上保持了部落政治和文化。在边境地区，突尼斯和利比亚人之间存在广泛的亲属关系和经济利益。突尼斯政府关闭和封锁口岸遭到了他们的强烈反对。塔塔乌里省的失业率高达58%，为全国之最。加贝斯拥有突尼斯油田，供给40%的石油，但基础设施陈旧，且遭受环境污染的危害。[1] 东南部地区的磷酸盐矿为突尼斯带来了大量收益，但在开发的过程中出现的环境污染对当地民众健康造成了危害。利比亚内战爆发后，大量突尼斯劳工被驱逐，部分利比亚难民进入突尼斯境内，打破了原先存在的边境秩序。毒品、枪支泛滥，年轻一代冒险家兴起，传统秩序遭到了挑战。2014年突尼斯总统选举中，选民强烈反对候选人埃塞卜西。埃塞卜西称他的对手马尔祖基是"圣战分子候选人"。埃塞卜西的当选在东南部民众当中产生了不安心理。距离利比亚边境仅有30公里的本·古尔丹口岸成为最不安全的地点。

2015—2016年，在阿尔及利亚和美国的支持下，突尼斯的反恐行动取得重大进展，来自"基地组织马格里布分支"和"伊斯兰国"组织分支的恐怖袭击压力已经大为减轻。但是，从叙利亚、伊拉克、利比亚"回流"的大批"圣战"分子对突尼斯形成的恐怖主义威胁日益凸显。[2] 虽然突尼斯政府监控了一部分"圣战"分子，但无法掌握所有"圣战"分子的行踪。

（二）其他安全威胁

转型时期，突尼斯在政治、经济、社会诸领域同样面临严重的困难和挑战。这已经严重影响了突尼斯的政治稳定、经济发展以及社会公平正义的实现。在这种局面下，突尼斯还面临其他安全威胁。

首先，突尼斯尚未实现政治稳定、政权也很虚弱。突尼斯在发生变

---

[1] Anouar Boukhrs, "The Geographic Trajectory of Conflict and Militancy in Tunisia", p. 13.
[2] Djallil Lounnas, "The Tunisian Jihad: Between al-Qaeda and ISIS", p. 107.

革之后，国内出现"权威真空"[①]。一方面，政治力量之间的竞争激烈，政局变动频繁。另一方面，国内政治参与空间急剧扩大，街头政治活跃，政治暴力频发。自 2011 年以来，突尼斯政府换了七任总理，历届政府维持的时间都很短，很少超过两年。这表明，突尼斯的政治体系尚不健全，政治制度无法应对复杂的局势。围绕政治权力的争夺持续不断，消耗了原本可以用于建设的精力。突尼斯虽然重新制定了宪法，但宪法的推行并不顺利。

其次，突尼斯经济发展缓慢，复苏艰难。转型时期，突尼斯经济已经完全丧失了之前 5% 左右的较高速增长，2011 年以来，突尼斯经济增长率最高时也只有 2.4%，2015 年以来更是在 2% 的低位徘徊。[②] 受安全局势的影响，作为突尼斯支柱产业的旅游业变得萧条，失去了往日荣光。来突尼斯旅游的英国、法国游客数量大幅减少，其他地区的游客也畏惧不前。这不仅导致突尼斯旅游收入锐减，而且使许多人失去了生计。加上外资撤离，国内投资不景气，突尼斯重振经济的努力迟迟不能收到实效。作为经济运行的指标，突尼斯通胀率居高不下，外汇储备接连探底。如果不是外部援助的补充，突尼斯经济或许已经崩溃。

最后，突尼斯社会安全不容乐观。突尼斯剧变发生的深层原因是青年人失业率过高，以及地区发展的极不平衡。突尼斯民众对政府的腐败问题也忍无可忍。抗议者对政府缺乏发展内陆地区经济的措施感到失望，对未来过上美好生活不抱希望。突尼斯民众虽然获得了更多自由，但是社会问题并未得到妥善解决。青年人对政治疏离，认为真正的变革并没有发生。在部分社区，青年吸毒和拦路抢劫的现象层出不穷。政府推出的投资中西部地区的努力迟迟未能取得进展。更为严重的是，社会不公的情况在不断扩散，甚至警察工会也发起示威游行，要求改善其社会处境。[③]

（三）多重安全威胁

突尼斯剧变打开了"潘多拉盒子"。旧有秩序遭到了严重冲击，原

[①] 王林聪：《中东安全问题及其治理》，《世界经济与政治》2017 年第 12 期。

[②] "Tunisia Overview", World Bank, https：//www.worldbank.org/en/country/tunisia/overview.

[③] Stefano M. Torelli, "Tunisia's Counterterror Efforts Hampered by Weak institutions", p. 7.

先的安全机构无法发挥作用。但新的秩序没有建立起来，包括安全力量重组，制度建设方面的进展异常缓慢，安全困境突出。突尼斯经历了自独立以来最严峻的安全形势。

首先，传统安全与非传统安全问题交织互动。突尼斯警察和军队既要解决国内治安问题，又要应对恐怖主义威胁，难以兼顾各种安全问题。在突尼斯边境地区，检查站和海关接连遭受攻击，其中既有传统的反政府武装袭击，也有恐怖主义袭击。突尼斯西部山区对中央政府的不满在突尼斯民族国家建设的过程中表现得十分明显。布尔吉巴时期和本·阿里时期，突尼斯政府都试图通过实行财政转移支付政策来争取当地民众的支持。随着内陆地区与沿海地区发展不平衡现象的日益突出和收入差距的进一步扩大，民众对政府的不满更趋强烈。在政治转型时期，突尼斯政府原先的安抚机制失效，新的机制尚未建立，导致民众抗议浪潮此起彼伏。这进一步给了恐怖分子以可乘之机，他们希望借边境事件煽动民意来冲击中央政府的统治。在突尼斯与利比亚交界地区，部落传统仍然发挥着作用。突尼斯政府为打击非法走私，对出口和进口货物都课以重税，当地部落民众非常不满。恐怖分子利用这种部族和政府的僵局，试图对本·古尔丹地区发动袭击，以在南部地区获得立足点。此类攻击层出不穷，使得突尼斯安全部队防不胜防。

其次，内部安全与外部安全矛盾叠加。2013年，突尼斯恐怖分子暗杀了两名反对派议员，并攻击了总统车队。2015年，巴尔杜博物馆和苏塞海滩袭击案都发生在突尼斯的核心地带。事后，"伊斯兰国"组织宣布对事件负责，但突尼斯内政部认为袭击系"伊斯兰教法支持者"组织所为。从恐怖主义的发展特征来看，国际恐怖组织与突尼斯境内恐怖组织已形成勾连之势，这在突尼斯历史上比较罕见。更为严重的是，突尼斯情报机构实力有限，难以对大量突尼斯籍"圣战"分子的境外活动实施监控，使得突尼斯面临恐怖分子"回流"的巨大压力。[1]

最后，政治安全和社会安全成为困扰突尼斯政府的突出问题。突尼

---

[1] Ralph Davis, "Jihadist Violence in Tunisia: The Urgent Need for a National Strategy", Crisis Group Middle East and North Africa Briefing, No. 50, Tunis/Brussels, June 22, 2016, p. 15, https://www.Crisisgroup.org/en/regions/middle-east-north-africa/north-africa/Tunisia/b050-jihadistviolence-in-tunisia-the-urgent-need-for-a-national-strategy.aspx.

斯发生政治变革后，国内反对派力量不仅质疑突尼斯国内长期形成的世俗主义政治传统，而且对新政府的治理模式表示强烈不满。在制宪过程中，世俗力量和宗教力量之间爆发了数轮冲突。双方最终在突尼斯总工会、突尼斯人权联盟、突尼斯律师协会和突尼斯雇主协会等社会组织的调解下达成和解，但萨拉菲派组织始终不支持新宪法，认为复兴运动背叛了伊斯兰教。[1] 2017年9月，突尼斯议会通过的《行政和解法》再一次撕裂了民意。即使在突尼斯议会内部，议员们对曾经犯过腐败、镇压罪行的本·阿里旧部予以豁免感到非常失望。非政府组织的反对则更加强烈。突尼斯人权组织接连发声，谴责该议案。普通民众则走上街头进行抗议。在突尼斯，关乎国家发展道路的选择题一再出现，不仅政治人物难以展现其治理能力，法律文件的颁布也数次延宕。

二　突尼斯安全困境成因

突尼斯安全困境形成原因极其复杂，其中既包括国内结构性的原因，也有国际政治的间接影响，一定程度上更是该国威权主义政治传统的持续发酵。

（一）结构性原因

从根本上而言，突尼斯"安全外包"[2]的策略使得自身安全应对能力相对有限。突尼斯国土面积狭小，人力资源规模有限，是夹在阿尔及利亚和利比亚之间的一个小国。这决定了突尼斯很难依靠自身力量维持稳定和应对外部威胁。因此，突尼斯自独立以来通过维持与美国、法国等西方国家的"特殊"关系，来换取这些国家对突尼斯安全的保障和武器装备的供应。这种安全策略即"安全外包"策略。美国和法国为突尼斯提供了军事和安全培训，并援助了大量装备。突尼斯的军事支出长期处于较低水平，在国内生产总值中占比不到3%。[3]但是，过分依

---

[1] Stefano M. Torelli, Fabio Merone and Francesco Cavatorta, "Salafism in Tunisia: Challenges and Opportunities for Democratization", p. 143.

[2] "安全外包"主要指依赖西方强国以维持某种特殊关系、保障国家安全的战略。参见王林聪《中东安全问题及其治理》。

[3] Anthony H. Cordesman, *A Tragedy of Arms: Military and Security Developments in the Maghreb*, Westport and London: Praeger, 2002, p. 252.

赖外部力量使得突尼斯在应对本国安全问题时力不从心。突尼斯缺乏一支训练有素的安全力量应对国内外的安全威胁。2012年9月，美国驻突尼斯大使馆遇袭，时任突尼斯总统马尔祖基派遣总统卫队稳定了局势。此后，恐怖袭击在突尼斯接连发生，进一步坐实了突尼斯应对恐怖主义袭击不力的说法。恐怖分子在突尼斯频频得手进一步助长了其帮凶和同伙的气焰。短期内，突尼斯很难迅速提升安全部队的实力，这导致了安全困境的持续。

人口结构问题是突尼斯安全问题爆发的另一个重要根源。在突尼斯，青年群体的人口占比达40%，约30%的突尼斯青年处于失业状态，失业青年成为恐怖组织潜在的人员来源。突尼斯青年虽然没有1979—1989年阿富汗战争的记忆，但对"9·11"事件后阿富汗战争和伊拉克战争有较多认识。突尼斯变革期间，突尼斯青年展现出与政府斗争和周旋的能力，但直到过渡政府建立后，他们的自身处境并没有发生根本性变化，挫折感仍十分强烈，易受到极端主义组织的蛊惑而加入其中。据统计，在突尼斯，从事恐怖袭击活动的群体大都来自边缘地区和家庭，其中90%以上受过中等教育。[1] 2014年世界银行发布的一份报告显示，突尼斯有68%的城市青年和91%的农村青年对现行政治制度表示不满。[2] 显然，人口结构的年轻化对突尼斯政府造成了巨大压力。当政府难以满足青年的基本诉求时，后者便可能选择暴力手段表达自己的不满。2019年10月突尼斯大选期间，平民政治家凯斯·赛义德（Keas Saed）出人意料地击败其他有名望的政治家，当选突尼斯总统。分析人士认为，突尼斯青年不满现状，最终以选票"惩罚了体制内的政客"。[3]

（二）周边国家动荡

利比亚战争和叙利亚战争深刻改变了突尼斯的外部环境，对突尼斯

---

[1] "Three-quarters of Terrorists Returning from Conflict Zones Are Single, 90% of Them Have Medium Level of Education (Study)", *Agence Tunis Afrique Press*, September 5, 2018, https://www.tap.info.tn/en/Portal-Politics/10168263-three-quarters-of.

[2] Anouar Boukhrs, "The Geographic Trajectory of Conflict and Militancy in Tunisia", p. 6.

[3] "The Bird Will Not Return to the Cage: An Analysis of Tunisian 2019 Election", *The International Center for Transitional Justice*, October 25, 2019, https://www.ictj.org/news/'-bird-will-not-return-cage'-analysis-tunisia's-2019-elections.

本国的安全局势产生了不利影响。利比亚战争迁延日久给恐怖组织提供了活动空间、训练场所以及武器来源。班加西"伊斯兰教法支持者"组织与突尼斯"伊斯兰教法支持者"组织之间联系密切，前者为后者提供训练营和武器装备。与此同时，叙利亚为突尼斯籍"圣战"分子提供了从事暴恐活动的天然场所。

马里内战进一步扩大了利比亚战争的影响，打破了萨赫勒地区的旧有秩序。2012年1月，马里北部图阿雷格人（Tuareg）人发动叛乱，马里总统阿马杜·图马尼·杜尔（Amadou Toumani Touré）在军事政变中被阿马杜·萨诺戈（Amadou Sanogo）上校推翻。随后，马里北部被阿扎瓦德民族解放运动（National Movement for the Liberation of Azawad）所控制，与"基地"组织存在联系的"宗教卫士"（Ansar Dine）表示支持。不久"宗教卫士"推翻了阿扎瓦德民族解放运动，开始在马里北部严格实行伊斯兰教法。但马里政府军在法国和非洲联盟国家的援助下，击败了叛军。2013年6月18日，马里政府和图阿雷格叛军签署和平协议。但和平协议由于马里政府军向手无寸铁的抗议者开枪而终结。经过一段时间的动荡后，双方于2015年2月20日实现停火。2017年以来，马里北部仍在阿扎瓦德运动协调会（Coordination of Azawad Movements）的占领下，处于自治状态。[①] 虽然紧张局势有所缓和，但冲突并没有完全平息，其溢出效应仍对周边地区造成威胁。

（三）威权统治的遗产

本·阿里政府对伊斯兰主义者的坚决镇压，虽然打击了其极端行动，但由于未能甄别恐怖分子与一般犯人，将后者与前者一起长时间关押，造就了大量的"圣战"分子。本·阿里时期，突尼斯被捕入狱的伊斯兰主义者数量据称在3万人左右。[②] 安全部门对伊斯兰主义者的粗暴对待，导致许多原本对极端思想不感兴趣的犯人对世俗政府产生了敌对心理。而且，对于可疑的伊斯兰主义者，或者伊斯兰主义者的家属，

[①] "Mali: At Least 30 Dead in Clashes Between Tuareg Groups in Kidal", *The North Africa Journal*, June 14, 2017, http://north-africa.com/mali-at-least-30-dead-in-clashes-between-tuareg-groups-in-kidal.

[②] Anne Wolf, "An Islamist 'Renaissance' Religion and Politics in Post-Revolutionary Tunisia", *The Journal of North African Studies*, Vol. 18, No. 4, 2013, p. 505.

突尼斯政府也严加防范，采取特殊政策。某种程度上使得这些犯人没有改过自新的机会，事实上处在"社会死亡"（Social Death）的处境。[①] 伊斯兰主义者很难进入政府部门工作，经济活动和社会活动受限，发展前景黯淡。事实上，如前所述，并不是所有的伊斯兰主义者都是极端主义者。突尼斯政府在处理伊斯兰主义者与一般犯人、伊斯兰主义者与普通世俗犯人时的失误，是威权政治的重要遗产。这在某种程度上扩大了伊斯兰主义者的人数，增加了产生极端主义者的基数。时至今日，突尼斯的"转型正义"并没有完全实现。本·阿里政权的受害者没有得到补偿，新的"革命烈士"也没有得到抚恤，这些利益受损者大量存在，在一定条件下可能转化为恐怖分子，对突尼斯的安全治理造成了很大困扰。

三　突尼斯安全治理及其成效

突尼斯作为一个小国，时刻面临各种安全问题。在很长一段时间里，突尼斯维持了国内相对稳定，但以"安全外包"为主的安全治理模式始终无法解决根源性的安全问题。在新的安全形势下，突尼斯政府被迫对其安全治理模式进行了调整。

（一）突尼斯安全治理方式的转变

突尼斯曾经是北非地区最稳定的国家。本·阿里时期，突尼斯安全治理的逻辑是"宪政民主联盟主导的多元主义、受控制的选举和选择性压制"[②]。突尼斯政府维持一党制统治，采用半开放的方式应对国内外要求其推进政治改革的压力，将防范潜在的伊斯兰革命和恐怖主义袭击作为安全治理的首要目标，对伊斯兰主义力量采取高压政策。具体而言，突尼斯在安全治理方面主要采取了以下手段。

第一，以经济发展换取民众支持。新宪政党（1989 年后改称宪政民主联盟）在民族解放运动中的突出表现是突尼斯政权获得民众长期支持的重要基础。正如克里斯托弗·亚历山大所指出的，突尼斯维持政权

[①] Stefano M. Torelli, Fabio Merone and Francesco Cavatorta, "Salafism in Tunisia: Challenges and Opportunities for Democratization", p. 143.

[②] John P. Entelis, "The Democratic Imperative Vs. the Authoritarian Impulse: The Maghrib State Between Transition and Terrorism", *The Middle East Journal*, Vol. 59, No. 4, Autumn 2005, p. 540.

稳定的关键手段是维持经济的顺利发展。① 20 世纪 90 年代后期以来，与多数中东国家相比，突尼斯的经济发展表现优异。突尼斯年经济增长率长期保持在 5% 以上，出口增长率保持在 7% 以上。再加上比较优厚的投资条件和人力资源优势，每年有将近 10 亿第纳尔的投资涌入突尼斯。② 在国际货币基金组织和世界银行的督促之下，突尼斯绝大多数国有企业实现私有化。外债负担大为减轻，外债占 GDP 的比重从 56% 降到了 51%。通货膨胀率处于低位。2000 年突尼斯被世界银行评为 "20 世纪 80 年代以来在维持宏观经济稳定和追求社会成就方面取得最好成绩的中东北非国家"。③ 突尼斯人均 GDP 在 2002—2005 年攀升 40%，人均收入水平是非洲国家平均水平的 2 倍以上。突尼斯贫困率降到了 4%，突尼斯人的平均寿命提高到了 73 岁。妇女占劳动力的 1/3，95% 的居民拥有水、电设施。初级教育的入学率几乎达到了 100%。突尼斯跨入了世界银行评定的中等收入国家的较低水平。④

第二，突尼斯稳定的国内局势，通过提振旅游业拉动经济，形成良性循环。突尼斯对国内以优素福分子、自由派、伊斯兰复兴运动等为代表的挑战威权政治的反对派坚决予以压制，使反对派的发展无法形成气候。这一政策使得突尼斯政权多年来维持了社会的相对稳定，为旅游业的发展提供了稳定、开放环境，每年能够接待大量欧洲和其他地区的游客，提升了突尼斯的国家形象。从国际金融危机爆发之前的 2007 年来看，突尼斯旅游业共吸引游客 680 万人，创收达 30.77 亿第纳尔，占世界旅游业份额的 0.8%。⑤ 旅游业是突尼斯第一大外汇来源，从业人口 35 万人，约占总人口的 3.6%，解决了 12% 的劳动力就

---

① Christopher Alexander, *Tunisia: Stability and Reform in the Modern Maghreb*, London and New York: Routledge, 2010, p. 162.

② Kenneth Perkins, *A History of Modern Tunisia* (2rd edition), Cambridge University Press, 2014, p. 212.

③ Christopher Alexander, *Tunisia: Stability and reform in the modern Maghreb*, London & New York: Rortledge, 2010, p. 85.

④ Ibid..

⑤ Mounir Belloumi, "The Relationship between Tourism Receipts, Real Effective Exchange Rate and Economic Growth in Tunisia", *International Journal of Tourism Research*, 2010, Vol. 12, No. 5, p. 552.

业问题。① 旅游业的发展一方面增加了国内收入，另一方面也使政府为营造稳定的旅游环境在安全方面加大投入。

第三，以"安全外包"策略应对外部威胁。"安全外包"策略的制定是突尼斯避免其现代化建设受军费支出掣肘的考量。与邻国相比，突尼斯是地区小国。从邻国的人口规模来看，阿尔及利亚人口达4220万，军队人数达20.45万人；② 利比亚人口规模达647万，军队人数约76000人（2001年数据）。③ 自布尔吉巴时期以来，突尼斯主要依赖西方国家提供的安全装备、军队训练和安全保障。为此，突尼斯一直与西方国家保持密切关系。其中，突尼斯与法国保持特殊关系，并签订友好合作协议，在安全领域优先选择法国机构和人员对突尼斯安全力量进行培训。法国因此成为突尼斯安全领域长期依赖的外部保障。④ 此外，突尼斯与美国、英国和德国等西方国家也保持较为稳定的安全合作关系。美国曾在突尼斯与法国交恶时免费为突尼斯提供过武器和安全援助。

第四，强有力的安全力量是维持威权统治的重要支柱。2002年恐怖袭击发生后，突尼斯政府加强了边境管控，注重打击国内和边境地区的极端组织。突尼斯政府主要依靠警察、国民卫队和军队来维持国内治安。军队人数虽然不多，但在关键时刻能发挥一定作用。然而，布尔吉巴和本·阿里对军队的信任度都不高，尤其是本·阿里，他更加倚重警察部门。一方面，突尼斯政府通过警察系统直接压制群众暴动和恐怖袭击等潜在的社会不稳定因素，打击政治伊斯兰等不同政治力量，以维护政权稳定。另一方面，政府通过情报部门对反对派形成威慑。20世纪90年代，政治伊斯兰力量在蛰伏期间，安全部门长期对其代表人物及其亲属进行监控，使他们不敢轻举妄动，世俗反对派也迫于压力选择与威权政权开展合作。2013年以后，突尼斯政府对恐怖主义势力加大了

---

① 《突尼斯旅游业简况》，2019年2月18日，中华人民共和国驻突尼斯共和国大使馆经济商务参赞处，http：//tn.mofcom.gov.cn/article/ddgk/zwjingji/201902/20190202835076.shtml。

② 《阿尔及利亚国家概况》，2019年12月，外交部网站，https：//www.fmprc.gov.cn/web/gjhdq_676201/gj_676203/fz_677316/1206_677318/1206x0_677320/。

③ 《利比亚国家概况》，2019年12月，外交部网站，https：//www.fmprc.gov.cn/web/gjhdq_676201/gj_676203/fz_677316/1206_678018/1206x0_678020/。

④ Anthony H. Cordesman, *A Tragedy of Arms: Military and Security Developments in the Maghreb*, London: Preager, 2002, p. 220.

打击力度,在西部山区部署大量警力,甚至派驻军队维护边境安全;在东南部地区,突尼斯政府加强巡逻,构筑工事,打击恐怖主义和非法贸易并举。在国内层面,突尼斯政府对极端组织"伊斯兰教法支持者"进行大范围压制,关闭了大量与该组织存在勾连的清真寺,禁止35岁以下青年前往利比亚、也门、叙利亚等战乱国家。2014年年底,随着"伊斯兰教法支持者"组织头目阿布·阿亚德逃往利比亚,该组织在突尼斯境内的力量基本上被瓦解,突尼斯安全问题专家认为,这是该国在联合军队打败"伊斯兰国"组织前取得的反恐战争的胜利。[1]

转型时期,突尼斯国内的安全形势持续恶化,这迫使政府改变了安全治理理念和模式。一方面,复兴运动的上台改变了伊斯兰主义者在国内的地位,使得安全治理的对象从笼统的伊斯兰主义力量进一步缩小至极端势力。另一方面,政治转型扩大了国内政治动员,民众对政府的监督有所增加,安全治理面临来自不同领域的挑战。上述安全治理机制虽仍在沿用,但效力已大不如前,转型时期突尼斯安全治理经常左支右绌,呈现出以下特点。

第一,通过频繁实行紧急状态来扩大安全治理的适用范围。根据突尼斯宪法第80条规定,在国家制度或国家安全、国家独立面临威胁以及国内秩序难以维持时,突尼斯共和国总统与行政机构首脑、议长进行沟通后,可宣布国家进入紧急状态并采取必要的非常规手段。[2] 2011年3月,突尼斯首次宣布实施紧急状态,先后持续三年之久,直至2014年3月才解除紧急状态。[3] 2015年苏塞恐怖袭击事件后,突尼斯再次宣布实行为期60天的紧急状态。[4] 2015年11月25日,突尼斯总统卫队遇袭后,埃塞卜西总统又宣布突尼斯进入为期30天的紧急状态。此后,

---

[1] Tunisia eyes strategy shift to fight jihadists after Kasserine attack, https://thearabweekly.com/tunisia-eyes-strategy-shift-fight-jihadists-after-kasserine-attack.

[2] John P. Entelis, "The Democratic Imperative Vs. the Authoritarian Impulse: The Maghrib State Between Transition and Terrorism", *The Middle East Journal*, Vol. 59, No. 4, Autumn 2005, p. 540.

[3] "Tunisia Lifts State of Emergency, Three Years After Revolt", *Haberler News*, June 3, 2014, https://en.haberler.com/tunisia-lifts-state-of-emergency-three-years-after-390315/.

[4] Harriet Alexander, "Tunisia Declares a State of Emergency", *The Telegraph*, July 4, 2015, https://www.telegraph.co.uk/news/worldnews/africaandindianocean/tunisia/11718196/Tunisia-declares-a-state-of-emergency.html.

突尼斯的紧急状态几经延长，一直持续至2018年3月。2018年3月12日，迫于形势的埃塞卜西总统再次宣布延长紧急状态7个月。① 在屡次实行紧急状态后，军队和安全机构的行动空间进一步扩大，但突尼斯民众的自由却受到了极大限制。

第二，通过改革安全机构来整合国内安全力量，提升安全治理能力。突尼斯安全力量主要包括警察和军队。警察分为制服警察和便衣警察。城市安全力量以制服警察为主，农村安全主要由制服警察中的国民卫队负责，偏远山地的安全任务基本上由便衣警察执行。此外，突尼斯还设立了法警、特勤人员和其他治安力量等特殊警种。在变革之前，突尼斯有着"警察国家"的名号，号称拥有20万名警察，而政权过渡时期突尼斯包括行政人员和后勤支援力量在内的警察总数缩水至11万人左右，但突尼斯总统卫队却从原来的400人扩充至2300人。突尼斯军队包括陆军、海军和空军，目前三军总人数已从政治变革前的约27000人增至约4万人②。此外，2011年12月，突尼斯新政府成立后制订了改革安全部门的计划，旨在提升警察形象、改变警察行为方式、提高安全机构透明度、增强情报收集能力和提升对视频监控和电子监控等技术的运用等。

（二）突尼斯安全治理的成效

通过安全部门的一系列改革，突尼斯国家安全治理的能力得到了一定提升，其主要体现在以下几个方面。

第一，军队角色发生变化。转型时期，突尼斯军队更加注重形象塑造，其角色开始从"镇压者"向"服务者"转变，从"政权保卫者"向"公共秩序维持者"变革。具体而言，军队的职业化程度进一步提升，通过维护宪法规定的公民权利来确保社会安全与稳定的实现，在执法过程中尊重法治和民主价值成为突尼斯安全机构的新指针。③

---

① "State of Emergency Extended by 7 Months from March 12", *Agence Tunis Afrique Press*, March 6, 2018, https：//www. tap. info. tn/en/Portal-Top-News-EN/9931455-state-of-emergency.

② 《突尼斯国家概况》，2019年12月，外交部网站，https：//www. fmprc. gov. cn/web/gjhdq_ 676201/gj_ 676203/fz_ 677316/1206_ 678598/1206x0_ 678600/.

③ Malik Boumediene, "Armée, Police et Justice dans la Tunisie Contemporaine", *Pouvoirs*, No. 156, 2016, p. 111.

第二,安全机构权力边界安排。在本·阿里时期,突尼斯安全机构人员冗杂、结构复杂,不同部门各自为政,指挥权掌握在总统本人手中。为建立效忠于自己的安全力量,本·阿里通过各种手段使不同的安全部门之间处于相互制衡的状态,各安全部门的官员承担相同的任务,但往往互不隶属。突尼斯新政府成立后对内政部进行了重组,将安全力量统一置于内政部的指挥之下,警察部门和军队构成了突尼斯安全部门对内和对外的安全应对机构,总统只掌握有限的警察管控权。

第三,警察内部变革效果初步彰显。变革之后,突尼斯安全部门进行了一次内部大调整。一方面,大量安全机构人员离职使得突尼斯政府的首要任务是征召新人加入安全机构。虽然这批新人训练不足,但突尼斯政府在培训过程中加入了保障人权等执法理念,更加符合新政治体制对警察的资质要求。另一方面,突尼斯安全力量也开始注重提升自身的社会地位和各方面待遇保障。突尼斯安全部队成员成立了工会,要求提高安全部队人员的各项待遇。由于警察职业的高风险,突尼斯政府增加了对执勤警察的补贴力度。此外,突尼斯政府对安全部门的领导机构进行调整,对安全系统和海关系统存在的严重腐败问题进行了大规模整顿。自2016年以来,突尼斯对本·古尔丹口岸海关官员的整顿最为典型。[1]

转型时期,突尼斯的安全治理实践尽管采取了一系列新措施,取得了一定的效果,但仍然存在以下问题。

首先,内政部改革缓慢,这为恐怖主义的兴起提供了空间。近年来,突尼斯恐怖袭击频发,安全部门改革被迫放慢步伐,以集中精力打击恐怖分子。突尼斯监狱继续充当着恐怖分子"孵化器"的角色,其中最典型的例子是艾米诺(Emino)[2]。此人在监狱里服刑18个月后,从一名世俗的说唱歌手转变成为"圣战"分子。2015年3月,他在网络上公开宣布效忠"伊斯兰国"头目巴格达迪。而此前,他

---

[1] Sarah Yerkes, "Marwan Muasher, Tunisia's Corruption Contagion: A Transition at Risk", *Carnagie Endowment for International Peace*, 25 - 10 - 2017, https://carnegieendowment.org/2017/10/25/tunisia-s-corruption-contagion-transition-at-risk-pub-73522.

[2] 此人原名毛鲁瓦尼·杜伊里(Maurouane Douiri)。

是一名在社交网站十分活跃、经常上传和衣着暴露女郎自拍照的自恋歌手。[1]

其次,军队与警察分工不明,相互间竞争激烈。突尼斯剧变改变了该国军队的地位,但却没有改变军队的作用。在突尼斯的政治体制中,军队的作用并不突出。但是,突尼斯剧变改变了军队的地位。奥马尔将军拒绝执行本·阿里镇压群众的指令,并迫使后者离开突尼斯,这在突尼斯现代史上尚属首次。此外,军队在政治转型时期维护了国内社会秩序,及时退回到兵营,此举被认为很大程度地提高了军队在突尼斯民众心中的威望。但在政治转型时期,军队的作用虽然日益凸显,职责界定却不清晰。如前所述,恐怖分子主要盘踞在边境地区,边防部队和警察的主要任务是维护边境安全。其中,边防军的任务主要是应对外部入侵,警察的任务主要是反恐,但反恐属于警察力量的特别行动。因此,在实际反恐行动中,军队承担了重要任务,但并不是主要负责方。警察被寄予厚望,但其不论在整合资源还是装备配备方面,都面临困难,难以迅速有效地完成任务。

最后,突尼斯社会各界对政治伊斯兰的威胁估计不足,这导致突尼斯成为国际恐怖分子重要的来源国。民众对2017年的和解政策褒贬不一,安全力量难以发挥有效作用。复兴运动上台后,因对安全形势估计不足在政策制定方面出现了严重失误。一方面,复兴运动以受害者姿态自居,同情宗教运动,对极端化问题的负面影响估计不足。复兴运动政府对极端势力的短暂纵容使得后者影响力迅速上升。即使在美国驻突尼斯大使馆遭到冲击后,复兴运动政府也没有进行正面回应。另一方面,复兴运动政府缺乏经验,在无法沿袭旧政权应对措施的背景下对国内安全问题应对失当,反而受到了安全部门的掣肘。突尼斯军队回到军营,虽然避免了军人干政的威胁,但对反恐本身产生了极大的负面影响。安全力量不但不配合复兴运动,反而进一步消极对抗。呼声党执政后,尽管加强了安全治理的力度,但治理思路和手段缺乏新意,以频繁实行紧

---

[1] Tom Wyke, "Tunisian Rapper Who Regularly Posted Photographs of Hhimself with Scantily Dressed Women Becomes the Latest Failed Hip-hop Wannabe to Join the Ranks of ISIS", *Daily Mail*, http://www.dailymail.co.uk/news/article-3000855/Tunisian-rapper-Emino-latest-failed-hip-hop-wannabe-join-ISIS.html.

急状态来应对安全威胁,这既不利于政治和经济活动的正常运转,也不利于政治转型。

四 安全治理对突尼斯政治转型的影响

安全治理的成效关系到政治转型的成败,这既是突尼斯建立新秩序的基本前提,同时也是人民群众安居乐业、国内外企业家投资兴业的基本保障。安全治理一旦难以解决恢复稳定的重要任务,国内政治转型前景必将蒙上阴影。

(一)安全治理是政治转型时期突尼斯国家治理的主要内容

2011年以来,国内乱局使得解决安全问题、稳定局势成为转型时期政府的首要任务。在突尼斯的政治活动中,安全问题显然成为主要议题。过渡时期突尼斯的几任总理都是强硬派,阿里·拉哈耶德和哈比卜·埃西德总理都有主管内政部的经历。2016年3月,埃塞卜西就任总统后指示成立国家反恐和反暴力委员会,直接对其负责。该委员会包括20名部长,涉及青年人、文化、安全、宗教、人权等多方面事务。[①] 但是,突尼斯政府加强安全治理与民众的民主权利产生了冲突。突尼斯民众争取的民主权利在屡次紧急状态中已受到严格限制,由此导致民众对政府的态度发生了变化。2014年市政议会选举的投票率为68.3%,2018年则仅为34.4%。[②]

(二)安全治理是影响政治转型进程的重要因素

一般而言,在政治转型时期,民众权利和政治参与扩大,民众对政治活动的积极参与,使得安全部门与民众之间的互动加强,推动了制度革新。因此,罗伯特·达尔认为,政府对军队和安全机构的绝对控制权是政治转型成功的关键因素之一。[③] 突尼斯剧变后,军队回归到军营,民选政府保持对安全机构的领导,安全部门成为转型时期秩序的重要保

---

① Ralph Davis, "Jihadist Violence in Tunisia: The Urgent Need for a National Strategy", p. 11.
② Lamine Ghanmi, "Tunisia's Independents, Islamists Come Ahead in Low Turnout Vote", *The Arab Weekly*, May 8, 2018, https://thearabweekly.com/tunisias-independents-islamists-come-ahead-low-turnout-vote.
③ [美]罗伯特·达尔:《论民主》,李风华译,中国人民大学出版社2012年版,第125—126页。

障，这无疑是突尼斯政治转型最为有利的条件之一。突尼斯新政府的合法性虽然有所提升，但在解决危机方面却难有作为。一方面，极低的投票率难以完全反映民意。另一方面，重组后政府相对软弱。安全困境加剧了突尼斯的政治转型风险。突尼斯安全治理的实践直接影响该国的政治转型，失业和恐怖主义威胁仍然考验着人们对政府的信心。突尼斯安全力量长期被诟病的粗暴对待关押犯的做法仍大量存在，这影响了安全部门的正面形象。

转型理论认为，政治转型包括转型和巩固两个阶段。转型后的全国大选将赋予新政府合法性。[1] 从这个意义上看，突尼斯在一定程度上已经步入巩固阶段。其标志是政治制度的确立、政治文化的形成、非政府组织的发展以及社会体系的变革，[2] 但这一切都将建立在安全治理的成功基础上。安全治理的失败不仅影响政治制度的巩固，而且影响政治文化的转向。新的社会文化难以建立，威权政治复辟，这将使政治转型功亏一篑。如果安全得不到保障，转型极有可能发生逆转。历史经验表明，"面包"问题才是根本。只有解决了就业，经济实现可持续发展，突尼斯的政治发展才会形成良性循环。

政治转型时期，由于内外因素的共同作用、社会结构的惯性以及社会经济问题的叠加，突尼斯安全形势异常严峻，安全困境突出。突尼斯的安全治理在很大程度上继承了威权体制时期的经验，创新性不足，难以从根本上改善安全环境。

从历史经验来看，突尼斯如果能实现稳定和发展之间的良好互动，就能实现安全治理。突尼斯只有努力促进经济发展，大力改善人民生活，才能凝聚民心，打消民众对新政权的疑虑，阻止突尼斯青年被恐怖组织招募，凝聚整个社会的力量共同对抗恐怖主义威胁。只有这样，突尼斯才能再次实现繁荣，新政治体制的巩固才能真正实现。

2014年1月，突尼斯新宪法颁布后，新制度已基本确立。但是，以萨拉菲主义者为主的恐怖主义威胁仍在持续。总体而言，突尼斯新政

---

[1] Thomas Carothers, "The End of the Transition Paradigm", *Journal of Democracy*, Vol. 13, No. 1, 2002, p. 15.

[2] 陈尧：《新权威主义的民主转型》，上海人民出版社2006年版，第223页。

治体制的巩固严重依赖安全治理，如果国内安全得不到保障，突尼斯世俗主义者和伊斯兰主义者之间的合作将无法维系；如果安全治理难以实现，突尼斯温和、现代的政治文化将发生根本性逆转，强人政治很可能再次出现。因此，突尼斯政治转型的前途并非一片光明，这种转型或将迁延多年。

本章小结

突尼斯独立之后建立的军队和警察制度，有力地保障了突尼斯世俗共和制度。突尼斯的军队既没有像埃及军队那样成为威权主义政治的中坚，也不像土耳其那样承担宪法监护者的角色。突尼斯的军队相对弱小，不足以对世俗政权发起冲击。军队的训练和装备水平也在缓慢的提升过程中增强了其职业特征，而不是政治作用。军人禁止参与任何政党的规定保证了军队只能是国家的保卫者，而不是意识形态的维护者。突尼斯摆脱了中东国家普遍存在的军人干政和军事政变的传统，在政治发展中迈出了重要的一步。这与突尼斯在妇女解放、人权等方面的显著进步可以相提并论。

不过，突尼斯的威权主义政权必须依赖强制力量来维持。在民众中存在对发展方式、生活水平、宗教信仰、对外政策等方面不满情绪的情况下，就维持国内政治的稳定和免于激进分子的颠覆而言，采取强制措施是极其必要的。事实上，突尼斯的威权主义政权正是利用警察力量镇压了左翼力量、政治伊斯兰和自由派人士。突尼斯不断增长的警察力量明显超出了按其人口规模而言的建制。警察成了领导人保证其制定的政策得以贯彻执行和对违背命令者予以惩罚的工具。

突尼斯滑向"警察国家"的经历体现了威权主义国家发展的困境和必然遭遇。在专制权力与同意权力的较量中前者占据了优势，威权主义政权愈来愈依赖国家暴力机器。警察队伍的膨胀标志着威权主义政权政治合法性下降，同意权力减弱，从而必须依赖强制机构进行统治，威权主义体制走向了没落。但是，这又与威权主义政权有限使用暴力的内在要求冲突。突尼斯剧变一定程度上表明了这一点。不过，突尼斯并不是真正意义上的"警察国家"①，在突尼斯法治仍然发挥主要作用。突尼斯政治稳定的维持很大程度上归功于执政党的动员和组织作用。就警察的社会地位而言，他们也属于中下层民众。在突尼斯，警察的经济收入并不高。政治变革发生之后，为了保障其合法权益，警察也成立了工会组织。② 警察作用和地位的改变仍待观察。

---

① 在警察国家里，警察对法律有广泛的、毋庸置疑的解释权。警察能够逮捕、长期拘禁被捕者，使用刑讯，为其自己的目的解释现有法律，并推翻独立的司法调查结果。警察对自己的预算拥有大量自主权；他们甚至有权从群众那里勒索钱财，进行犯罪活动，为自己筹措资金。其主要目标是镇压统治者和他们自己认为不合意的一切活动。总之，政治罪恶与政治错误之间是否要作区别，警察将是判官。参见邓正来主编《布莱克维尔政治学百科全书》，中国政法大学出版社1992年版，第540页。

② http://allafrica.com/stories/201210050868.html.

第六章 非政府组织与突尼斯政治体制改革

非政府组织涵盖的范围非常广泛，包括所有由公民组成的自愿团体，有时候还作为国家与个人之间的中介发挥作用。就突尼斯的实际而言，非政府组织同时具有这两方面含义。因为在法团主义安排中，非政府组织承担着动员群众和充当利益集团代表的作用，而在左翼自由主义者和右翼伊斯兰主义者反对国家力量的运动中，各个社团或政党共同组成了反对派。突尼斯政治转型过程中，这两个方面的因素同等重要，因此必须同时予以关注。

第一节 突尼斯的政治社会与非政府组织

一 国家主义发展战略下非政府组织的地位与作用

突尼斯独立之后，坚持国有、集体、私人经济并存的"混合所有制"经济政策。20世纪60年代，突尼斯引入"宪政社会主义"之后确立了"国家主义"发展战略。虽然这一实践遭遇了挫折，到70年代突尼斯开始大规模地转入经济自由化改革，但"国家主义"发展方式一直得以坚持。这与突尼斯威权主义政治体制的维持也是紧密相连的。经过持续的改革，国有经济的比重虽然大幅下降，但仍然控制关键部门。因此，在"国家主义"发展战略主导下，私营经济获得了很大的发展空间。这为社会组织兴起创造了良好的条件。

另外，基于国家的世俗主义和西方化发展战略，突尼斯对社会组织发展方面也明显做出了引导和限定。根据艾米·豪斯奥恩（Amy Hawthorne）的分类，阿拉伯国家的社会组织可以分为五类：（1）非政府组织；(2) 宗教性团体；(3) 职业协会；(4) 互助组织；(5) "民主促进"组织。[1] 突尼斯放开了第 (1)、(3)、(4) 类社团组织的发展，而限制了第 (2)、(5) 类的发展。伊斯兰组织在改革之后明显失去了其资金和自主性发展。而"民主促进"组织则在其与突尼斯政治社会的互动中得到发展。

二 国家对非政府组织的控制

突尼斯在政治体制方面建立了适合推行"国家主义"的威权主义政治体制，国家控制并渗透非政府组织是其内在要求。突尼斯对非政府组织发展采用了"家长制"控制方式。布尔吉巴认为突尼斯社会尚未成熟，因此无法全面自由化。本·阿里上台后尽管改变这一观点的呼声甚高，但各方面控制仍然没有放开。理由在于政治伊斯兰兴起对国家稳定和发展构成了极大的威胁，阿尔及利亚便是活生生的例子。世俗左翼力量虽然无法构成像伊斯兰主义者那样带来的威胁，但对前者的开放很可能造成后者乘虚而入。一种对"神权威权主义"的恐惧导致了对"世俗威权主义"的容忍。

首先，国家从资金、许可证等各方面控制非政府组织。根据突尼斯法律，各个协会和政党的成立都要取得内政部颁发的许可证。在协会和政党的维持过程中，由国家拨给一定数目的补贴，政党和协会严禁从国外获取资金援助。

其次，国家建立了大量的社团组织，压缩非政府组织自组织空间。国家不仅建立了代表某些行业和专业的协会、组织，国家还引入了"强制慈善"机制，先后建立了全国性的慈善组织"民族团结基金"和"促进就业基金"。并以政策引导和广泛的社会活动挤压民间慈善组织的生存空间。

再次，国家控制政党的宣传、组织与动员。突尼斯的合法反对党都属于世俗—自由主义阵营，与执政党新宪政党的理念相似或接近，只是在一些细节方面存在区别。因此，反对党无力动员广大民众，而只能吸

---

[1] Steffen Erdle, *Ben Ali's Tunisia* (1987 – 2009): *A Case Study of Modernization in the Arab World*, Berlin: Klaus Schwarz Verlag, 2010, p. 250.

引少数社会精英参与。而突尼斯的政治改革进程一直控制在总统与执政党手中。为此，威权主义政权发动国家机器和政党工具限制反对党的活动。国家对政党经费、议会席位等的控制在很大程度上使得反对党只能作为驯服工具参与国家政治。

最后，国家控制行业工会，阻止拥有一定群众基础的非政府组织成长为政党。突尼斯行业工会中具有政党倾向的典型例子是突尼斯全国总工会和突尼斯人权联盟。在突尼斯非政府组织中，力量最为强大的是突尼斯全国总工会。其数任领导人曾表现了向政党转变的倾向。其中便有一度成为"超级部长"的本·萨拉赫。但是，这些领导人很快便被替换。失去工会支持后只能成立自己的小党。本·萨拉赫后来成立了社会民主运动。同样，具有自由主义倾向的突尼斯人权联盟也未能成为政党。其领导人蒙塞夫·马尔祖基2005年参选总统的申请被驳回。

第二节 突尼斯非政府组织的发展

一 突尼斯的公共领域

在阿拉伯—伊斯兰国家，"社团组织"的表现形态以公共领域的各类组织和协会为主。这些协会不仅属于官方的政治、文化、社会组织，民间的宗教、文化、经济社团都可以发挥中介性调节作用。科威特学者卡乌塔纳尼（Kawtharani）认为，阿拉伯国家的国家—社区关系是合作性的，而非机构性的。[1] 国内中东研究专家黄民兴教授将第二次世界大战后的中东非政府组织分为三类：第一类是传统的乌莱玛、苏菲派教团，第二类是各种社会组织，第三类是集传统与现代于一身的伊斯兰主义组织。[2] 突尼斯也不例外。作为正在经历现代化转型的国家，传统的与现代的、官方的与非官方的社会组织并存。突尼斯在由传统走向现代的过程中，公共领域发生了变革，非政府组织规模不断扩充。

首先，法国殖民时期及共和国初期创立的社会组织大多得到了延

---

[1] Larbi Sadiki, *Rethinking Democratization in the Arab Context: Elections without Democracy*, New York: Oxford University Press, p. 38.

[2] 参见黄民兴《中东现代化中的公共领域问题》，《山西师大学报》（社会科学版）2009年第6期。

续。例如，突尼斯全国总工会一直是突尼斯最有影响力的社会组织。突尼斯的学生工会、律师工会、雇主商会等都延续至今。

其次，20世纪90年代以来，大量社会组织不断涌现。由于经济社会的进步，资产阶级规模不断扩大，代表他们利益的组织相应地不断膨胀。1987—1997年，各种社会组织由2000个增加到了7000个。而到2010年年底突尼斯剧变前，这一数字达到了约160000个。[①]

最后，突尼斯政府创造了大量的"官方"协会（TGO, Truly Governmental Organizations），由此导致社会组织的迅猛发展。此类报纸、杂志的数目数以百计，各类协会组织则以千计。[②] 此类协会组织独立性不强，主要为维护威权主义政治服务。它们依靠政府庇护活动，享受由政府分拨的各种利益，以效忠统治者作为回报。

二 社会组织发展的条件与障碍

北非问题研究专家伊娃·伯林认为，突尼斯社会组织的发展有着以下得天独厚的优势：（1）突尼斯公民有着强烈的政治共同体意识。突尼斯既不存在种族分裂，也不存在教派冲突。（2）突尼斯具有长期的文官政府经历。突尼斯首任总统哈比卜·布尔吉巴以其远见卓识建立了一支人数极为有限的军队，这与执政党强大的势力形成了鲜明对照。（3）突尼斯重视教育投资和大力发展经济的政策造就了一个人数庞大的中产阶级。他们使实现政治改革的有力保障。（4）在实行"阿拉伯社会主义"的国家中，突尼斯较早转向了"准自由主义"，从而使得社会组织具备了一定的经济基础，有朝一日能与政府抗衡。（5）国家公开承诺发展社会组织。为了自身的统治需要，突尼斯政府公开声称要发展社会组织。[③]

然而，突尼斯威权主义政府对社会组织的发展采取了两手策略，限制了其发展。一方面，突尼斯政府进行经济自由化改革，推动政治西方

[①] http://magharebia.com/en_GB/articles/awi/features/2013/12/04/feature-04.

[②] Steffen Erdle, *Ben Ali's Tunisia* (1987 – 2009): *A Case Study of Modernization in the Arab World*, Berlin: Klaus Schwarz Verlag, 2010, p. 305.

[③] Eva Bellin: "Civil Society in Formation: Tunisia", in Augustus Richard Norton (ed.), *Civil Society in the Middle East*, Vol. I, E. J. Brill, 1995, p. 124.

化，为社会组织发展提供条件和空间。另一方面，国家控制经济自由化的节奏和范围，以"自上而下"的方式确定政治改革的进程，控制并打压竞争性政治组织的崛起，对社会组织的总体发展也设定了界限。

突尼斯公共领域受到国家的控制，表现在政府左右大学、清真寺和媒体。突尼斯法律禁止政党成员同时参与协会组织，但同时要求各个协会向所有公民敞开，为执政党分支机构渗透提供条件。突尼斯禁止清真寺除正常礼拜、举办婚礼、葬礼、节日庆典外向外开放。政府还创办了大量的宗教类组织、出版了由政府控制的刊物。本·阿里政权力图使媒体"中立化"。记者和媒体从业人员不仅受法律保护，而且还可以得到政府提供的物质支持。政党刊物每年得到 15 万第纳尔，一般性刊物为 3 万第纳尔。政府垄断了公益广告的发布。任何公共广告都需要通过"突尼斯对外联络处（ATCE）"发布。2002 年，"突尼斯在线杂志（TUNeZINE）"创办者组海尔·亚赫雅维（Zouhair Yahyaoui）由于制作嘲笑政府的备忘录被判处两年监禁。[①] 总之，在突尼斯存在一种"政治禁忌"，即民众或记者不得公开抨击政府不作为、行政失误、官僚作风、浪费、腐败、挪用公款等行为。一旦跨越红线，随时可能会面临制裁。

三　社会组织与政治社会的互动

突尼斯的社会组织体现了自主性差、力量弱小的特点。因此，这决定了社会组织与政治社会互动中的弱势地位。显然，国家对公共领域控制过严，政治社会对社会组织过度渗透严重影响了二者之间的良性互动。突尼斯全国总工会、学生会、人权联盟、妇女协会、律师协会等几个较大的社会组织的发展演变在很大程度上体现了社会组织与政治社会的互动。

首先，少数社会组织与突尼斯政府保持了良好的合作关系，成为其支持者。这以妇女组织最为典型。1989 年，"突尼斯民主妇女协会（ATFD）"与"突尼斯妇女研究与发展协会（AETURD）"成立。由于突尼斯两任总统都坚持妇女解放政策，赢得了广大妇女群体的支持。妇

---

① Steffen Erdle, *Ben Ali's Tunisia* (1987 - 2009): *A Case Study of Modernization in the Arab World*, Berlin: Klaus Schwarz Verlag, 2010, pp. 302 - 303.

女成为他们每次高票当选的保证之一。虽然上述两个妇女组织基本上由受过高等教育的精英组成，但其作为政权的坚定支持者，在突尼斯继续坚持和促进妇女解放方面发挥了作用。此外，作为突尼斯最大的社会组织，突尼斯全国总工会（UGTT）基本上与政府保持了良好的互动。该组织支持了突尼斯的20世纪60年代的"宪政社会主义"试验和80年代后期开始的经济自由化。工会的合作使突尼斯取得了重大进展。当然，工会1978年、1984年、2008年的几次罢工也对突尼斯政权施加了重大压力。罢工体现了普通劳动阶级的广泛社会不满，突尼斯政府的应对只能是解决发展中出现矛盾和问题。由于成功解决了前面几次的罢工，突尼斯维持了稳定和繁荣。而2008年罢工引起的结构性问题由于未能得到迅速解决终于导致了政府垮台。

其次，部分社会组织在压制中走向了激进化。突尼斯律师协会（COAT）拥有4000名会员。大多数时候发挥职业协会的作用，有时候也代表全体公民。2002年为抗议哈玛·哈马米（Hamma Hammami）被捕发动了总罢工。此后，该协会分裂为以巴希尔·艾塞德（Bachir Essid）为首的激进派和宪政民主联盟的支持者。1971年考巴（Korba）大会后，突尼斯学生工会（UGET）则分裂为伊斯兰主义者和左派。它的左翼倾向曾经让布尔吉巴和本·阿里如鲠在喉。然而，到了20世纪90年代，突尼斯当局基本上控制了该组织，执政党成员构成了领导机构的90%。[1] 但是，进入21世纪，随着突尼斯威权主义政权压制的加剧，该组织又一次走向了激进化。2002年，该组织分裂为以总书记伊兹丁·扎阿图（Izzedine Zaatour）为首的激进派和以里达·特里里（Ridha Tlili）为首的温和派。突尼斯人权联盟（LTDH）1977年成立，是阿拉伯世界第一个此类组织。其创始人都为政治活动家。该组织曾支持本·阿里进行政治改革。然而，1991年后，它与政府的关系恶化。作为对威权主义政权压制的回应，激进派掌握了领导权。由于突尼斯威权主义政权走向僵化而无法回应上述社会组织的政治诉求，只能继续采取压制性措施。同时，对突尼斯政治改革进程感到失望的反对派人士，只能选择

---

[1] Steffen Erdle, *Ben Ali's Tunisia* (1987 – 2009): *A Case Study of Modernization in the Arab World*, Berlin: Klaus Schwarz Verlag, 2010, p. 257.

用激进手段向政府施压。这样做的结果并没有导致突尼斯政治变革的加速,社会组织与政治社会的互动归于失败。

最后,伊斯兰组织由于缺乏互动平台而选择与政府对抗。突尼斯选择世俗主义发展方向后,不可避免地对伊斯兰组织进行了控制。突尼斯独立之初在进行宗教方面的改革过程中也没有遭遇重大的危机。然而,自20世纪70年代伊斯兰复兴运动在突尼斯兴起以来,突尼斯不得不面对这一兼具传统与现代性的社会组织。为此,布尔吉巴政府进行了坚决镇压。其结果是突尼斯面临内战的危险。本·阿里以挽救国家的"革新"面貌出现之初也表现了与伊斯兰组织合作的愿望。但是,这种合作在阿尔及利亚内战和海湾战争爆发之后出现了逆转。本·阿里以各种借口清除了伊斯兰组织的影响。其根本原因在于,突尼斯世俗威权主义政权中不存在伊斯兰主义组织的位置。突尼斯政治文化的基本内容是现代化和世俗主义,伊斯兰主义组织在这两个方面都不能与突尼斯的政治社会相容。

第三节 突尼斯的政治参与和政治稳定

一 突尼斯政治参与机制

突尼斯的政治体制决定了它的政治参与体制。突尼斯建立并巩固威权主义政体后,对政治参与扩大和经济建设二者何者为先方面,明确选择了后者。在突尼斯的政治参与体制中政党、总统、工会等发挥了核心作用。

第一,突尼斯的政治体制限定了政治参与的范围和程度。在突尼斯独立过程中,新宪政党发挥了重要的动员组织作用,从而为其赢得了支配政权的合法性。突尼斯独立之后,新宪政党成为执政党,基本上垄断了政治权力的分配,并继续发挥了动员和组织的功能。就政治参与而言,新宪政党起着汇集民意的作用。虽然历经变革,新宪政党先后更名为"社会主义宪政党"(1964年)、"宪政民主联盟"(1988年),但是该党对突尼斯政权的控制从未放松。在议会中,新宪政党中央委员会成员占据了大多数。除了少数工会成员和独立人士外,反对党成员很难进入议会。布尔吉巴时期,议会是其安排新宪政党精英的一个场所。本·

阿里上台后，议会成了维持党内团结和他行使奖赏和惩罚的工具。根据新的选举法，政党统一提名候选人，党内持不同政见者往往得不到提名，从而丧失了从政的资格。另外，新宪政党（以及以后的"社会主义宪政党"和"宪政民主联盟"）本身充当了一种政治参与的途径。突尼斯历次大选结果都以总统接近100%的得票率和执政党超过80%的得票率告终，历次宪法修正案也都是以压倒性优势获得通过，都是该党党员积极参与的结果。在此过程中，该党代表的政治参与展示了其动员能力。除此之外，该党建立了许多职业协会，将从事不同职业的政治活跃分子纳入了党的影响之下。

第二，突尼斯不断增长的总统权威限制了突尼斯政治参与限度。突尼斯独立之后，参考美国的政治体制，建立了总统共和制。然而，在突尼斯，行政部门地位突出，总统的地位与作用远远超过了其他国家总统。根据宪法，总统有权向议会建议立法，并拥有在议会休会期颁布法案的权利。总统有权任命内阁成员并宣布解散议会。总统统领国家武装力量。此外，作为开国总统，哈比卜·布尔吉巴还具有影响公众的个人魅力。本·阿里虽然不具备这种优势，但他对突尼斯政治的控制甚至更进一步。布尔吉巴还可以容忍其他政治人物在自己的领导之下进行竞争，而本·阿里完全消除了这种可能性。本·阿里引入了专家治国，突尼斯的政治人物完全被置于总统的权威之下。在这种情况下，突尼斯民众影响政府决策最有效的方式转变成了向总统建言献策。

第三，突尼斯的法团主义体制吸收了部分政治参与。作为一种新型的统治机制，威权主义政权也具有一定程度的制度容纳能力。突尼斯独立之后，保留了以前的一些政治组织，如突尼斯总工会（UGTT）、突尼斯共产党（PCT）等。在新威权主义政治体制下，突尼斯民众的要求被包容在大量的利益团体中，突尼斯民众获得了一定的政治参与渠道。比如突尼斯总工会、突尼斯农业联合会（UNAT）、突尼斯妇女联合会（UNFT）、突尼斯学生总工会（UGET）等组织分别代表了工人、农民、妇女、学生等各个群体的利益。[①] 突尼斯独立之初，这些组织都可以畅

---

① Lars Rudebeck, *Party and People: A Study of Political Change in Tunisia*, C. Hurst & Company, 1969, p. 40.

通地向政府和最高领导人反映意见。布尔吉巴在制定政策时也经常咨询这些组织领导人的意见。① 但是随着突尼斯威权主义体制的发展，这些法团主义参与机制受到了制约。不仅政府的态度发生了变化，而且这些组织内部缺乏政治参与意识。这些组织逐渐转变成了政府控制民众的工具。法团主义政治参与并不是适用于所有公民。突尼斯底层老百姓仍然缺乏正式的参与渠道。

第四，突尼斯存在大量的非正式政治参与形式，政府通过侍从主义机制控制底层民众。突尼斯普通民众，尤其是底层老百姓缺乏正式的参与机制。比如，突尼斯全国总工会难以将其势力扩展至私人企业。突尼斯农民协会只能代表有地农民，大量的佃农和农业工人很难进入该协会。突尼斯下层民众的政治参与大多数情况下只是被动参与，政治冷漠和"维权式"参与成了他们的选择。不过，突尼斯政府显然对社会变迁中可能出现的动乱极其敏感。为此，突尼斯政府制定了许多政策以防患于未然。比如，突尼斯曾长期对各种糖、油等生活必需品实行补贴。本·阿里时期，政府强制企业家捐献，成立了"2626"基金。②

二 突尼斯政治参与的维度与限度

在威权主义政治体制下，突尼斯政治参与体现了不同的维度，各个阶层的政治参与展现了不同的参与方式。不过，这种异彩纷呈的政治参与同时也面临着种种限制。突尼斯的政治参与不仅受限于国家与社会的关系，还受制于各社会阶层之间的相互掣肘。

（一）突尼斯政治参与的维度

突尼斯民众的政治参与在政府的种种限制之下，各个社会阶层出现不同的参与的类型，表现了不同的内容。各个社会团体与政府的关系也各不相同。一般认为，获得官方授权成立的世俗社会组织，如政党、职业协会、人权组织、工会、社区组织、文化研究中心、妇女组织、媒体

---

① Emma C. Murphy, *Economic and Political Change in Tunisia: from Bourguiba to Ben Ali*, St. Martin's Press in association with University of Durham;, Hampshire: Macmillan Press Ltd., 1999, p. 35.

② "2626"是接受捐款的突尼斯当地邮政编码。

等，都被列入了正式的官方政治参与框架。① 大体而言，政党、工会、非政府组织体现了官方、半官方、民间政治参与的不同形式。

政党。突尼斯实现多党化以来，多党制成了实现政治参与的重要官方机制。首先，突尼斯反对党获得了有限的参与空间。1963年，布尔吉巴以政党竞争可能导致政治分裂为由禁止了当时具有一定影响的宪政党和突尼斯共产党。1981年，突尼斯才开放党禁，允许6个政党参与全国大选和市政选举。本·阿里上台后，进一步增加了反对党的数目，达到了12个。这些世俗主义政党接受了西方自由主义观念，极力倡导政治改革，希望通过公平竞争推动突尼斯的政治变革。另外，本·阿里通过向反对党分配议席控制了党外政治人物。在1994年，反对党被授予19个议席，占总议席的20%，2004年，反对党的议席增至39席，这一比例进一步增加到25%。由于反对党享受政府拨款，选举活动受政府控制，其领导人往往充当了"忠诚的"而不是"忠实的"反对派。

工会和其他半官方机构。突尼斯全国总工会是突尼斯唯一的工会组织，也是突尼斯唯一合法的反对组织。因此，突尼斯全国总工会为政治社会化和创立及维持政治行动主义者网络提供了场所。民众通过工会的政治参与主要包括三个方面。第一，既有的政治行动主义者通过工会进行动员。第二，新的行动主义者在工会得到培训和社会化，工会在此过程中不仅提供召开会议、承办论坛、举行辩论的场所，而且还主办并维持一个庞大的网络。民众将工会作为避风港。第三，工会的资源也被工会之外的机构利用，工会被用来保持政党的资格和创立新的政党。② 工会作为合法的政治组织，代表了法团主义参与。工会成员包括中产阶级中上层。在工会内部也有分歧。大量的职业协会、利益团体容纳了城镇中上层的社会诉求。这些组织往往以其社会诉求为目标组织起来，对政府的社会政策造成了一定的影响。在突尼斯，代表工人、农民、商人、学生、妇女等各个群体的组织。

---

① Augustus Richard Norton (ed.), *Civil Society in the Middle East*, Vol. I, E. J. Brill, 1995, p. 125.

② Ellen Lust-Okar, Saloua Zerhouni (eds.), *Political Participation in the Middle East*, Lynne Rienner Publishers, 2008, p. 249.

各类协会。随着突尼斯经济不断发展和教育水平的提高，民众的参与意识不断增强。突尼斯社会组织的繁荣一定程度上充当了政治参与的媒介。突尼斯人权联盟（LTDH）等组织发挥了重要作用。突尼斯人权联盟是阿拉伯世界的第一个此类组织。该组织不但监督突尼斯政府的人权纪录，而且为伊斯兰组织人员辩护，是唯一向突尼斯政府产生压力的社会组织。在阿拉伯—伊斯兰世界，传统上存在一些非正式的政治参与途径。以亲缘关系、宗教、邻里社区、职业、商业网为基础，民众建立了大量的非正式组织。[1] 其中伊斯兰组织的作用最为突出。突尼斯独立以来一直奉行世俗化，宗教被限定在私人领域，其政教分离实现了宗教的官方化。但是，从20世纪70年代末期开始，伊斯兰复兴运动在突尼斯兴起，伊斯兰组织自此对突尼斯的政治产生了深远影响。就政治参与而言，相比其他世俗反对党和各种专业协会，人们更加熟悉伊斯兰组织所代表的政治参与。伊斯兰组织发挥两方面的作用：第一，为普通民众提供了发泄对政府不满的交流场所；第二，为采取集体行动提供了场所。伊斯兰组织网络渗入了民众日常生活的每一个方面，为民众提供了精神指引、生活规范、行为准则，还发挥了财产分派的作用。伊斯兰组织在意识形态、社会生活、公平、正义、道德各个方面对突尼斯世俗政权造成了威胁。例如，"回归伊斯兰"的口号唤醒了民众对其身份认同的意识。人们通过戴盖头、蓄胡须、严格坚持宗教规范表达对政府倡导的世俗化的抵制。此外，他们还参加慈善活动，游离于政府的各项政策之外。伊斯兰组织通过游行示威、爆破，以和平或暴力的方式表达对现代化过程中带来的认同危机、政府压制、专制、腐败等方面的反对。

（二）突尼斯政治参与的限度

总体而言，突尼斯的政治参与在逐渐扩大，政治参与的广度和深度都在增加。但是，新威权主义政治体制下突尼斯的政治参与具有其局限性。这表现在突尼斯的政治参与只能在政府规定的范围内进行，政治动员被压制，政治参与制度化不足等方面。

首先，突尼斯的威权主义政治体制排斥任何能和执政党或总统权力

---

[1] Ellen Lust-Okar, Saloua Zerhouni (eds.), *Political Participation in the Middle East*, Lynne Rienner Publishers, 2008, p. 41.

相抗衡的组织。突尼斯政府采取了种种措施限制社会组织的独立地位，这包括：（1）通过立法要求各个团体组织取得内政部颁发的证书，从而在法律上实施控制；（2）对各个协会进行资金控制；（3）通过限制民主联盟成员渗入，安插眼线和组织者；（4）瓦解、复制胆敢反抗的组织；（5）武力镇压。[1] 政府意图使这些社会组织成为其政策的"传送带"，而不是评价政府行为的自治机构。另外，20世纪60年代，工会组织连同突尼斯共产党遭到了打压。布尔吉巴迫使突尼斯全国总工会总书记本·萨拉赫辞去了职务，而且还授意工会内部新宪政党的支持者另组工会。1957年，工会在得到彻底改造之后重新统一。[2]

其次，突尼斯的经济自由化并没有产生什么政治影响。虽然突尼斯的私营经济获得了长足发展，但私营企业主对政治的影响仍然处于政府的控制之下。私营企业主仍然依附于政府的各项优惠政策，或者直接受益于政府的扶持。这使得他们很难与政府对抗。相反，与政府合作才能最大限度地实现他们的利益。事实上，在新威权主义政治体制下，这些自由化的资产阶级成了统治集团的一部分。他们倾向于维持这一体制，而不是推翻它。

再次，突尼斯社会阶层利益的沿着工人、农民、学生、宗教团体垂直分布，限制了政治参与的水平。在这种情况下，世俗政党不会支持伊斯兰政党，反之亦然。比如，世俗反对党在政府历次镇压伊斯兰组织的行动中都保持了中立。有政治家甚至以担心突尼斯建立"神权威权主义"为由支持政府的镇压政策。[3] 突尼斯全国总工会与伊斯兰复兴运动在突尼斯具有政治动员能力，前者的力量集中在职场人士中，后者对那些处于边缘地位的中下层民众极具号召力。但是二者的合作仅限于为数不多的几次示威和罢工。然而，这种安排同时也为政治参与的爆发创造了基本结构。2001年，突尼斯全国总工会换届选举后，反对派占据了

---

[1] Augustus Richard Norton (ed.), *Civil Society in the Middle East*, Vol. I, E. J. Brill, 1995, pp. 139 – 140.

[2] Christopher Alexzander, *Tunisia: Stability and Reform in the Modern Maghreb*, Routledge, 2010, p. 39.

[3] Augustus Richard Norton (ed.), *Civil Society in the Middle East*, Vol. I, E. J. Brill, 1995, p. 146.

领导权的 1/3，政府逐渐失去了对工会的控制。①

最后，突尼斯下层民众被迫回归传统的政治参与方式。在农村地区，由于土地政策对他们不利，农民被迫从农会和选举式政治参与中退出，重新进入了侍从主义和新传统主义社会组织。在此情况下，农民只能寄希望于伊斯兰慈善机制。执政党宪政民主联盟的地方组织也向农村精英施压，维持这种传统。② 不过，这种慈善机制并不能满足民众维持最低生活水平的基本需求。在突尼斯政治动荡中，普通老百姓的参与加速了威权主义政权的瓦解。

三 突尼斯的政治参与和政治稳定

发展政治学认为，政治参与的急剧增长会引起政治不稳定，适度控制政治参与程度可以保证政治秩序的稳定。③ 突尼斯独立之后 50 多年的政治发展史佐证了这一观点。突尼斯独立之后基本上保持了政治稳定，突尼斯新威权主义政治体制政权对政治参与的控制导致出现了两个结果：第一，政治反对派长期处于弱势地位，基本丧失了政治动员能力；第二，伊斯兰主义组织和世俗主义组织无法实现结盟，政治参与沿着宗教与世俗的裂痕发生分裂。突尼斯发生政治变革之前，突尼斯的各项表现也表明了突尼斯的政治稳定。本·阿里 2009 年以绝对优势获得了总统连任，开始了第五个任期。突尼斯非政府组织也空前发展，各种协会的总数达到 5000 个以上。突尼斯存在合法的反对党，而且反对党在议会中的议席实现了稳步增长。伊斯兰组织在 20 世纪 90 年代之后长期沉寂，难以掀起风浪。④

然而，突尼斯的政治稳定并不是真正的"稳定"。这种"稳定"更多的是新威权主义政权垄断权力的结果。就政治参与而言，其扩大范围有限，制度化的水平更加低下。亨廷顿认为，政治现代化的关键是权威

---

① Steffen Erdle, *Ben Ali's Tunisia (1987 – 2009): A Case Study of Modernization in the Arab World*, Klaus Schwarz Verlag, 2010, p. 123.

② Stephen J. King, *The New Authoritarianism in the Middle East and North Africa*, Indiana University Press, 2009, p. 177.

③ 燕继荣主编：《发展政治学》，北京大学 2010 年版，第 126 页。

④ 冯璐璐：《当代突尼斯伊斯兰复兴运动》，《阿拉伯世界》1999 年第 3 期。

合理化、政治体制制度化和政治参与的扩大。① 突尼斯在政治体制化和参与扩大两个方面都未能取得重大进展。

首先,突尼斯威权主义政治体制对政治现代化的抗拒,使其在权威合理化、机构专门化和政治参与扩大等方面进展缓慢。突尼斯过去的政党制度极大地维护了政治稳定,保持了数十年的政治稳定。但是,随着现代化过程中各种不稳定因素的接连出现,突尼斯的威权政权面临日益加剧的危机,以至于难以维系。比如,和许多发展中国家一样,突尼斯在政治现代化过程中也出现了城乡差距、地区差距扩大、公平正义丧失、政治腐败加剧等顽症。而政治参与缺乏合理的机制、政治参与受到种种压制,使得民众对政府日渐失去了信心,并走上了推翻政府的道路。

其次,突尼斯虽然维护了政治稳定,但牺牲了政治参与的扩大和机制化。领导人既缺乏放弃专制权力的意愿,也不愿进行实质性的政治改革推动政治参与。就政治参与的制度化而言,突尼斯在政治现代化过程中虽然引进了法团主义体制,但是这一渠道很多时候并不畅通。现代的、正式的参与渠道不畅导致传统的、非正式政治参与的复归。一方面,突尼斯存在议会、政党、工会、社会组织等现代参与机制;另一方面,突尼斯也存在部落、同业行会、议事会等传统机构。正式的和现代的政治参与往往变得不能适应现实,而传统的、非正式的政治参与变得有效,获得了合法性。有学者认为,正式参与机制的脆弱并不是由于社会团体的能力所致,而是各个政治行为者以实用主义和机会主义利用的结果。② 这表明,突尼斯的威权主义政治体制已经无法容纳现代化进程中出现的新的社会力量,无法解决现代化过程中出现的新的社会矛盾。

最后,突尼斯新威权主义政治体制对政治参与的过度控制使得政治稳定态势走向了它的反面,即政治停滞。政治停滞是威权主义加强的必然结果,也预示着这一体制越来越不能满足生产力发展的要求,从而面

---

① [美] 塞缪尔·P. 亨廷顿:《变化社会中的政治秩序》,王冠华、刘为等译,上海世纪出版集团 2008 年版,第 26—27 页。

② Ellen Lust-Okar, Saloua Zerhouni (eds.), *Political Participation in the Middle East*, Lynne Rienner Publishers, 2008, p. 261.

临崩溃。突尼斯在政治改革领域的裹足不前,大大延误了政治发展的要求,从而使得政治变革不可避免。政治参与难题的裂变反而推动了突尼斯的政治转型。

第四节 突尼斯总工会的历史演变及其影响

一 突尼斯工会的发展演变历程

突尼斯工会是阿拉伯—伊斯兰世界产生最早的工会,拥有悠久的历史和丰富的斗争经验。它的发展历程贯穿突尼斯现代史,从殖民地时期一直延续到突尼斯发生政治变革,且仍在发挥作用。大致而言,突尼斯工会的发展经历了以下几个阶段。

(一) 早期发展阶段

工会虽然是新事物,但在突尼斯产生的时间比较早。1881年随着法国在突尼斯建立殖民统治,殖民经济逐渐发展起来。为了改造突尼斯,攫取大量利益,法国移民不断增加。工人阶级开始形成。1910年,在突尼斯出现了工会。这一工会主要由法国码头工人组织,隶属于法国总工会(CGT)。[①] 该组织在参与国际工人运动、促进马克思主义传播等方面也发挥了一定的积极作用。突尼斯工人阶级及时的萌生,集体谈判理念的引进,乃至于采用工会组织策略等都得益于该组织的示范。但是,法国工人阶级的大国沙文主义影响了和突尼斯工人阶级的联合,他们拒不承认同工同酬的原则。因此,突尼斯早期工会主义者、共产主义者穆罕默德·阿里(Mohamed Ali)于1924年组织了突尼斯工人阶级自己的工会。不过,该组织由于殖民者的镇压很快归于失败。此后的22年里,突尼斯工人阶级再也没有组织具有一定影响力的工会。直到1946年,另一位著名的工会主义者法哈特·哈其德(Farhat Hasid)成功组织了突尼斯人的工会。

(二) 殖民地时期的工会

1946年,在哈其德领导下,突尼斯总工会(UGTT)成立,有数千

[①] Charles A. Orr, "Trade Unionism in Colonial Africa", *The Journal of Modern African Studies*, Vol. 4, No. 1 (May, 1966), p. 68.

名会员。① 突尼斯人之所以能够重新组织工会，与第二次世界大战结束的背景是密不可分的。战争期间，突尼斯人民与法国人并肩作战，一方面为世界反法西斯事业做出了重要贡献，理应得到法国的回报；另一方面，突尼斯人在此过程中也洞悉了法国的虚弱，深刻认识到殖民统治的不合理，因而试图改变这一局面。突尼斯总工会一经成立，便顺应反殖民主义的时代潮流，和其他民族主义组织建立了紧密联系，一道争取民族独立和国家解放。

（三）独立初期工会的缓慢发展

1956年突尼斯独立到1969年，突尼斯总工会配合国家战略，做出了重要贡献，但在组织方面更多处于新宪政党领导之下，发展缓慢。突尼斯政府对于总工会的打压并没有动摇其基础，总工会仍然是突尼斯重要的法团主义组织，其成员参与了突尼斯多届政府，并帮助新宪政党稳定了局势，使得突尼斯共和国成功建立。在突尼斯经济转向社会主义模式的过程中，突尼斯总工会放弃了自己的领导地位，配合国家对商业和农业的集体化，并努力为宪政社会主义的实验提供帮助。突尼斯工人运动在这一时期也保持低潮。哈比卜·布尔吉巴总统为了削弱工会的力量，指示哈比卜·阿舒尔成立了另外一个工会组织。1956年10月，受政府控制的突尼斯工人工会（UTT）成立，1958年与突尼斯总工会合并。工会的分裂一定程度上降低了其影响力，突尼斯政治生活进入新宪政党主导的时代。在这个阶段，突尼斯总工会没有发动过罢工。②

（四）自由化时期政治地位上升

1970—1977年，突尼斯总工会在新的政治经济环境中发展。宪政社会主义试验失败之后，突尼斯总工会开始重新活跃起来。由于教师、银行职员的加入，突尼斯总工会在70年代迎来了迅速扩充。总工会的政治地位日益上升，加入到了推动政治改革的运动当中。不过，得益于布尔吉巴、希迪·努埃拉和哈比卜·阿舒尔之间的私人关系，总工会并

---

① Claude Liauzu, "Histoire Du Travail Et Du Mouvement Ouvrier Au Maghreb", *Oriente Moderno*, Nuova serie, Anno 15 (76), Nr. 4, Sindacato E Maghreb: Attidel Convegno (1996), p. 203.

② Mohamed Ennaceur, "Les syndicats et la mondialisation: le cas de la Tunisie", Documents du travail, *Organisation internationale du Travail* (Institut international d'études sociales), 2000, p. 6. http://www.ilo.org/inst.

没有挑战政府的权威。① 1970 年，努埃拉总理推动改革开放后，在政府干预下，雇主协会与总工会签订了合作协议。突尼斯总工会以避免工人运动换取了雇主协会定期提高工人待遇的承诺。但是，突尼斯经济策略转变之后，总工会逐渐成了反对者。它庇护了大量反对者，并要求实现政治变革。

（五）激进化时期

1978—1986 年，随着突尼斯经济社会矛盾在 70 年代后期集中爆发，突尼斯工人的生活状况不断恶化，总工会和雇主协会的协议难以维持。1978 年，由于生活必需品价格上涨，突尼斯出现了独立后第一次总罢工。总工会与政府的关系也急转直下。由于政府镇压，1978 年的"黑色星期四"造成大量人员伤亡。1984 年，突尼斯又出现了"面包暴动"。总工会为了工人的利益，积极向政府施压。在几次罢工过程中，大量工人受伤，许多领导人被逮捕，突尼斯总工会遭遇了重大挫折。② 1984 年 2 月，政府支持的突尼斯全国总工会（UNTT）成立，直到 1989 年 4 月与突尼斯总工会重新合并。③

（六）低速发展时期

1987—2010 年，突尼斯政府重新调和了总工会与雇主协会的关系。本·阿里上台，突尼斯在经济结构调整方面取得了重大进展。但本·阿里政府对国际金融组织的私有化要求进行了改造。一方面，突尼斯政府对大量国有企业进行了私有化改革。另一方面，突尼斯政府通过保障条款，成功维持了工人的就业。④ 突尼斯总工会与政府、雇主协会重新签订协议，这使得突尼斯工人的利益得到了部分保障，突尼斯工人的利益有一定程度的提升。本·阿里与国内主要政治力量签署的《民族宪章》规定了各方的义务和共同目标。突尼斯总工会认同并支持了这一协议。

---

① Christopher Alexander, *Tunisia: Stability and Reform in the Modern Maghreb*, Roueledge, 2010, p. 58.

② Keenan Wilder, "The origins of labour autonomy in authoritarian Tunisia", *Contemporary Social Science*, 10: 4, 2016, p. 356.

③ Kennth Perkins, *Historical Dictionary of Tunisia*, Danham, Md., & London: The Scarecrow Press, Inc., 1997, p. 179.

④ Christopher Alexander, *Tunisia: Stability and Reform in the Modern Maghreb*, Roueledge, 2010, p. 53.

但总体上看，由于新自由主义政策的全面实施，工人阶级在工作保障、高工资、更短工时、健康保险、失业保险、养老金以及消费合作社等方面损失很大。① 当突尼斯经济转型升级失败后，由工薪阶层组成的中产阶级成为最大的受害者。

（七）重新定向阶段

2011 年突尼斯发生政治变革之后，由于国内外环境的变化，工会再次活跃起来。突尼斯总工会不仅促使本·阿里政权倒台，而且推动了突尼斯的政治转型。2011—2014 年，总工会发动了大量罢工，迫使过渡政府接受其经济和政治要求。目前，突尼斯总工会成员达 517000 人。② 在转型时期，包括突尼斯总工会在内的社会团体都获得了公开活动的机遇。而总工会由于其历史上形成的地位，发挥的作用更大。

综上所述，突尼斯的工会作为中东国家的重要社团组织，表现出了与众不同的特点。与发达国家的工会相比，突尼斯工会还有很多不足。不论会员数量还是影响力都无法与亚洲、拉美等地区的工会组织相比，这与突尼斯的社会发展阶段是相适应的。事实上，不仅突尼斯的工人阶级力量较弱，资产阶级的力量也比较弱，国家在社会经济中发挥了主导性作用。③ 与其他发展中地区相比，突尼斯工会往往表现得比较温和、革命性差。这一方面与突尼斯相对温和的政治文化有关，另一方面与突尼斯政党政治有关。突尼斯共产党的组织能力和发展水平十分有限，无法领导工会运动。没有共产党的领导，工会运动的威力也发挥不出来。突尼斯总工会在政党和社会组织之间摇摆不定，也影响了其策略选择。

二 突尼斯工会对工人运动的贡献及不足

突尼斯工会对于其自身定位有着比较明确的认识。长期的发展经验

---

① Joel Beinin, "The Working Class and Peasantry in the Middle East: From Economic Nationalism to Neoliberalism", *Middle East Report*, No. 210, spring, 1999, p. 21.

② 截至 2019 年年底，最新数据为 700346 人。ITUC, List of Affiliates, http://www.ituc-csi.org/+-about-us-+.html?lang=en.

③ Claude Liauzu, "Histoire Du Travail Et Du Mouvement Ouvrier Au Maghreb", *Oriente Moderno*, Nuova serie, Anno 15 (76), Nr. 4, SINDACATO E MAGHREB: ATTIDEL CONVEGNO (1996), p. 206.

使其形成了相对稳定的政治定位。工会虽然能够领导工人运动，但在特定情况下却是工人运动促使工会采取必要行动。

（一）突尼斯总工会的自我定位

突尼斯总工会在与政府互动中采取不同策略的原因首先在于其自我定位。从突尼斯工会的发展经历看，总工会成立之后便形成了独特的政治文化。这种政治文化倾向表现在其争取外部支持的过程中。与大部分试图建立外部联系和争取支持的工会组织一样，突尼斯工会在争取外部支持方面进行了认真选择。由于美苏争霸的背景和北非民族解放运动的潮流，由苏联主导的国际工人协会（the World Federation of Trade Union, W. F. T. U）和由美国主导的国际工人联盟（the International Confederation of Free Trade Union, ICFTU）都试图将其纳入自己的轨道，作为本国全球战略的补充。[1] 突尼斯总工会也曾希望加入国际工人协会，因为这个阵营对民族解放运动的支持力度更大。但是，这一选择最终未能实现。从意识形态上看，阶级斗争观念在阿拉伯世界的市场很小。很多民族主义者包括哈其德和布尔吉巴都不接受阶级斗争的理论。从具体操作的层面上看，突尼斯总工会在加入国际工人协会的过程中遭到了法国工会的阻挠。因为这样将使得双方的地位平等化。另外，布尔吉巴等领导人在争取支持其国家独立事业的过程中，更多地把砝码投到了美国方面。加入美国领导的国际工人联盟有助于争取美国团体的支持，而且也为突尼斯民族主义者和美国决策者搭上了关系。布尔吉巴在1949年成功访美就是工会为他提供的便利。突尼斯总工会加入国际工人协会的时间为1949年1月至1950年6月，前后花了18个月时间。在此之后，就一直处于国际工人联盟的领导之下。

突尼斯总工会自成立以来，历经变革，主要形成了以下原则：第一，工人利益；第二，团结；第三，自由、正义。[2] 突尼斯总工会始终将改善工人经济状况和改善工作环境作为其主要目标。而且，突尼斯总

---

[1] Willard A. Beling, "W. F. T. U. and Decolonisation: A Tunisian Case Study", *The Journal of Modern African Studies*, Vol. 2, No. 4 (Dec., 1964), p. 555.

[2] Mohamed Ennaceur, "Les syndicats et la mondialisation: le cas de la Tunisie", Documents du travail, *Organisation internationale du Travail* (Institut international d'études sociales), 2000, p. 9, http://www.ilo.org/inst.

工会致力于通过参与社会运动来实现工人的总体利益。法哈特·哈其德明确指出,"突尼斯总工会的主要利益是社会进步,家庭发展,为年轻人提供希望,促进教育发展"。[①]

突尼斯总工会很早就意识到了工人团结的重要性,认识到"团结就是力量"。在民族解放运动时期,正是工人的团结使其发挥了政党的作用。突尼斯独立后,总工会庞大的队伍使得政府也颇为忌惮。突尼斯政府联合总工会的同时,也在限制其发展。总工会与政府关系和谐的时候,其领导人担任政府的部长和执政党的中央政治局常委。反之,总工会则被压制,甚至被瓦解。突尼斯总工会在1956年和1984年曾先后经历了两次分裂。因此,团结不仅是总工会的原则之一,而且是其生存技能,也是工人运动的基本前提。

另外,突尼斯总工会受西方工人运动的影响,将社会公正和社会进步作为自己的原则和奋斗目标。公平、正义、自由、进步是总工会成立以来,历次大会的关键词。[②] 总工会认为只有实现了这些目标,工人的利益才有更大程度的保障。而工人运动的最终目标也是和这些目标完全一致的。总体而言,它在经济方面积极介入,政治方面则比较克制。

(二)突尼斯的工人运动

在发达资本主义国家,由于工人阶级与资产阶级进行了长期的斗争,才取得缩短工作时间、改善劳动条件、提高工资和劳动待遇以及普选权和参与企业管理等胜利成果,使工人阶级在相对较好的条件下劳动,提高了劳动生产率,促进了生产力的发展和社会的进步。在俄国和中国工人阶级进行革命、夺取政权的斗争中,革命工会运动也起到了很大的推动作用。在第三世界国家中,进步的工会运动对推翻帝国主义和殖民主义的统治,也起到了促进作用。在维护民族独立、发展民族经济、维护工人权益方面,也发挥着重要作用。[③] 突尼斯作为从殖民统治下争得解放的第三世界国家,工人运动主要的贡献也体现在维护民族独

---

① Mohamed Ennaceur, "Les syndicats et la mondialisation: le cas de la Tunisie", Documents du travail, *Organisation internationale du Travail* (Institut international d'études sociales), 2000, p. 11, http://www.ilo.org/inst.

② Ibid..

③ 马子富:《论工会运动的规律》,《中国劳动关系学院学报》1996年第3期。

立、发展民族经济、维护工人权益等方面。

第一，工人运动是突尼斯民族解放运动中的关键力量。突尼斯工人阶级的形成和工会运动是与殖民主义的入侵紧密联系在一起的。虽然突尼斯在1837年就开启了现代化改革，但直到1881年沦为法国殖民地，突尼斯尚处于前现代阶段。当时，工人阶级还没有出现，传统势力主导了经济和政治的各个方面。不过，随着现代技术和现代商业形式的发展，欧洲向非洲输出了计工资的劳工、工会和集体谈判。[①] 在法国的殖民改造下，突尼斯社会发生了急剧变革。传统社会秩序逐渐瓦解，新的政治力量登上政治舞台。在此过程中，工人阶级发挥了突出作用。

首先，突尼斯人成立工会是民族觉醒的标志，突尼斯总工会的出现是民族解放运动发展的重要转折。法国工人主导的工会组织支持不公正的殖民统治秩序，在工人阶级内部维护法国、意大利工人的利益，漠视突尼斯工人的利益，激起了后者的愤慨。第一次世界大战之后，随着民族自决理念的传播，民族主义运动逐渐兴起，法国在突尼斯的殖民统治开始遭到挑战。殖民时期法国工人享有的33%额度的工资优待，使得突尼斯工人很难与法国同行合作。而且，殖民地的法国总工会维护法国殖民统治的立场，让突尼斯工人非常愤慨。虽然相对于其他的赤贫者而言，工人阶级的收入相对较高。但在民族主义运动的推动下，突尼斯工人阶级开始觉醒，从而成立了突尼斯人自己的工会。1924年，突尼斯马克思主义者、工人运动领袖穆罕默德·阿里创立了突尼斯第一个工人联合会。这是阿拉伯—伊斯兰世界第一个民族工会。

其次，争取民族解放，参与民族解放运动是突尼斯工会成立初期的主要工作。突尼斯的民族主义运动兴起于第一次世界大战前后。一方面，殖民统治的加强加深了民族对立。另一方面，由于第一次世界大战的爆发，民族主义思想开始大量传播。1919年，突尼斯民族主义者阿卜杜勒·阿齐兹·萨阿列比在巴黎出版了《苦难的突尼斯》一书，明确反对殖民统治，提出独立主张。[②] 1920年，突尼斯精英成立宪政党，

[①] Charles A. Orr, "Trade Unionism in Colonial Africa", *The Journal of Modern African Studies*, Vol. 4, No. 1 (May, 1966), p. 65.

[②] Kennth Perkins, *A History of Modern Tunisia*, Cambridge & New York: The Cambridge University Press, 2004, p. 77.

争取民族独立。1934 年，哈比卜·布尔吉巴等人不满宪政党的保守立场，从宪政党分离出来，形成激进派阵营新宪政党，突尼斯民族解放运动进入新的阶段。突尼斯工人联合会创立之后，与新宪政党等民族主义组织联合，在行动上与民族主义组织相呼应，增强了民族主义运动的力量。殖民当局对此感到恐慌，接连取缔了两个突尼斯工会组织，并对其组织者进行镇压。① 直到 1946 年，由工会主义者法哈特·哈其德创立了新的工会联合会，突破了殖民当局阻止成立工会的禁令。哈其德是突尼斯卓越的民族解放运动领袖。他创立工会的宗旨就是促进突尼斯的民族解放事业。在他的领导下，突尼斯总工会解决和布尔吉巴领导的新宪政党站在一起，并肩战斗。他曾说："工人为了提高物质和精神状态的斗争从属于争取最高国家利益的事业，因为这种改变取决于社会变革，但在殖民状态下社会变革是不可能发生的。如果自由国家工会运动的任务是反对资本主义和支持资本主义的政府，殖民地国家工会运动的任务则是反对剥削整个民族的外国资本主义。"② 当新宪政党遭到殖民政府镇压，布尔吉巴等人被关进监狱之后，突尼斯总工会承担了民族解放运动的领导和组织任务。哈其德通过各种方式和平台宣传突尼斯民族解放的思想，组织并团结民众继续为民族解放运动奋斗。突尼斯总工会凭借与世界工会联合会的联系，成功地将法国的殖民罪行诉诸国际社会，迫使法国承受强大的国际压力。突尼斯总工会在国内和国际上的活动配合了布尔吉巴等人主持的政治谈判，为突尼斯早日摆脱法国的殖民统治发挥了不可替代的作用。哈其德富有成效的活动引起了法国极端分子的仇恨，1952 年被"红手"组织枪杀。这从另一个侧面证明突尼斯总工会的重要性。

最后，突尼斯总工会在保证民族主义政权过渡、巩固民族解放运动的成果方面发挥了重要作用。突尼斯民族解放运动以"渐进主义"著称，形成了自己的特色。但在突尼斯独立前夕，民族解放运动面临严峻挑战。1954 年，突尼斯与法国签订内部自治协定。法国允诺突尼斯独

---

① Najet Mizouni, "L'UGTT, Moteur de La Révolution Tunisienne", *Tumultes*, Vol. 38 – 39, No. 1, 2012, p. 74.

② Mohamed-Salah Omri, "No Ordinary Union: UGTT and the Tunisian Path to Revolution", *Workers of the World*, Volume 1, Number 7, November 2015, p. 20.

立地位，但保留了外交国防等重要部门，法国仍维持特权地位。这在突尼斯民族主义者中间产生强烈反响。新宪政党内以布尔吉巴为代表的温和派力量，努力以渐进主义方式推动突尼斯分阶段实现独立，同时避免无谓牺牲。但以本·优素福为代表的激进派势力则拒绝这一协议，要求突尼斯立即实现独立。突尼斯民族主义力量面临分裂的局面，形势非常紧张。突尼斯总工会审时度势，从突尼斯民族利益出发，坚定地支持温和派，从而保住了长期争取的胜利果实，推动突尼斯民族解放运动继续向前发展。哈其德被刺之后，突尼斯总工会的实力没有下降，反而激起了民众的同情。突尼斯总工会的决定性力量再次显示出来。

突尼斯总工会在民族解放运动当中的经历，成为民族的自豪。其一，突尼斯总工会面对殖民者的压迫，始终没有屈服，成为突尼斯人民独立的象征。其二，突尼斯总工会作为先进阶级的代表，其支持的事业也是进步的事业。突尼斯工会与进步主义结合在一起。其三，突尼斯总工会虽然不是政党，但它发挥的作用不亚于政党，这奠定了其政治地位。突尼斯总工会在参与现代化建设中拥有不容置疑的合法性基础，这使得工会有机会推行自己的战略，实现工人阶级的纲领和目标。

第二，工人运动是突尼斯短暂社会主义试验的中坚力量。1956年，突尼斯正式独立，总工会支持布尔吉巴政府，并参加了首届政府。突尼斯独立之初，薄弱的民族经济无法承担起发展经济的重任，国家承担此项任务是大势所趋。同时，由于突尼斯工人取代殖民者的职位，工人阶级的力量空前壮大。作为先进生产力的代表，工人阶级完全有能力在突尼斯现代化事业中发挥重要作用。1952年继承哈其德担任突尼斯总工会总书记的本·萨拉赫（Ahmad Ben Salah）受社会主义思潮的影响，努力推动在突尼斯建立社会主义制度。1961年，本·萨拉赫被布尔吉巴任命为计划与经济部部长，全面推行他所提出的经济计划。该计划是一个十年远景规划，具体包括两个三年计划和一个四年计划。首要目标是经济"突尼斯化"，即在进出口方面降低对法国的依赖，减少金融、工业和农业领域外国份额。第二个目标是"人的提升"，即实现机会均等，提高生活水平；重新分配收入，改善普通民众的营养、住房、教育和卫生状况。改革的第三个目标是调节经济结构，改变部门比例不平衡的情况。最后一个目标是实现自我发展，取得自我维持的增长，这要求国内储蓄满足投资需求。

　　社会主义试验时期，突尼斯在合作社的建设方面取得了重大进展。农业合作化、零售业合作化运动规模较大。到1968年8月，约38%的可耕地被纳入了合作社，约90万人生活在合作社，约占突尼斯农村人口的30%。[1] 之后，突尼斯政府宣布将把所有的耕地划入合作社，这引起了萨赫勒地区地主的反抗，布尔吉巴在压力之下将本·萨拉赫解职，他的社会主义事业归于失败。在10年宪政社会主义试验期间产生了一些积极的成果。其一，突尼斯政府将外国人占有的土地收归国有，实现了土地的"突尼斯化"。这为突尼斯以后的经济发展打下了基础。其二，在计划经济期间，突尼斯在农业领域发展了一套完整的信贷体系，为现代农业的发展做了有益尝试。其三，为了填补殖民者撤退而产生的人才空缺，突尼斯培养了一支技术人员队伍。其四，突尼斯政府创建了农业拓展服务设施。其五，由于现代技术的应用，土地面积得以扩大，水利设施得以改进。其六，大批农业技术人员和管理人员在合作社实践中得到了锻炼，获得了实践经验。[2]

　　第三，总工会尽最大努力维护工人的物质利益和精神利益。突尼斯总工会拥有丰富的斗争经验，也有着严密的组织结构。在中央，总工会设有全国委员会，在各省有省委员会。中央委员会对省委会有节制领导的权力，省委会可以选择支持或不支持中央委员会的指令。事实上，在斗争过程中，省委会在很多情况下能够维持独立性。这样能使得这个组织很好地延续下去，而不是被权力机构一网打尽。尤其是在工人利益严重受损的时刻，总工会挺身而出，维护工人利益。1978年大罢工、1984年罢工、2008年地区罢工都是总工会采取的坚决行动。

　　另外，总工会还成立了各个专门委员会，代表诸如矿工、旅游业、纺织业、教育、医疗等各个不同的行业。[3] 突尼斯总工会在每个省都有委员会，共计24个省级组织，拥有48个行业组织，囊括了突尼斯几乎

---

[1] Kenneth H. Parsons, The Tunisian Program for Cooperative Farming, *Land Economics*, Vol. 41, No. 4, p. 304.

[2] 韩志斌等著：《阿拉伯社会主义国家治理的历史考察》，中国社会科学出版社2019年版，第258页。

[3] 杨鲁萍、林庆春编著：《突尼斯》，社会科学文献出版社2003年版，第99页。

所有具备一定影响的生产领域。①

第四,突尼斯总工会与时俱进,不断扩大自己的组织和影响。近年来,突尼斯总工会吸纳了主要由手工业者构成的非正式机构成员和海外移民加入该组织。非正式机构的工人地位比较模糊,但构成了突尼斯工人的很大比重。据悉,在欧洲国家工作的马格里布三国工人人数超过了200万。② 突尼斯总工会坚持的这些原则保证了它的成功,也使得它在突尼斯的现代化转型中发挥了不可替代的作用。

(三) 不足之处

不过,工会领导下的工人运动也有明显的局限。究其原因在于突尼斯工会和工人运动之间并没有建立起密切的联系。一方面,突尼斯总工会作为工薪阶层的代表具有一定的保守性。对于这一点,列宁指出,当无产者的阶级联合的最高形式,即无产阶级的革命政党(要是这个党不学会把领袖和阶级、领袖和群众结成一个整体,结成一个不可分离的整体,它便不配拥有这种称号)开始成长的时候,工会就不可避免地暴露出某些反动色彩,如某种行会的狭隘性,某种不问政治的倾向以及某些因循守旧的积习,等等。但是除了通过工会,通过工会同工人阶级政党的协同动作,无产阶级在世界上任何地方从来没有而且也不能有别的发展道路。③

另一方面,在工人阶级,特别是下层工人阶级的推动下,总工会也承担了许多革命性的工作。但从突尼斯的工人运动的现实来看,工人运动的范围分散而广泛,工会只是代表了其中的一部分力量。

突尼斯总工会虽然在突尼斯政治中举足轻重,但没有推动确立工人阶级的领导地位。从阶级关系上来看,突尼斯总工会主要代表了有产阶级,是中产阶级的主要构成力量。不论是政府雇员、国有企业员工、私有企业员工,突尼斯总工会的成员大都属于工薪阶层,拥有稳定且较高的收入。在突尼斯总工会当中,白领基层倾向于自行活动,且思想较为

---

① Steffen Erdle, *Ben Ali's "New Tunisia" (1987 – 2009): A Case Study of Authoritarian Modernization in the Arab World*, Berlin: Klaus Schwarz Verlag, 2010, p. 209.

② Mohamed Ennaceur, "Les syndicats et la mondialisation: le cas de la Tunisie", *Documents du travail*, *Organisation internationale du Travail* (Institut international d'études sociales), 2000, p. 28.

③ 《列宁选集》第四卷,人民出版社 1995 年版,第 160 页。

保守。教师协会、邮政工人协会、交通协会等社会主义倾向更大，属于左派阵营。① 突尼斯总工会在发生政治变革后才将临时工、失业人员吸纳到组织当中，在大会中讨论涉及他们的议题。但事实上，正是这些社会边缘人士推动了突尼斯政治变革。简而言之，突尼斯总工会的革命性不够，不能代表大量底层群众的呼声。

三　工会对于突尼斯政治转型的影响

突尼斯总工会虽然对于工人运动的推动力度有限，但其政治影响还是无处不在。总工会在民族解放运动期间树立的崇高地位，庞大的社团组织和它代表的中产阶级群体都是它能够产生重大影响的原因。突尼斯总工会在国家独立之后，根据形势发展，以不同的姿态参与了突尼斯政治。

（一）现代化建设的协调者

突尼斯总工会的原则立场同时包含了经济工会、社会工会和政治工会②的某些特征，因而其发挥的作用是极其复杂的。之所以如此，在于突尼斯总工会在国家政治制度中作为法团主义组织的地位。哈比卜·布尔吉巴总统虽然曾经尝试将总工会置于新宪政党控制之下，但没有成功。慑于总工会的强大群众基础，突尼斯领导层只能采取法团主义的形式对其加以利用。突尼斯独立之后，一直到20世纪80年代中期，突尼斯总工会的这种作用表现得非常明显。它先后与执政党、反对党、其他社会组织建立了密切的关系。不论是左翼还是右翼都曾借助总工会的力量，不论是执政者还是反对派都不能忽视总工会的影响力。突尼斯总工会与各个权力机构都有沟通，主要以政治伙伴、中立者和反对者的角色

---

① Steffen Erdle, *Ben Ali's "New Tunisia"* (1987 – 2009): *A Case Study of Authoritarian Modernization in the Arab World*, Berlin: Klaus Schwarz Verlag, 2010, p. 210.

② 根据主要活动和倾向，工会运动可以分为三种类型：其一，经济工会（economic Uninism），又称"商业工会"，指那些主要致力于通过集体谈判来增进会员狭义经济利益的工会；其二，社会工会（Social Uninism）或"福利工会"，指那些不仅关心会员狭义经济利益，而且关注更广泛的社会、经济和政治问题，多倾向于推进社会民主主义的工会；其三，政治工会（Pilitical Uninism）或"社会运动工会"，指那些基本上对集体谈判不感兴趣，而主要致力于开展政治活动或发动社会运动来改变国家社会经济政策的工会。参见顾昕、范西庆《全球化背景下的工会运动：以欧洲主要国家为例》，《当代世界社会主义问题》2005年第4期。

发挥作用。①

第一，政治伙伴角色。从大的方面来看，其主要政治伙伴的地位主要是在突尼斯民族解放运动时期积累的。20 世纪 70 年代之后，随着新宪政党由革命党转变为执政党，总工会的这种作用基本上消失殆尽。从具体政治环境来看，虽然突尼斯威权主义政治特征没有改变，但布尔吉巴和本·阿里两位领导人统治风格差别较大，决定了总工会的不同活动空间。布尔吉巴作为民族解放运动的领袖，拥有个人魅力，他更多依赖有影响力的政治家治国。而本·阿里缺乏这种领袖魅力，更多地依靠技术专家治国。② 由此导致突尼斯的威权主义政治变得更为僵化。在布尔吉巴统治时期，政治家可以有自己的民意支持基础，从而使得总工会可以为其所用。而在本·阿里时期，突尼斯只有一个中心，反对派和其他社会团体遭到了严厉打压，活动空间极小。总工会和许多反对派组织一样，只能采取积极中立，或者客观反对派的角色。因而正如有学者指出的，突尼斯总工会与政府的关系既是合作者，又是反对者。③ 作为合作者，总工会努力维护突尼斯社会稳定，营造良好的氛围，配合政府的招商引资。作为反对者，总工会庇护了许多反对派人士，为其提供了帮助。

第二，中立者角色。突尼斯总工会的主要作用体现在经济方面，在政治方面则比较克制。在其大部分历史中，保持了政治中立。20 世纪 50、60 年代，突尼斯总工会聚焦经济发展；70 年代以来的自由主义运动、伊斯兰运动等社会运动中，突尼斯总工会始终超脱在外。突尼斯总工会有世俗主义倾向，但对伊斯兰主义者也不排斥。因此，突尼斯总工会能在关键时刻充当各方能够接受的调停者。

第三，反对者角色。正如其组织原则所揭示的，突尼斯总工会首先是一个利益团体组织。它必须以工人利益的保障与提升为生存宗旨。但

---

① Mohamed Ennaceur, "Les syndicats et la mondialisation: le cas de la Tunisie", *Organisation internationale du Travail* (Institut international d'études sociales), 2000, p. 15. http://www.ilo.org/inst.

② Christopher Alexander, *Tunisia: Stability and Reform in the Modern Maghreb*, Rouledge, 2010, p. 68.

③ Kasper Ly Netterstrøm, "The Tunisian General Labor Union and the Advent of Democracy", *The Middle East Journal*, Volume 70, Number 3, Summer 2016, p. 383.

在与政府的互动过程中，总工会有时候也偏离了这一方向。究其原因，主要在于总工会与政府的地位不平等。独立以来，突尼斯政府对总工会的要求不是参政，而主要是促进经济现代化的发展。在突尼斯法团主义机制当中，突尼斯总工会的主要角色被限定在为执政党的统治提供支持。[①] 但是，当国家的政策发生转向的时候，这种关系需要重新定义。20世纪60年代突尼斯推进宪政社会主义时期，工人阶级是获益者。而在70年代开始经济开放政策后，国家越来越依靠资产阶级，牺牲了工人利益。工人利益受损在突尼斯引发了严重社会危机。不过，在中东国家，社会危机出现的对立双方并不是劳工与资本的矛盾对抗，而更多的是社会组织与国家的对抗。[②] 这样，突尼斯总工会虽然不是政府最坚决的反对派，但在一定时期也就走到了政府的对立面。这包括1978年、1984年和2010年的几次激烈对抗，也包括在一些矛盾集中的部门和领域发生的直接对立。如2008年，突尼斯总工会反对政府对首都机场的私有化提案。[③]

（二）突尼斯政治变革中的推动力量

突尼斯总工会是突尼斯最为重要的社会组织之一，70余年的发展历史为其积累了丰富的文化底蕴，60余年与政府的共存经验使其成为左右突尼斯政局的关键力量。正如法国巴黎多芬大学教授艾拉·优素福指出的，突尼斯总工会总是在关键时刻承担重要角色。[④] 当2011年突尼斯发生政治变革的时候，总工会发挥了不可替代的作用。不过，这一变革也有其深刻的历史缘由。

首先，突尼斯总工会始终具有一定的独立性，因而形成了相对于政府的组织能力。突尼斯政府一直尝试对突尼斯总工会加以控制，但并未取得成功。和其他阿拉伯国家的工会不同，突尼斯总工会总能保持一定

[①] Nazih N. Ayubi, *Over-stating the Arab State: Politics and Society in the Middle East*, I. B. Tauris Publishers, 1995, p. 212.

[②] Ibid., p. 221.

[③] Kasper Ly Netterstrøm, "The Tunisian General Labor Union and the Advent of Democracy", *The Middle East Journal*, Volume 70, Number 3, Summer 2016, p. 381.

[④] Hèla Yousfi, "UGTT at the Heart of A Troubled Political Transition", in WERNER PUSCHRA & SARA BURKE eds., *The Future We the People Need Voices from New Social Movements in North Africa, Middle East, Europe & North America*, New York: Friedrich Ebert Stiftung, p. 23.

程度的独立。① 突尼斯总工会的组织机构复杂，能够在基层设置代表机构，拥有强大的动员能力。此外，突尼斯总工会的行业组织分支使其具备影响经济生产和社会运行的能力。而且，突尼斯总工会在财政上能够自立，具备发动社会运动的经济实力。这使得突尼斯总工会作为独立的社会组织，区别于其他非政府组织。

其次，突尼斯总工会主动承担了推动突尼斯政治转型的历史使命。突尼斯总工会是一个经济社会组织，同时也是一个政治组织。它总在政治纲领和经济纲领之间徘徊。② 作为经济社会组织，它追求的是最大程度改善工人物质和精神条件。作为政治组织，它则广泛参与突尼斯政治进程。20 世纪 80 年代后期以来，突尼斯工人阶级中的年轻一代，对于本·阿里政府踯躅不前的政治改革强烈不满，他们努力推动突尼斯的政治改革进程。此外，代表左派的教师工会、医疗卫生行业工会、邮政工会等针对突尼斯政治改革经常自行其是，并不顾及突尼斯总工会领导层与政府达成的默契。

最后，突尼斯总工会在政治变革时期充当了反对派的大本营。一方面，突尼斯总工会内部比较复杂，包含了从左派到右派的不同组织。和突尼斯总工会高层表现出来的合作态度不同，其教师工会一直表现得比较强势，不断批评政府的政策。而且，司法克斯等省的地区工会常常不顾总工会的决议自行活动。2008 年加夫萨罢工持续了 5 个月时间，打响了突尼斯变革的第一枪。③ 另一方面，突尼斯总工会与其他反对派，尤其是世俗派别关系紧密，能够庇护其他组织。突尼斯总工会与突尼斯共产党、自由民主联盟等关系密切。而且，还有部分工会主义者参加了许多反对派组织。④

正如北非问题专家乔尔·贝宁指出的，突尼斯总工会作为工人的组

---

① Hèla Yousfi, *Trade Unions and Arab Revolutions: the Tunisian Case of UGTT*, New York & London: Routledge, 2018, p. 18.
② Mohamed-Salah Omri, "No Ordinary Union: UGTT and the Tunisian Path to Revolution", *Workers of the World*, Volume 1, Number 7, November 2015, p. 18.
③ Ibid., p. 21.
④ Steffen Erdle, *Ben Ali's "New Tunisia" (1987 – 2009): A Case Study of Authoritarian Modernization in the Arab World*, Berlin: Klaus Schwarz Verlag, 2010, p. 210.

织，承载了工人阶级最持久、最广泛的抗议浪潮。突尼斯政治变革的实现是工人阶级进行社会斗争的结果，是经济和政治的产物，而不是西方文化中"历史终结"的表现。① 突尼斯总工会是工人运动的承载者，它所承担的社会运动角色以及发挥的作用体现了工人阶级对于历史的推动作用。虽然作为工人阶级上层的代表，总工会的领导层对推动突尼斯政治变革并不热心，但蕴藏了普通工人阶级的地区组织和基层组织成功地庇护了反对派，积极参与到了政治活动当中，最终以自下而上的方式开启了突尼斯的政治变革。

（三）政治过渡时期的制衡力量

2011年1月14日，本·阿里政权垮台，突尼斯进入政治转型的过渡阶段。这一时期突尼斯政局虽然脆弱而不稳定，但却总能克服危机、继续向前，这与突尼斯总工会发挥的独特作用密不可分。②

突尼斯发生政治变革之后，突尼斯工会自身发生了变化。一方面，突尼斯工会会员人数迅速增加。工会会员人数由35万人增加到了70万人。③ 主要原因在于受总工会的吸引，许多未与政府或企业签订长期劳动关系的工人加入了总工会。2011年以来，突尼斯工会出现多元化发展趋势。先后有三个工会组织获准成立，挑战突尼斯总工会的统一地位。④ 突尼斯工会打破了多年来的团结局面，迎来了多元化发展的局面。然而，在新的时代条件下，突尼斯总工会虽然历经变革，仍然在转型过程中发挥了重要影响。

---

① Joel Beinin, *Workers and Thieves: Labor Movements and Popular Uprisings in Tunisia and Egypt*, Stanford: Stanford University Press, 2016, pp. 5-6.

② Dina Bishara, *Labor movements in Tunisia and Egypt: drivers vs. objects of change in transition from authoritarian rule*. (SWP Comment, 1/2014). Berlin: Stiftung Wissenschaft und Politik-SWP-Deutsches Institut für Internationale Politik und Sicherheit, https://nbn-resolving.org/urn:nbn:de:0168-ssoar-389487.

③ Ibid..

④ 这三个工会分别是哈比卜·古伊扎（Habib Guiza）领导的突尼斯劳工总联合会（the General Tunisian Labor Confedration CGTT），会员人数大约有5万；突尼斯总工会前总书记伊斯梅尔·萨赫巴尼（Ismail ai-Sihbani）领导的突尼斯工人联合会（The Union of Tunisian Workers, UTT），会员约5000人；突尼斯劳工组织（Organisation Tunisienne du Travail, OTT），会员数千人，与复兴运动党关系密切。参见 Hèla Yousfi, *Trade Unions and Arab Revolutions: the Tunisian Case of UGTT*, New York & London: Routledge, 2018, p.126.

首先，突尼斯总工会推动了政治转型。突尼斯的政治转型在很大程度上是自下而上的，在此过程中也没有出现明显的领导者。相对而言，突尼斯总工会的作用至关重要。[①] 突尼斯总工会从幕后走向前台，以民意代表自居，确保突尼斯沿着人民追求的公平、正义、民主的道路前进。突尼斯总工会的领导层在换血之后，更加积极地投入政治活动当中。突尼斯总工会的基层组织开始热烈地为民请命，积极参与到了突尼斯的政治转型进程当中。

其次，突尼斯总工会对政府施加了持续压力。2011年2月，突尼斯总工会退出穆罕默德·格努希领导的过渡政府后，权力才真正掌握在政治变革推动者的手中。这一事件可以视作是突尼斯政治转型关键节点。之后，虽然有一些工会人士进入了政府，但是突尼斯总工会总体上保持了超脱态度。突尼斯总工会一方面以普通民众的代言人自居，要求政府提高工资待遇，改善工人生活状态。另一方面，在关系国计民生的各个方面，敦促新政府进行改革，回应民众要求。突尼斯总工会支持或默认下的罢工活动，对于突尼斯新政府造成了很大压力。突尼斯总工会是"保卫革命委员会"的主要参与者，左右该委员会的议题，并为反对派提供发声和讨论的平台。

最后，突尼斯总工会是"共识政治"的倡导者。突尼斯转型时期的一个新变化是伊斯兰政党的崛起与上台。突尼斯独立以来，世俗主义政治占据绝对主导地位。20世纪70年代后期伊斯兰复兴运动兴起之后，对于突尼斯政治造成一定冲击。本·阿里政变后，伊斯兰势力遭到打压，始终没有参与政治的机会。本·阿里政权倒台后，伊斯兰复兴运动迅速崛起，并在2011年10月23日的制宪议会选举中获得胜利。伊斯兰复兴运动获得了改造突尼斯社会的良机，并试图将其宗教观点加诸新宪法，由此导致出现了世俗力量的反弹，突尼斯面临世俗力量和伊斯兰力量对峙的局面。

2013年2月和7月，突尼斯两位重要的世俗主义政治领袖先后遭极端组织刺杀，引发了民众对于联合政府的强烈不满。制宪议会陷入停

---

① Mohamed-Salah Omri, "No Ordinary Union: UGTT and the Tunisian Path to Revolution", *Workers of the World*, Volume 1, Number 7, November 2015, p. 19.

滞，旅游业遭受打击，社会对立严重，突尼斯遭遇转型时期最严重的危机。但是，世俗力量和伊斯兰力量各不相让，难以达成一致。关键时刻，突尼斯总工会联合其他社会组织进行斡旋，组织对立双方进行对话，并拟订行动路线图。2014 年，突尼斯出现严重的政治危机后，总工会与突尼斯工业、贸易与手工业联合会、突尼斯人权联盟和突尼斯律师协会共同组成了所谓"对话四方"，成功地化解了此次危机。在此次调解过程中，侯赛尼·阿巴斯（Houcine Abbassi）领导的总工会功不可没，被称为"合格的权力掮客"。①

最终，在四方调解之下，伊斯兰复兴运动同意交权，制宪议会加速完成制宪工作，看守政府组织突尼斯全国大选，突尼斯成功避免了危机。由此形成的政治文化被称为"共识政治"。② 突尼斯不同的政治、经济、社会组织基于共同的信念，暂时摈弃各自的利益诉求，排除意识形态的干扰，顶着外部压力，求同存异，保障政治转型顺利进行。

"共识政治"是突尼斯总工会带领下，突尼斯各方探索出来解决政治危机的独特形式，这既有利于突尼斯政治转型，也有利于国家利益的实现。综观中东北非动荡以来各国的发展，突尼斯的这一经验显得弥足珍贵。突尼斯总工会在这一机制当中发挥的作用非常突出。首先，突尼斯总工会是"对话四方"中最为强大的力量。突尼斯总工会的支部遍及全国，是突尼斯最强大的社会组织之一。其次，突尼斯总工会以国家利益为重，推动各方求同存异，渡过难关，展现了其自创立以来就形成的使命感。最后，突尼斯总工会调解政治方面的丰富经验，保证了"共识政治"的成功。

2016 年 8 月，突尼斯接连遭遇恐怖袭击后，陷入政治动荡。时任突尼斯总统埃塞卜西为了带领突尼斯摆脱危机，召集突尼斯总工会在内的 9 大政党，2 个工会组织，以及雇主协会共同签订协议，再次以"共识政治"的形式共克时艰。突尼斯总工会由于其强大的实力，得到了同为世俗主义阵营的突尼斯呼声党的倚重。

---

① 这种作用虽然在突尼斯政治变革后的评论中才被报道出来，但其实早已有之，http://www.tunisia-live.net/2014/01/22/the-ugtt-labor-union-tunisias-powerbroker/。

② Rory McCarthy, "The politics of consensus: al-Nahda and the stability of the Tunisian transition", *Middle Eastern Studies*, 2019, p. 2, https://doi.org/10.1080/00263206.2018.1538969.

但是，突尼斯总工会虽然很好地承担了"权力制衡者"的任务，在突尼斯政治转型时期成为关键政治力量，不过其所倡导的"共识政治"也有诸多不足。首先，它不能真正代表工人阶级的利益，农民工和失业工人都在其组织之外。其次，它的立场比较狭隘，因而也无法推动实现真正的变革。突尼斯之所以发生政治变革，是由于新自由主义改革过程中出现的社会不公。以总统家族为代表的权贵攫取了改革的红利，而大量工人和农民变成了受害者，一贫如洗。改变这种局面的办法在于重建社会秩序，改变不合理的经济体制，创建符合国情民意的新的政治制度。突尼斯总工会除了发动数次罢工、要求增加工资之外，并没有对新自由主义经济本身加以谴责，对于新旧势力的勾结无动于衷，对于边缘群体的诉求置之不顾。这都暴露了它的局限性。而且，"共识政治"更多地是一种危机解决机制，它通过求同存异缓和各个力量派别之间的对立。如果要真正解决问题，还需要在此基础上继续前进。

突尼斯总工会不是一个普通组织，它影响了突尼斯工会运动以及突尼斯整体历史进程，并将决定突尼斯的未来。[1] 这种论断不仅认可了突尼斯总工会的历史地位，而且也肯定了其在突尼斯历史发展中的重要作用。其一，突尼斯工会形成于民族解放运动的浪潮之中，日渐觉醒的工人阶级通过建立自己的组织，与雇主和殖民者坚决斗争。正是由于这一历史实践奠定了突尼斯总工会的政治合法性。此外，突尼斯总工会与新宪政党（以及后来的社会主义宪政党、宪政民主联盟）并驾齐驱的发展历程决定了其独立于政府之外的政治基础。其二，在突尼斯现代化进程中，突尼斯总工会积极参与其中，并发挥了独特作用。它既是一个经济组织，也是一个政治组织。一定程度上，其作为政治组织的作用超过了作为经济组织的作用。在突尼斯现代史的大部分时间里，突尼斯总工会法团主义组织的特征非常明显。其三，突尼斯总工会与执政党一样，拥有完备的官僚组织。突尼斯总工会的领导层倾向于尽量与政府保持一致，支持政府的经济和政治决策。但其基层组织在社会变革和经济变革的冲击下，也力图发出自己的呼声。它在自觉和不自觉的行动中，为政

---

[1] Mohamed-Salah Omri, "No Ordinary Union: UGTT and the Tunisian Path to Revolution", *Workers of the World*, Volume 1, Number 7, November 2015, p. 28.

治变革提供了平台、组织，庇护了一些反对派人员。但归根结底，突尼斯总工会能够推动突尼斯的政治变革，是体现了人民群众的意见，这雄辩地证明了人民群众才是历史决定力量这一马克思主义论点。总之，突尼斯总工会是中东地区特色明显的工会联合体，在突尼斯社会拥有举足轻重的影响。突尼斯总工会代表的工会运动，体现了中东地区工会运动的总体发展水平。

本章小结

　　突尼斯政治在很大程度上保持了精英政治的特点。不论是执政者还是反对派，都属于相同的社会阶层，来自大体相同的地域。首都地区及萨赫勒地区的政治精英把持了突尼斯的政治。在殖民时期，他们是中产阶级人士。部分甚至是参与政治的上层人士。突尼斯独立之后，随着政治变革的发生，民族解放运动的领导人成了执政者。法国殖民者的离去留下了大量需要填补的空缺。这些拥有相同阶级背景，并接受现代教育的年轻人便进入了政府和公共部门。不过，在现实政治中，有些情况下是政治立场的不同，有些情况下则是利益的冲突，突尼斯政治当中也存在执政者和反对派的分野。执政者以执政党为工具，占据了动员和组织广大民众的有利地位。反对派则势单力薄，且不具有群众基础。

　　世俗主义、发展主义、西化是突尼斯政治文化的重要内容。突尼斯形形色色的社会组织基本上是在这种理念指导下产生的，代表了城镇资产阶级的利益和政治诉求。因此，社会组织发展规模有限，独立性差，很容易被政治社会淹没。社会组织不具备推动政治改革的力量，也没有产生改变政治格局的情况。

　　由于受突尼斯政治社会和社会组织力量悬殊格局的影响，社会组织所代表的政治参与也没有产生相当的规模，未能发挥应有的作用。事实上，政治参与和政治稳定的微妙平衡保持了很长时间，直到2011年这种局面才被打破。

　　突尼斯总工会是突尼斯最为重要的社会组织之一。它的历史悠久，结构完整，社会活动能力较强，特定形势下可以左右突尼斯的政治局势发展。突尼斯总工会产生于突尼斯民族解放运动期间，一开始就具备领导民族解放运动的能力。这使得它与其他的工会组织有很大的不同。在突尼斯政治发展过程中，这成为突尼斯总工会的一大政治优势。在突尼斯独立的过程中，突尼斯总工会的作用可以与新宪政党相提并论。因此，突尼斯总工会具有其他社会组织难以比拟的政治合法性。由此决定了在现代突尼斯政治发展过程中，政府与工会组织的互动形式。总体而言，突尼斯总工会是突尼斯首屈一指的法团主义组织，与突尼斯雇主协会、律师协会等功能类似。但就政治参与功能而言，突尼斯总工会避免直接介入政治，始终以工人利益的代表自居，在某种程度上抵消了其强大的政治影响力。

第七章 国际政治与突尼斯政治体制改革

在突尼斯这片土地上，迦太基建立的霸权曾向各个方向扩张，罗马帝国也曾向南征服，也有阿拉伯人屡次以此为基地的征伐。在奥斯曼帝国之后，突尼斯迎来西方列强新一轮的殖民。腓尼基人、罗马人、汪达尔人、柏柏尔人、土耳其人、法国人、意大利人都曾在此驻足。突尼斯的历史充分诠释了民族与民族之间、国家与国家之间、人与人之间文明交往的广阔内涵。然而近代以来，突尼斯和阿拉伯—伊斯兰世界的广大地区一样，受到了殖民主义的强大冲击。体现在文明交往中，本土文明受到外来文明的强大影响，在突尼斯的政治、经济、文化、制度方面产生了深刻影响。不过，突尼斯在文明交往中并不是一味地处于弱势而无法反抗。事实上，突尼斯民众在团结一致中争取到了国家独立和民族解放。独立之后，在"布尔吉巴主义"主导下，突尼斯在对外交往中走上了一条"开放""文明""亲西方"的道路。这是与突尼斯采取"现代主义""世俗主义""西化"的发展道路相一致的。其结果是突尼斯威权主义政权获得了西方国家的普遍支持。欧盟和美国的军事、经济援助为这一政治体制长达半个多世纪的维系提供了必不可少的支持。

但是，突尼斯仍然面临着正确处理阿拉伯—伊斯兰属性的问题。这一属性在8世纪以来深深嵌在了民族认同之中。但由于突尼斯政府推行西化和世俗化政策，突尼斯陷入了认同危机当中。随着20世纪70年代"伊斯兰潮"的兴起，这一问题变得更加尖锐。为此，突尼斯政府选择了有限度的让步，在公共领域增加了伊斯兰因素。在对外交往中则开始推动"马格里布联盟"的建立和更多参与阿拉伯—伊斯兰事务。2010年年底，突尼斯政治剧变的爆发后，突尼斯进入了新的历史阶段，外交战略随之调整。

第一节 欧盟的影响

一 欧洲国家资助突尼斯维持侍从主义体制

近代以来，突尼斯开始沦为西方国家的殖民地。及至独立，也一直处于欧盟的势力范围之内。欧洲的影响，对于现代突尼斯威权主义体制的维系具有突出重要的意义。

突尼斯独立后建立了现代威权主义体制，在欧洲国家的大力支援下延续了侍从主义制度。

首先，欧洲殖民者撤出为侍从主义制度的延续创造了客观条件。侍从主义体制作为农业社会的一种典型的社会制度，由于殖民统治的作用反而得以延续。突尼斯社会结构在殖民地时期发生了根本性变化，游牧地区的地方自治问题得以解决，殖民者对突尼斯社会的改造促进了突尼斯侍从主义制度的形成。1905 年，突尼斯的行政区划基本成型，服务于殖民政府的中下层公务员凌驾于地方贵族之上。突尼斯独立后，新宪政党基本上沿袭了这一格局，新宪政党党员渗入基层，成为庇护网络的关键一环。新宪政党党员在法国人、意大利人撤出突尼斯后，填补了突尼斯政府部门和经济部门的中高层主管。而作为新宪政党领导层的萨赫勒政治精英随着该党成为执政党接管了国家政权。不过，这一过程的完成确由当时特殊的历史条件所决定。正如有学者指出，在突尼斯，"国家越来越多地卷入经济运行，并非是意识形态问题或原则问题，而是一种需要"。[①] 1964 年夏，最后一位殖民者的资产被收归国有。殖民者撤退后抛下了大量的土地资产，其中的大部分被用来组建新的公共部门。通过这种方式，殖民者放弃的约 60 万亩良田大部分被国家占有，一部分归入私人手中。[②] 1962 年突尼斯开始实行国有化政策，政府接管并掌握了大量土地和工厂。这样，突尼斯经济在客观上形成了国家主义形

[①] Andrew Borowiec, *Modern Tunisia: A Democratic Apprenticeship*, Praeger Publishers, 1998, p. 25.

[②] Samir Amin, *The Maghreb in the Modern World*, Penguin Books Ltd., 1970, p. 147.

式。由于没有建立完善的行政体制，原有的地主阶级、商人、部落首领等依然在新政权中发挥作用。所以，国有资产和其他利益便通过统治集团的政治网络进行分配，形成了由萨赫勒精英上层阶级和地方贵族、商人等组成的庇护结构。突尼斯独立后，不但将曾经与新宪政党平起平坐的突尼斯全国总工会（UGTT）控制在政府手中，而且通过建立新的社团组织以及将执政党新宪政党改造为沟通民众和国家的法团主义组织，形成了利益集团与统治阶级的互动。

其次，西方国家的"输血"导致突尼斯侍从主义制度得以维持。在侍从主义制度下，突尼斯推进现代化建设的过程中，其主导力量为独立后形成的中产阶级，资金来自国有企业利润和外国援助。突尼斯独立之后，制定了现代化的国家战略。但是，由于在殖民地时期没有发展起健全的工业体系，突尼斯不但继续依附于西方国家，而且在很大程度上仰仗西方国家的各类援助，特别是通过欧洲的经济援助推进现代化。突尼斯与法美等西方国家的紧密联系，使突尼斯获得了维持这一体系源源不断的援助。这些援助包括军事、经济、教育、金融等各个方面。因此，突尼斯政府可以在较少依靠国内财政收入的情况下开展由政府主导的各项现代化建设，例如扩大教育、扫除文盲、拓展公路网等。以哈比卜·布尔吉巴为首的萨赫勒地区的政治精英掌握了国家政权，成了这一网络的庇护主阶层。而新宪政党的基层组织则提供了最低层次的庇护。突尼斯的政治制度中确立了总统的中心地位，而总统同时是侍从主义制度的核心。截至1986年，突尼斯获得了美国150亿美元的援助。联邦德国和法国也为突尼斯提供了大量经济技术援助和人员培训。突尼斯在制订5年计划时，曾将40%的预算寄托在外国直接投资和援助。1958年，一家德国公司在德杰巴岛（Djerba）修建了第一家旅馆，后来成了突尼斯吸引游客一个象征。构成突尼斯第一大外汇来源的旅游业由此起步。欧洲客源在客观上也为突尼斯的经济发展提供了帮助。

最后，由于突尼斯的重要地理位置，欧洲国家一直致力于将突尼斯置于其控制之下。为了拉拢突尼斯，冷战期间法、德等国向突尼斯提供了大量经济、技术援助。正如有学者指出，"冷战时期，欧洲在该地区的主要战略利益是防止苏联集团对其南翼的战略包抄，并为此使用了财政援助和对许多国家单方面免税开放工业品市场两种主要经济手段，以便对南地中海国家实行拉拢"。①冷战结束后，欧盟的经济、政治支持进一步促进了突尼斯侍从主义制度的发展。1995年，欧盟与地中海沿岸国家签署了《巴塞罗那宣言》，将促进"民主化"置于其地中海政策的重要位置。突尼斯作为地中海南岸最稳定、最安全、经济发展状况最好的国家得到了欧盟的大力支持。为建立地中海自由贸易区，欧盟继续对突尼斯提供经济援助，帮助其在欧盟市场准入和金融改革方面取得进展。同时，由于担心伊斯兰主义者上台，欧盟继续支持已经超过两个总统任期的本·阿里政权。这样，以本·阿里为代表的萨赫勒集团主导的侍从主义制度由于得到了欧盟的大力支持而得到进一步加强。

二 "欧盟—地中海民主促进机制"推动突尼斯转型

欧盟作为"多极化"时代国际政治中重要的一"极"，对世界各国的影响与日俱增。随着欧盟东扩和一体化进程的不断发展，欧盟在安全、政治、经济、移民等方面形成了共同政策。欧盟的"民主促进"机制也逐渐形成，成为可以与美国"大中东民主计划"并举的地区机制。在此影响下，突尼斯根据自己的国情形成了发展、稳定的形象，被称为"突尼斯模式"。不过，随着2010年年底、2011年年初，突尼斯政权更替的完成，这一发展模式已经从根本上被颠覆。

（一）欧盟—地中海"民主促进"机制的形成

欧盟（欧共体）与突尼斯等前殖民地国家的关系在非殖民化时期基本以经济联系为主。在"发展理论"的指导下，欧洲国家试图以经济、社会的发展进步等现代化方式推动地中东南岸和东岸国家走资本主义道路，并保持在西方阵营之中。欧盟（欧共体）与地中海沿岸国家关系的机制化始于1973年"第四次中东战争"前后，冷战之后逐渐成形。1972年10月召开的巴黎会议，为了"在所有成员国与地中海国家的关系基础上建立全球联系"，提出了"全球地中海政策（Global

---

① 杨光：《欧盟的南地中海战略及其对南地中海国家的影响》，《西亚非洲》1997年第6期。

Mediterranean Policy)", 向马格里布国家提供发展、现代化和实现工业、农业多样化的援助。1974 年 7 月欧共体与阿盟召开了首脑会议，双方同意建立专门部门讨论工业化、基础设施、农业、金融合作、贸易、科技、文化和社会事务等方面的问题。1988 年，以葡萄牙、西班牙、法国、意大利、马耳他为一方，以毛里塔尼亚、摩洛哥、阿尔及利亚、突尼斯、利比亚为另一方建立了"5 + 5"合作框架，议题包括债务、移民、食品、自给、文化对话、技术进步、科学研究、环境与金融等。1990 年，欧共体委员会发布了题为"重新定位欧共体地中海政策"的政策文件，评估了地中海沿岸国家特别是马格里布地区社会与经济发展对欧共体安全的重要影响。1992 年，欧共体提议与马格里布国家建立"欧洲—马格里布伙伴关系"，实行自由贸易。1992 年欧洲委员会里斯本会议上，马格里布地区被列为"欧共体共同安全与外交政策（GFSP）"下欧洲国家具有共同利益的地区。这一地区在欧共体的安全与社会稳定方面占据了重要地位。1995 年后，随着欧盟在中东欧推进政治变革取得重大进展，"促进民主化"逐渐被列入了欧盟的外交政策。1995 年 11 月 28 日，欧盟与地中海沿岸其他 11 国签署了《巴塞罗那宣言》，提出了"欧盟—地中海伙伴关系（Euro-Mediterranean Partnership, EMP）"政策，标志着欧盟与地中海沿岸国家多边—双边合作机制的正式形成。[①] 该文件明确将"民主化"列入了欧盟的中东北非政策议程。在此基础上，欧盟逐渐形成了政治、经济、文化三位一体的"民主促进"政策。在维护欧盟传统市场，保持经济发展的同时，促进地中海南岸和东岸国家的"民主化"，从而实现其稳定、发展、繁荣的目标。

（二）欧盟—地中海"民主促进"机制在突尼斯的实践

欧盟与突尼斯的关系也经历了类似的发展过程。突尼斯独立之后，除了继续与法国保持密切关系外，还与联邦德国、英国等国签订了合作协议。欧共体成立后，以"联系制度"保持对突尼斯的影响。1969 年欧共体与突尼斯签订了"联系协定"。欧共体利用突尼斯的发展困境，

[①] Aylin Unver Noi, *The Euro-Mediterranean Partnership and the Broader Middle East and North Africa Initiative*, University Press of America, 2011, pp. 28 – 38.

及时向突尼斯提供了经济援助。1976年突尼斯与欧共体签订了双边协定，1978年开始生效。这样，欧共体通过向突尼斯提供源源不断的援助，将突尼斯完全纳入了欧洲的影响之下。1998年，突尼斯率先与欧盟签订了双边"联系协议（Association Agreement）"。2003年，欧盟对其中东政策做出了进一步调整，提出了"欧洲邻居政策（European Neighborhood Policy，ENP）"。该计划与前述伙伴计划相互补充，更加强调根据成员国的实际情况推动"民主化"。突尼斯作为第一批响应该计划的国家，于2005年7月与欧盟签署了双边协定——"行动计划"。从欧盟—地中海"民主促进"机制在突尼斯的实践，可以将欧盟三位一体的"民主促进"机制大致归纳如下：

经济上，将突尼斯纳入地中海自由贸易区，诱使突尼斯转向西方民主治理。海湾战争之前，欧洲国家并没有把"民主化"作为主要的外交目标和工具。突尼斯与欧洲国家之间的联系，更多地体现为经济联系。突尼斯虽然获得了政治上的独立，但在经济上依然依附于西方。为了发展经济，突尼斯不得不依赖来自法国、美国、联邦德国的经济援助，以及世界银行和国际货币基金组织等国际经济组织的优惠贷款。比如，联邦德国经济复苏后不断增加对突尼斯的援助，并且提供了技术支持和直接投资。[1] 进入20世纪90年代后，欧盟进一步密切了与地中海南岸国家的经济联系。欧盟从经济方面促进"民主"的意图更加明显。欧盟在建立欧洲自由市场后，1995年《巴塞罗那宣言》进一步提出了建立地中海自由贸易区的设想，目的在于继续保持在该地区的排他性优势地位和控制区域内的"邻居们"。根据突尼斯与欧盟于1995年7月7日签署的联系国协议，协议于1998年3月1日正式生效。涉及三大领域：政治和安全、经济和金融、社会与人道主义。协议的最主要内容是经济和金融合作，确定了在协议生效12年内建立自由贸易区的目标。[2] 欧盟希望通过建立自由贸易区消除国家主义和租金经济的经济基础，从而削弱阿拉伯传统威权政权领导人的统治基础。在欧盟外交人士看来，

---

[1] Samuel Merlin, *The search for peace in the Middle East: the story of President Bourguiba's campaign for a negotiated peace between Israel and the Arab States*, T. Yoseloff, 1968, p.53.

[2] European Commission, http://eeas.europa.eu/tunisia/news/index_en.htm#top.

确保经济良好运行的"良治"政府可以促进政府透明、公正、负责任,尊重人权和法治。在 EMP、ENI 计划下,欧盟向突尼斯提供了大量援助,仅 2005—2006 年援助就达到 3000 万欧元。① 欧盟通过欧洲投资银行以低息贷款的方式向突尼斯提供了大量援助。欧盟面向地中海伙伴的金融援助项目(MEDA, 2000—2005 年)向突尼斯的拨款达到 4.46 亿欧元。② 欧盟一方面为突尼斯现代化提供资金,希望其发展经济,从而为政治转型提供经济基础;另一方面,西方国家通过世界银行等国际组织,迫使突尼斯接受结构调整计划,督促其进行自由化改革,使其保持在市场经济轨道。在世界银行和国际货币基金组织的监督指导下,突尼斯逐步实行市场经济体制,进一步加强与西方国家的联系。目前,突尼斯已是世界银行、世界贸易组织等多个世界金融组织的成员国。"巴塞罗那进程"实施以来,突尼斯已经成为欧洲—地中海地区与欧盟自由贸易发展最快的国家。突尼斯与欧盟的贸易持续增长,(2001—2005 年)以每年 2.5% 的速度增长。1995—2004 年,突尼斯向地中海区域国家的出口年平均增长率为 6.72%,进口年平均增长率为 7.97%。③

政治上,设定标准,促使突尼斯转型。作为强势一方,在欧盟与突尼斯的依赖关系中,欧盟拥有制定规则的规范性权力(Normative Power)。欧盟通过社会化(socialization)政策,使得突尼斯作为机构(欧盟—地中海伙伴集团)中的一员,不得不接受机构的行为规范。"民主"便是核心规范之一。在突尼斯与欧盟签订的"欧盟—突尼斯邻居行动计划(ENP)"中确定的共同价值就包括"民主、法治、良治政府、尊重人权"等内容。在该计划的优先选项中,第一条规定"追求和巩固民主以保证民主和法治",第二条规定"增强民主和人权等领域的政治对话与合作"。④ 这些条款表明欧盟并不完全认可突尼斯的政治

---

① European Commission, Euro-Mediterranean Partnership 2005, http://eeas.europa.eu/tunisia/news/.

② Francesco Cavatorta, Vincent Durac (eds.), *The Foreign Policies of the European Union and the United States in North Africa*, Routledge, 2010, p. 22.

③ Aylin Unver Noi, *The Euro-Mediterranean Partnership and the Broader Middle East and North Africa Initiative*, University Press America, 2011, pp. 122, 123.

④ European Commission, EU/TUNISIA Action Plan, http://eeas.europa.eu/enp/index_en.htm.

体制。在欧盟影响下，突尼斯被迫于1998年建立了"人权委员会"，2002年修改宪法，引入了竞争性选举机制，总统候选人不再实行单名制。另一方面，欧盟在提供援助的时候，设定前提条件，将政治改革作为提供援助和赠款的前提之一。1998年，突尼斯与欧盟签订联系计划后，欧盟同意向突尼斯提供援助，支持突尼斯提升贸易标准，但在实施过程中附加了许多限制条件。例如，联系协定明确写入了这样的条款："伙伴国应该尊重人权和民主原则，这是伙伴国之间政治合作的重要内容，如果发生重大侵犯人权的行为，协议将暂停实施。"[1] 除此之外，欧盟还通过决议，干预突尼斯对人权组织人士采取行动。1996年5月23日，欧洲议会就突尼斯政府逮捕反对党"社会民主党"的领导人穆罕默德·穆阿德（Mohammed Mouada）事件，以97票支持、91票反对通过了谴责突尼斯政府的决议。2000年，欧洲议会曾于3月20日和6月15日两度通过决议，对突尼斯政府镇压人权组织人士表示关切。但是，根据西方的标准，突尼斯并没有取得多少进展。尽管如此，在欧盟与突尼斯的双边和多边关系中，欧盟很少直接干涉突尼斯国内政治。欧盟向突尼斯提供了"媒体扶持项目"（注资215万欧元）和"司法改革项目"（注资2500万欧元），但并没有因为突尼斯威权政权的表现，动用制裁手段，更没有取消项目。[2] 欧盟"民主促进"机制中并没有政权变更计划等内容，相反，欧盟担心政权迅速变更导致激进组织掌权和社会动乱。

文化上，以非政府组织促进突尼斯非政府组织的发展。与美国相比，欧盟在推行其外交政策时，更加注重软实力。而且，欧盟在文化领域的投入也远远超过美国。1994年2月9日，在"欧洲议会倡议（European Parliament Initiative）"计划下，"欧洲民主和人权倡议（EIDHR）"成立。这一非政府组织以不受任何政府影响和直接参与促进社会组织之间的合作而著称。1995年，《巴塞罗那宣言》中明确写入了采取行动鼓励民主机构促进法治和非政府组织发展的相关内容。2002年，

---

[1] European Commission, EU-Tunisia Relations, http://www.medea.be/en/themes/euro-mediterranean-cooperation/eu-tunisia-relations/.

[2] Francesco Cavatorta, Vincent Durac (eds.), *The Foreign Policies of the European Union and the United States in North Africa*, Routledge, 2010, p. 63.

欧盟委员会提出了"地中海文化与文明对话"倡议，在文化上促进地中海南岸和东岸国家的"民主化"。[①] 2004年，"欧洲—地中海公民论坛（Euromed Civil Forum）"和"欧洲—地中海非政府平台（Euro-Med Non-Government Platform）"成立，二者均积极致力于促进"民主化"，为欧盟与其伙伴国非政府组织就各种相关问题提供交流平台。其章程建立在许多被成员国认同的价值观念上，与欧盟—地中海伙伴关系计划提到的价值观念遥相呼应。章程还设定了成员组织努力的目标，"社会和国家的民主化"被列入其中。[②] 这一非政府组织合作平台企图在地中海地区建立该地区非政府组织的关系框架，进一步促进欧盟委员会提出的"民主化"目标。签署这一章程的突尼斯非政府组织包括突尼斯女性民主者协会（ATFD）、突尼斯人权联盟（LTDH）、突尼斯争取自由全国委员会（CNLT）、突尼斯尊重民主和人权委员会（CRLDHT）等。在青年领域，欧盟将突尼斯纳入了"欧盟—地中海青年项目（Euro-Med Youth）"，这促进了协会组织和非政府组织在该领域的合作。为此，欧盟提供了个人和组织间交流项目资金，实现其民众直接对话（people-to-people）的战略意图。

（三）欧盟—地中海"民主促进"机制的成就与不足

欧盟—地中海"民主促进"机制经历了长期发展过程，从最初"发展理论"指导下以经济联系为重心转向了经济、政治、文化三位一体，从最开始的国与国关系发展为多边、双边多种形式的合作。欧盟的地中海战略由最初保持影响力发展为确保这一区域稳定、繁荣，通过深层合作解决棘手的非法移民、恐怖主义、冲突与内战等威胁维护欧盟利益。截至2010年年底，欧盟—地中海"民主促进"机制对于欧盟而言可以说是很成功的。

首先，作为欧盟的近邻，突尼斯独立以来保持了很长时期的社会稳定、经济发展和政治稳定。突尼斯的渐进主义改革得到了国际舆论的赞

[①] R. Young, *The European Union and the Promotion of Democracy: Europe's Mediterranean and Asian Policies*, Oxford University Press, 2001, p. 3.

[②] Brieg Powel, Larbi Sadiki, *Europe and Tunisia: Democratization via Association*, Routledge, 2010, p. 53.

扬，被誉为"突尼斯模式"。① 突尼斯是地中海南岸地区的"安全岛"，突尼斯的威权主义政权将对欧盟的安全威胁降到了最低。除了2002年的德杰巴岛爆炸案外，突尼斯基本上没有发生比较严重的暴力事件。突尼斯不仅每年接待大量的欧洲游客，还切实履行了打击恐怖主义、非法移民和偷渡的义务。在经济上，突尼斯成为众多国际经济组织的成员，和欧盟保持了紧密的联系。欧盟是突尼斯第一大贸易伙伴，不论出口还是进口都处于绝对主导地位。1987年，与欧共体的贸易占突尼斯进口的69%和出口的79%，2007年，这两个数值变成了74%。② 由此观之，欧盟以"民主"为手段，很大程度上实现了经济、安全战略目标，不仅保持了在突尼斯的主导地位，而且保障了在突尼斯的安全利益。欧盟—地中海"民主促进"机制取得了成功。

其次，突尼斯接受了西方国家理念，与西方观念趋同。在长期历史交往过程中，突尼斯精英接受了各种西方理念，希望以欧洲为样板进行改革。不论在布尔吉巴时期，还是在本·阿里时期，占主导地位的教育体系是西方式世俗教育体系，法语被定为通向现代科学的通用语言。突尼斯在法国的侨民达60万，突尼斯民众已经熟络西方制度。欧盟的"民主促进"机制在社会化（socialization）方面取得了重大进展，这是欧洲国家推动突尼斯政治改革最具影响的成就。

但是，与欧盟在中东欧地区取得的成绩相比，欧盟在这一区域取得的成绩有很大的局限性。显然，突尼斯从独立之初就建立了威权主义政权，虽非专制国家，但也不是西方式民主国家。到目前为止，突尼斯仍处于转型阶段，离欧盟标榜的自由主义民主的实现还有相当大的差距。突尼斯政府对伊斯兰反对派的镇压政策也得到了欧盟的支持。究其原

---

① "突尼斯模式"在本·阿里垮台之前曾得到国际舆论的肯定，被世界银行、国际货币基金组织誉为"模范生"。因此，"突尼斯模式"主要在于突尼斯在经济调整和发展的成功。突尼斯采用结构调整计划后，通货膨胀率从1986年的9%下降到了1996年的5%，经济增长率平均保持在3.5%以上，位列非洲国家前列。在国家发展战略方面，突尼斯以稳定求发展，避免了中东国家常见的内乱，与邻国阿尔及利亚形成了鲜明对比。考虑到突尼斯国土面积狭小，资源疲乏的国情，突尼斯的经济现代化模式尤其令人称奇。Cited in Jerry Sorkin, "The Tunisian Model", *Middle East Quarterly*, Vol. 8, 2001, p. 25.

② Francesco Cavatorta, Vincent Durac (eds.), *The Foreign Policies of the European Union and the United States in North Africa*, Routledge, 2010, p. 23.

因，根本在于欧盟—地中海"民主促进"机制也陷入了"利益外交"和"价值观外交"冲突的困境。出于维护稳定的需要，欧盟对突尼斯政治反对派，特别是伊斯兰组织的支持相当有限，欧盟支持了而不是压制了威权政权。西方国家认为伊斯兰教与"民主"不相容。因此，各种伊斯兰势力都成了他们的提防对象。从20世纪70年代后期开始，伊斯兰主义组织逐渐登上政治舞台，成了突尼斯事实上的主要反对派。但是受伊朗伊斯兰革命和阿尔及利亚内战的影响，欧盟国家担心伊斯兰主义者在世俗化程度较高的突尼斯上台执政。所以，在欧盟国家的默许下，突尼斯政府不遗余力地打压伊斯兰组织。虽然伊斯兰组织作为社会组织得到广泛认可，但欧盟无视这一现实，对于突尼斯政府镇压伊斯兰主义者表现出极大的容忍和默许。本·阿里2011年下台时，突尼斯的警察人数达到了8万—10万，远远超过其军队人数（大约3万人）。欧盟为突尼斯提供了相关的人员培训和资金援助。统治阶层为了防范激进主义的上升，控制改革进程的意愿加强，推动改革的动力减弱。2010年年底突尼斯发生政治变革后，原来的"突尼斯模式"已经被颠覆。面对新形势，欧盟必须调整战略，重新制定与包括伊斯兰复兴运动在内的各派力量关系的新政策。

第二节 美国的影响

一 美国援助是突尼斯威权主义体制得以维持的重要保障

首先，美国经济、技术援助为突尼斯经济发展提供了重要支撑。1957年3月26日，突美签订了经济、技术和有关援助的协定，美国开始向突尼斯政府提供援助。在突尼斯独立后的30年里，美国援助超过了10亿美元，美国成了突尼斯第一大援助国。总体而言，美国对突尼斯的援助是有限的，在美国的对外关系中突尼斯处于次要位置。然而，对突尼斯而言，美国的援助至关重要，其政治意义也十分明显。持续的美援成了突尼斯主要、稳定外汇来源之一。突尼斯依托美援进行了现代化建设，对突尼斯的经济发展产生了重要作用。

其次，美国的安全保障和军事援助是突尼斯国家安全的重要保障。突美两国关系的发展也是渐进的，从最开始的一般性经济、技术等开发援助发展为包括军事援助在内的规模较大的援助，两国的关系日益紧密。1957 年 11 月 19 日，美国联合英国向与法国产生冲突的突尼斯提供武器。"比塞大事件"发生之时，美国援助占了突尼斯国家预算的 60%。美国提供了大约有 6000 万美元直接援助和其他技术援助并为突尼斯军队提供了一部分装备。① 而且，据信布尔吉巴 1961 年 5 月访问美国时得到了肯尼迪总统对突尼斯的国家安全保证。1974 年突尼斯与利比亚联合失败后引发的突利两国争端威胁到了突尼斯的国家安全，再加上突尼斯国内由于经济恶化带来的骚乱严重影响到了突尼斯国家安全和政局稳定。因此，美国开始向突尼斯进行军事援助，而且军事援助的比重超过了经济援助。当然，突尼斯与美国关系密切发展的结果是美国在突尼斯设立了军事基地。

突尼斯与美国的关系之所以持续、稳步提升，既源于美国对外政策的发展变化，也取决于突尼斯方面的原因。独立之初，突尼斯与法国关系恶化，外部环境极其不利。但突尼斯并没有像许多新独立的前殖民地、半殖民地国家一样倒向苏联，并借助苏联力量与前宗主国抗衡，为发展与美国的关系创造了条件。这主要源于布尔吉巴的亲西方倾向和对国际形势的判断。首先，由于布尔吉巴本人的亲西方倾向，使他执着地追求与美国的友谊。其次，布尔吉巴认识到国际力量对比中以美国为首的西方国家仍然处于优势。突尼斯深受西方国家势力的影响，从长远看，不仅国家独立，经济发展也得仰赖西方国家的援助。发展与西方国家的关系，特别是与美国的关系，是突尼斯的国家利益所在。他说："我们对美国的同情不断增长是因为它保卫了世界和平……甚至在突尼斯独立之后，我们发现美国政府总能理解（我们），并向我们提供了经济援助。"② 但是，相对于欧洲将突尼斯等北非国家作为势力范围承担一定的责任不同，美国对突尼斯的援助更大程度上考虑直接的成本和收益。美国在突尼斯的援助虽然极为成功，但并没有促使其加大援助力度。美国的援助始终保持在较低的水平。当欧洲援助由于法国援助到位

---

① Samuel Merlin, *The Search for Peace in the Middle East: the story of President Bourguiba's campaign for a negotiated peace between Israel and the Arab States*, T. Yoseloff, 1968, p. 424.

② Ibid., p. 430.

而增加之后，美国的援助变得更加不可靠。

二　美国中东战略为突尼斯提供了政治体制维系的大环境

冷战期间，美苏争霸的态势在中东表现得非常明显。争取并保持盟友是美国的中东战略之一。冷战结束以来，美国的中东战略经历了几次大的变化，从而对中东国家产生了重要影响。冷战结束后，美国致力于建立"国际新秩序"，开始大规模介入中东事务。为了遏制萨达姆·侯赛因的野心，美国发动"海湾战争"。克林顿时期，同时遏制伊朗和伊拉克是其战略目标。就其安全政策而言，"保证安全获得能源"是其首要目标。就其经济政策而言，则是全力推动经济自由化。"9·11"事件爆发后，美国开始调整其中东战略。乔治·W.布什在其任内提出了"先发制人"政策，并将恐怖主义的来源从"流氓国家"扩展到了滋生失落、不满情绪的腐败、专制政权。为此，美国提出了"大中东倡议"，进一步推动中东国家的政治转型。对突尼斯威权主义政权而言，这种国际环境的变化对其有直接的影响。

首先，突尼斯威权主义政权建立在美国"填补真空"之际。第二次世界大战结束以来，美国的"第三世界"政策，一直将主要精力放在与苏联的争夺上，在那些英、法已经撤出或无力继续经营的地方大力介入，但并没有染指盟国牢牢控制的势力范围。当然，美国在联合国大力鼓吹反殖民主义确实也赢得了许多新兴国家的好感。因此，突美关系的发展，是以美国政策转变和美法关系的演变为其前提的。1956年突尼斯获得独立之时，正是"两极格局"发生松动，"艾森豪威尔主义"出台不久，法国对殖民地政策发生转变的时候。法国在戴高乐上台后逐渐表现出独立倾向，美国则致力于填补"真空"。艾森豪威尔上台后，主张在中东地区填补英、法撤退之后留下的空白。突尼斯的战略地位和突尼斯政府奉行的亲西方政策，吸引了美国的注意力。因此，美国以向突尼斯提供了经济、技术援助换取支持。但突尼斯并不在美国的第三世界政策中居于显著地位，两国关系发展还受到法国因素的影响，这影响了两国关系的快速发展。因此，两国关系的发展一直在低水平层次发展。直到20世纪70年代突尼斯国际、国内局势趋紧，美国政策由于伊朗伊斯兰革命做出了一定调整。如前所述，美国不仅加强了对突尼斯的援助,提高了援助级别,美国军事力量直接进入了突尼斯境内。正如美国学者刘易斯·B.沃尔所言,美国之所以发展与突尼斯的关系基于两方面的原因:第一,美国发展与突尼斯这样一个声誉良好的第三世界国家既可以帮助其进入阿拉伯市场,也可以树立与超级大国发展关系的良好前景;第二,与突尼斯保持友好关系有利于美国海军来往于东、西地中海。①

其次,海湾战争为突尼斯镇压伊斯兰主义运动提供了借口。1991年,以美国为首的"联合国军"发动的"海湾战争"标志着美国建立国际新秩序的尝试。美国坚决制止地区霸权的崛起和对伊斯兰主义运动的打压为中东威权主义国家提供了机遇。就突尼斯而言,伊斯兰复兴运动的兴起对世俗威权主义政权构成了极大挑战。布尔吉巴政府的全面镇压政策在国际上与"第三波"浪潮明显不一致。本·阿里发动政变上台之后,不得不推行了一些政治改革政策,乃至形成了短暂的"突尼斯之春"。在突尼斯1989年的选举中,主要由伊斯兰主义者构成的独立人士获得了15%选票。伊斯兰政党开始成为真正的反对派。然而,邻国阿尔及利亚糟糕的示范和海湾战争的爆发扭转了这一趋势。进入20世纪90年代,突尼斯政府全面镇压了以伊斯兰复兴运动为首的伊斯兰运动,确立了世俗主义发展方向和自由化政策。

最后,"9·11"事件后的全球反恐态势是威权主义体制走向僵化前提条件之一。如果说海湾战争为清除复兴运动提供了国际环境,阿富汗战争则为本·阿里寻求终身制创造了条件。②"9·11"事件标志着恐怖主义威胁成为危害国家安全的重要因素。恐怖袭击造成的重大损失促使美国单方面发动了推翻"基地"组织庇护者塔利班的阿富汗战争。从美国"单边主义"政策角度而言,不支持全球反恐战争即是其"反恐大敌"。突尼斯多年保持的稳定状态和温和形象显然是美国所乐见的。而这与布尔吉巴和本·阿里两任总统的治理密切相关。因此,突尼斯的国际形象为本·阿里政提供了外部合法性来源。在这种情况下,延续和

---

① Lewis B. Ware, *Tunisia in the Post-Bourguiba Era: the Role of the Military in a Civil Arab Republic*, Air University Press, 1986, pp. 67 – 68.
② Steffen Erdle, *Ben Ali's Tunisia*(1987 – 2009): *A Case Study of Modernization in the Arab World*, Berlin: Klaus Schwarz Verlag, 2010, p. 404.

发展威权主义政治体制从而也拥有了正当的理由。2002年，突尼斯举行宪法修正案全民公决，本·阿里取消总统任期规定的主张获得了大量支持，本·阿里迈向了事实上的终身制。突尼斯威权主义政权失去了通过更换领导人对该体制进行改革的机遇，这一体制不可避免地走向了僵化。

三 美国中东北非政策间接引发突尼斯政治变革

虽然突尼斯主动、热情加入西方阵营，积极推动经济自由化，融入全球化浪潮，但突尼斯与美国的关系也并非总是和谐。突尼斯对美国在"巴以问题"上过分偏袒以色列和拖延解决政策一直不满。"海湾战争"期间，突尼斯曾站在伊拉克一方谴责美国驻军沙特和向阿拉伯国家开战。"9·11"事件之后，美国先发制人和推动政权变更的政策也使突尼斯受到了压力。因此，突尼斯越来越倚重联合国等多边外交机制。2003年，突尼斯倡议各国之间在联合国机制下进行对话。本·阿里在一次访谈中称："在我们看来，联合国仍然是促进国家间对话的最有效机制。这要求进一步巩固联合国作为国际秩序和世界和平和安全保障机制的地位。"[1]

对突尼斯威权主义政权而言，美国的"民主促进"机制和欧盟的相关政策一样具有威胁。美国曾将突尼斯作为第三世界发展成功模式。突尼斯世俗、西化、温和、经济发展较快，中产阶级规模庞大，临近西方，"民主化"前景充满希望。因此，美国各界曾对突尼斯走向西方式民主寄予厚望。美国的长期支持相当程度上也是基于这种观点。然而，突尼斯领导人哈比卜·布尔吉巴和本·阿里虽然都认可西方民主理念，但并没有切实推行。这种口头上的承诺始终没有转变为现实的改革步骤。原因在于突尼斯缺乏西方自由主义民主生存的土壤，而适合突尼斯本土的民主化模式一直在探索之中。而且，突尼斯威权主义政府以经济发展为重心的政策很大程度上造成了对政治改革的忽视和推迟。美国相继推出"中东伙伴倡议（MEPI）"和"大中东倡议（BMENAI）"后，

---

[1] See Steffen Erdle, *Ben Ali's Tunisia* (1987–2009): *A Case Study of Modernization in the Arab World*, Berlin: Klaus Schwarz Verlag, 2010, p. 410.

推动政治转型的力度越来越大。这让不断走向僵化的威权主义政权倍感压力。2009年，美国驻突尼斯大使馆流出的关于本·阿里政权腐败的电文终于激化了这一矛盾。根据维基解密的披露，突尼斯的腐败达到了惊人的程度。总统家族的腐败行为引发了民众的强烈不满，突尼斯民间爆发了汹涌的反对浪潮。这成为压垮突尼斯威权主义政权的"最后一根稻草"，构成了突尼斯民众反政府游行的民意基础。在此意义上，美国并没有直接推动突尼斯政治转型，而是发挥了间接作用。

突尼斯发生变革之后，美国调整了其外交政策，但内核没有发生变化。如前所述，美国政府对于本·阿里威权统治的种种"非民主""非自由"的行为非常清楚。美国政府支持的"民主促进"机制虽然对突尼斯政府有诸多不满，但并没有推动政权更迭。主要的原因在于美国对突尼斯在反恐方面的合作感到满意。[①] 对美国而言，安全利益和自由贸易大于"民主"价值。因此，在突尼斯政治剧变的关键时刻，美国表现得比较犹豫。直到本·阿里流亡沙特阿拉伯之后，奥巴马政府才申明和突尼斯人民站在一起，支持突尼斯政治变革。

事实上，美国政府对北非地区也不是非常重视。众所周知，当中东北非动荡扩散到利比亚之后，是法国发挥了关键作用。正是在法国的推动下，北约国家在利比亚设立了"禁飞区"，帮助反对派武装打败了卡扎菲，推翻了卡扎菲政权。奥巴马政府的外交重心是"亚太再平衡"，北非地区不在其工作重点当中。因此，虽然西方国家一贯以"民主促进"为口号，但在突尼斯巩固改革成果的阶段也不卖力。从突尼斯政治转型的结果来看，美国的投入没有明显变化。不过，美国在突尼斯安全力量重建方面还是发挥了非常重要的作用。尤其是对突尼斯的军事援助，帮助其克服了恐怖主义的严重威胁，重新恢复了稳定。

第三节　阿拉伯—伊斯兰世界的边缘地带

突尼斯处于阿拉伯—伊斯兰世界的边缘地带，这使得其免于陷于战

[①] Azadeh Shahshahani, Corinna Mullin, "The Legacy of US Intervention and the Tunisian Revolution: Promises and Challenges One Year on", *Interface*, Volume 4, No. 1 (May 2012), p. 71.

争、冲突的环境，可以大力发展经济，推动各领域的现代化。同时，突尼斯的区位优势使其可以选择性地参与地区事务，保持外交上的灵活性。不过，突尼斯也不能无视其地缘位置，必须积极应对地区事务。在突尼斯与其他阿拉伯—伊斯兰国家的互动中，也出现了各种反复，对其威权主义体制的维系产生了影响。

一 现代化过程中的疏离

推进现代化是突尼斯政府始终贯彻的国家战略。然而现代化的过程中，追求现代性的各种实践催生了各种复杂矛盾。在传统与现代，西化与本土化之中很容易迷失方向。突尼斯在第一任总统哈比卜·布尔吉巴统治时期与阿拉伯—伊斯兰国家的关系出现了大的反复，一定程度上影响了其稳定与发展。

首先，"布尔吉巴主义"与"纳赛尔主义"之争构成了共和国初期的路线之争。前者主张以民族国家为基础的民族主义和国际政治中的阿拉伯联合，后者更加强调基于历史、文化和地缘政治上以埃及为领袖的阿拉伯国家联合。20世纪50、60年代是"纳赛尔主义"大行其道的年代，突尼斯共和国诞生之初便受到了这一思潮的影响。以新宪政党总书记本·优素福为首的民族主义者受"纳赛尔主义"的影响，希望在独立的突尼斯也推行这种政治模式。然而，这遭到了哈比卜·布尔吉巴的强烈反对。布尔吉巴以其温和、进步的新观点战胜了"纳赛尔主义"对突尼斯国内政治的影响，最终确立了"布尔吉巴主义"的统治地位。在地区政治层面上，布尔吉巴也对纳赛尔的领袖地位发起了挑战。这表现在前者坚持地区民族主义，反对后者倡导的"泛阿拉伯主义"。布尔吉巴坚决维护突尼斯的主权国家地位，拒绝将突尼斯带入地区联合体，从而丧失独立性。但是，这两种理念的斗争也影响到了两国关系的发展，对突尼斯产生了不利影响。

其次，"阿以和平倡议"激化了突尼斯与激进国家的关系。"阿以问题"产生以后，持续影响了中东国家之间及中东国家与世界其他国家的关系。1965年，哈比卜·布尔吉巴总统在访问中东国家的过程中提出了承认以色列，并主张以谈判解决这一问题的"和平倡议"，在中东政治中引起了轩然大波。埃及、伊拉克、叙利亚等国纷纷谴责布尔吉巴的这一立场。① 但是，突尼斯与沙特阿拉伯、伊朗、摩洛哥等国的关系并没有受到影响。突尼斯依然获得了一些石油富国的经济支持。

再次，与利比亚的关系恶化威胁了突尼斯国家安全。突尼斯与"9·1革命"之前的利比亚曾保持了良好的关系。但坚持"泛阿拉伯主义"的卡扎菲政权与突尼斯不可避免地发生了矛盾。1974年，两国之间仓促的联合计划被布尔吉巴临时搁置引发了卡扎菲政权的报复，两国关系迅速恶化。为此，卡扎菲驱逐了部分突尼斯劳工。1981年，发生了利比亚刺杀布尔吉巴的事件。1984年，利比亚训练并资助的突尼斯民兵发动了"加夫萨暴动"。1986年，利比亚再一次驱逐了突尼斯劳工，给突尼斯经济造成了重大损失。利比亚作为突尼斯的近邻，对突尼斯的国家安全造成了巨大威胁。

最后，突尼斯在冷战期间的阿拉伯国家外交有颇多争议。突尼斯旗帜鲜明地深度参与了阿拉伯世界的大量事务。突尼斯支持阿尔及利亚人民解放运动，并在法阿之间进行调停。突尼斯不仅带头抵制纳赛尔的地区霸权主义，而且密切关注"阿以问题"的进展。突尼斯积极参与地区事务，并首先提出了建立马格里布联盟的主张。突尼斯在布尔吉巴统治下在地区政治中极其活跃。布尔吉巴以其特有的领袖魅力，使得突尼斯发挥了超过其国土面积的作用。突尼斯是"不结盟运动"成员国，与第三世界国家都有接触。布尔吉巴在西方世界享有崇高的威望。突尼斯在中东政治中举足轻重。布尔吉巴时期突尼斯先后接纳了"阿拉伯联盟"总部（1979—1990年）和"巴解组织"总部（1982—1995年）的迁入。

二　新传统主义的回归

1987年以本·阿里发动政变为契机，实现了突尼斯的政权交替。突尼斯与中东国家的关系迎来了改善的良机。本·阿里在伊斯兰复兴运动中认识到民众对阿拉伯—伊斯兰属性的重视与拥护，开始有意识地向

---

① 参见蒋真、李竞强《1965年布尔吉巴"阿以和平倡议"历史探析》，《世界历史》2013年第5期。

这一传统回归。1989年,本·阿里大张旗鼓地去麦加朝觐,以自身行动回应国民的民族意识。在本·阿里统治期间,伊斯兰文化得到弘扬,公共场合伊斯兰因素大大增加。反映在地区政治上,则是全面"回归"阿拉伯—伊斯兰世界,与所有国家改善关系。

首先,花大气力推动马格里布联盟。本·阿里上台后,努力推动建立了"阿拉伯马格里布国家联盟(AMU)",试图效法欧盟,整合地区政治、经济资源,实现联合自强。突尼斯也以其积极贡献获得了任命首任秘书长的荣誉。在这一机制下,突尼斯与摩洛哥、利比亚、阿尔及利亚、毛里塔尼亚5国构成了联合体,各国之间可以通过联合机制协调冲突,实现合作。然而,该联盟自成立之后,很少发挥组织作用。联盟内部摩洛哥与阿尔及利亚、毛里塔尼亚在"西撒哈拉问题"上难以调和的矛盾制约了该组织发挥地区整合的实质性作用。不过,对于突尼斯而言,该组织建立的框架意义重大。在此机制下,突尼斯基本上摆脱了与邻国利比亚、阿尔及利亚的冲突,最大限度地实现了国家安全。这对于威权主义政权的维系和发展具有至关重要的作用。

其次,推动地区经济一体化。为了应对全球化的挑战,突尼斯在积极投入市场经济的同时也推动了区域经济一体化的发展。这表现在突尼斯在马格里布联盟机制之外寻求与其他阿拉伯国家的合作。1997年,突尼斯与其他17个国家签订了协议,宣布建立"阿拉伯自由贸易区(Greater Arab Free Trade Area,GAFTA)",希望在阿拉伯国家之间消除关税壁垒,实现商品自由流通。2001年,突尼斯与摩洛哥、埃及、约旦等毗邻国家签订协议,希望首先在小范围内实现自由贸易。[1] 但是,此类区域经济一体化由于阿拉伯国家的经济结构问题和其他政治原因进展缓慢。突尼斯并没有实现预定的目标。大部分阿拉伯国家在经济上依附于西方,经济发展水平低下,结构不合理,多为农产品和初级产品出口国,相互之间的竞争性往往大于互补性,经济合作缺乏相应的基础。这便决定了所有区域经济一体化议题的命运。

最后,在地区事务上奉行"中间主义"路线。本·阿里缺乏布尔

---

[1] Steffen Erdle, *Ben Ali's Tunisia* (1987 – 2009): *A Case Study of Modernization in the Arab World*, Berlin: Klaus Schwarz Verlag, 2010, p. 394.

吉巴所具有的个人魅力，因而更趋于理性。这反映在他能更好地处理地区事务，最大限度地维护双边和多边关系，为突尼斯争取有利的国际环境。在本·阿里时期，突尼斯不仅与邻国改善了关系，而且与地区内其他国家保持了良好关系。突尼斯成为中东地区少有的几个能同时与几乎所有国家友好往来的国家。[①] 究其原因，是因为突尼斯遵循更为温和的立场，基本上与联合国和阿盟等国际和地区组织保持一致，遵守国际秩序而不是挑战国际秩序。另外，这也归功于国际和地区政治的发展。经过几十年的发展，那些曾让突尼斯卓尔不群的观点已经为国际社会所接受，布尔吉巴曾经提出的进步观点为区域内国家所接受。事实上，到目前为止，几乎所有的中东国家都奉行以主权国家为主的"地区民族主义"，"阿以问题"在很大程度上已经发展成为"巴以问题"，双方已经进行了多轮谈判。不过，突尼斯在淡化其"独特"地位的同时，也获得了实实在在的利益。阿拉伯国家对突尼斯投资与贸易的增长便是明证。1998年，突尼斯从阿拉伯国家的进口和出口占外贸总和的1.2%和1.3%，2010年，突尼斯与阿拉伯国家的贸易额占外贸总值的7.5%。[②]

三 地区政治的再次聚焦

2011年之后，中东国际关系发生了重大变化，土耳其、沙特阿拉伯、卡塔尔、阿联酋等国地位上升，埃及、叙利亚、伊拉克等国地位下降明显。由于突尼斯是引爆中东变革的发源地，其一举一动影响到整个地区形势的发展，中东各国积极介入了突尼斯政治，使得突尼斯成为地区政治焦点。

首先，土耳其努力推销其国家治理模式，试图复制正义与发展党治国理政经验。突尼斯发生变革后，世俗的宪政民主联盟被解散，伊斯兰政党复兴运动迅速崛起，成为突尼斯政治的主导力量。土耳其的正义与

[①] Steffen Erdle, *Ben Ali's Tunisia (1987 – 2009): A Case Study of Modernization in the Arab World*, Berlin: Klaus Schwarz Verlag, 2010, p. 402.

[②] 林庆春、杨鲁平编著:《列国志·突尼斯》，第384页。Steffen Erdle, *Ben Ali's Tunisia (1987 – 2009): A Case Study of Modernization in the Arab World*, Berlin: Klaus Schwarz Verlag, 2010, p. 397.

发展党有十多年的成功执政经验，融合了伊斯兰与现代政治，一度引起突尼斯民众的强烈认同。因此，土耳其政府迅速改变其外交政策，从"零问题"外交向主动作为转变。[①] 包括土耳其总理埃尔多安在内的多位高官访问突尼斯，并向其传授经验。复兴运动主导的突尼斯政府也予以热情回应。但是，土耳其政府提供的援助有限，无法帮助突尼斯改变经济困境。另外，世俗主义者激烈反弹，导致突尼斯政府有所收敛。更为关键的是，土耳其国内局势的发展逐渐使其国家治理模式丧失了吸引力。

其次，沙特阿拉伯、卡塔尔、阿联酋等国在突尼斯展开竞争，突尼斯政府努力维持平衡。突尼斯变革也引发了海湾各国的干预，突尼斯政府在经过一段时间的挣扎后在各国之间保持了平衡。突尼斯新政府由于沙特阿拉伯庇护了本·阿里，未能与其建立良好的关系，卡塔尔、阿联酋等海湾富国则积极在突尼斯扩大影响力。但是，卡塔尔和阿联酋在对穆斯林兄弟会的问题上存在严重分歧。突尼斯伊斯兰复兴运动由于和穆斯林兄弟会的密切关系，与两国都有联系。一开始是卡塔尔占了上风，但在埃及发生政变之后，穆斯林兄弟会的影响力急剧下降，复兴运动降低了调门，变得更加务实。在世俗力量上台之后，突尼斯外交变得更加平衡。

最后，阿拉伯—伊斯兰国家内部事务在突尼斯政治中的影响明显上升。突尼斯曾经希望加入西方世界，脱离阿拉伯—伊斯兰世界，但这种趋势在突尼斯剧变之后发生了明显变化。巴勒斯坦问题、利比亚内战、叙利亚内战、也门内战等地区热点问题在突尼斯政治中的影响力明显增加。这一方面证实了阿拉伯—伊斯兰国家的问题具有传染效应的观点，另一方面也是突尼斯国民寻求民族属性的表现。

因此，突尼斯剧变之后与阿拉伯—伊斯兰世界的关系变得更加紧密，外交与内政的互动也变得更加频繁。这对突尼斯而言，既是机遇，也是全新的挑战。如何保持积极中立的传统外交的同时，争取与各方保持密切交往，换取广泛的外部援助，是突尼斯新政府面临的难题。

[①] Akın Algan, "The '14 January Revolution' in Tunisia and Turkish-Tunisian Relations", *Turkish Policy Quarterly*, Vol. 10, No. 4, p. 75.

本章小结

突尼斯的外交无疑是成功的。突尼斯在对外交往中取得很多重大突破和进展。在冷战岁月，布尔吉巴掌舵的突尼斯在外交上发挥了超出其实力许多的作用。本·阿里上台后对外交进行了调整，突尼斯在各个方向都游刃有余。

首先，突尼斯基本实现了其追求的"地中海属性"的内在要求，突尼斯与该区域内国家实现了广泛的合作和交流。从地缘政治角度看，"地中海属性"对于突尼斯民族的重要性当居首位。突尼斯不仅一直是这一地区的一分子，而且从未陷入封闭状态。对于突尼斯这个资源贫乏的小国来说，贸易是其生存和发展的关键。因此，突尼斯一直以一种开放的态度与各方交往。独立以来突尼斯以主权国家的身份与欧洲国家展开了更为广泛的交往。虽然突尼斯的经济发展水平限制了其作用，但突尼斯在经济发展中取得的成果也是显而易见的。尤为重要的是，突尼斯实现了稳定、繁荣，并长期保持了这一状态。

其次，突尼斯外交经过不断探索，走向了成熟。布尔吉巴时期，外交是政府工作最重要领域之一，他为此投入了大量精力。因为对于突尼斯的现代化而言，争取世界各个国家的援助具有生死攸关的意义。同时，突尼斯坚持"不结盟"的外交原则，没有因为援助而被卷入东西方的对抗之中。本·阿里推动了突尼斯的经济自由化和融入全球化。突尼斯在积极争取市场经济和全球化经济机遇的同时保持与几乎所有国家的友好关系，实现了对外交往中经济发展和国家安全主要目标。突尼斯"现代、温和、文明"的国家形象展现了突尼斯对外交往不断走向成熟的历程。

最后，突尼斯对内交往与对外交往实现了良性互动。对于突尼斯的威权主义政治体制而言，既要实现经济发展与和平安定，争取民众的支持和拥护，同时也要在外交领域的赞誉和援助，为其提供外部的合法性。在对内和对外交往中，各种活动都向维持和增强权威聚集。突尼斯的经济发展与和平安定没有使其在政治领域进行改革，而是陷入了僵化的威权主义。同样，外部的改革压力被国家的安全阀所过滤，没有加之于突尼斯的威权主义政权。突尼斯对内交往与对外交往实现了统一。当然，这与突尼斯的经济发展阶段是密切相关的。从根本上讲，突尼斯尚不完全具备政治转型的经济条件。

结　　论

一　现代突尼斯的政治演变

威权主义政治是突尼斯政治发展过程中的一个过渡阶段，是对君主专制以及殖民统治的继承和发展。这种体制保留了国家领导人的专制权力和极权主义政治特点。"总统君主制"是很好的体现。在突尼斯，总统凌驾于宪法之上，甚至被树立为国家的象征和化身。总统在实际政治生活中享有不受限制的权力。总统控制军队、政党、议会，以及整个国家行政机构。而且，总统还继承了专制君主所具有的荣誉，接受民众的欢呼和拥戴。布尔吉巴总统在任期间甚至沿用了贝伊的宫廷仪仗队。

但是，威权主义体制下的总统与封建制度下的专制君主存在本质的区别。在突尼斯，共和国总统哈比卜·布尔吉巴和宰因·阿比丁·本·阿里都是具有现代思维的领导人。他们都认同并具备启蒙思想和现代观念。前者以"人道自由主义"思想为代表，后者以全球化局势下的现代改革思想为核心。而且，他们的统治方式也与君主专制存在显著差别。政党、议会、科层制官僚机构是他们依托的主要机构。而这些机构的建立在殖民时代已经有了一定的基础。例如，殖民政府时期，突尼斯行政区划基本成型。殖民政府为了攫取更多的利益加强了统治，建立了一支有效的官僚队伍，奠定了突尼斯民族工业的基础。

社会存在决定社会意识，威权主义体制的存在是与一定的发展阶段分不开的。突尼斯的威权主义政权在与社会经济互动的过程中经历了起落的过程。独立初期，百废待兴，为了实现强有力的统治，威权主义政权应运而生。在政治统一的形势下，突尼斯进行了轰轰烈烈的社会改革，并走上了经济建设的道路。教育改革的启动，《个人地位法》的颁布，共和国宪法的制定都体现了这一体制进步的方面。然而，突尼斯在经济领域的探索并不顺利。独立初期的自由主义经济和随后的"社会主义实验"都以失败告终。20世纪70年代，突尼斯转向外向型混合经济发展模式之后经济形势才出现了改观。原因在于，突尼斯不具备独立发展民族经济的环境和实力，只能在依附欧洲市场的情况下争取有限的发展。正因为经济上的成就，哈比卜·布尔吉巴总统统治下的威权主义政治达到了顶点，并且进一步证明了其"合法"性和有效性。布尔吉巴确立了终身总统的地位。但是，1978年爆发全国大罢工之后，突尼斯的威权主义政治出现了转折，布尔吉巴的统治每况愈下，从而导致威权主义体制运转不灵。威权主义政治有效性的削弱进而引起了合法性的丧失。在此情况下，1987年11月7日，宰因·阿比丁·本·阿里以总理身份发动政变，推翻了布尔吉巴的统治，开启了一个新的时代。年轻的本·阿里大量启用技术型官僚，并改革了执政党，用"民主"代替了之前的"社会主义"。在社会文化领域，他调整突尼斯过于西化的倾向，加入了本土因素。在经济领域，接受了世界银行和国际货币基金组织的结构改革"药方"，并取得了阶段性成果。突尼斯在外部力量的支持下实现了经济增长，降低了负债率，减少了财政赤字。因此，从20世纪90年代初到21世纪最初几年，突尼斯在威权主义政治统治下达到了一个新的高峰。突尼斯的人均收入水平赶上了波兰、俄罗斯等中等收入国家。在政治领域，突尼斯的政党制度有所改革。但是，突尼斯的威权主义体制并没有发生根本性的变革。本·阿里2002年修改宪法，追求无限期连任的举动与布尔吉巴确立终身总统体制的选择几无二致。本·阿里统治下的威权主义政权走向僵化。自2005年以来，世俗反对派和宗教反对派结盟之后，民众抗议威权主义政治的活动此起彼伏，逐渐发展到难以控制。2010年和2011年之交的政治动荡最终导致突尼斯长达半个世纪的威权主义政治的瓦解。

二 突尼斯政治改革的成就与失误

突尼斯政治体制改革的结果是形成了有效但僵化的威权主义政治。在国内，它重新以宏大项目确立了专制统治的正当性。本·阿里上台后逐渐从布尔吉巴所强调的国家独立和现代民族国家建设任务转向了实现经济转型和现代工业化国家建设。在国际上，突尼斯的威权主义政权适时调整对于援助国的形象，重新定位"寻租"地位。突尼斯成功地从冷战期间对抗苏联的"盟友"转型为新自由主义增长模式和跨地中海合作的"试验田"以及全球反恐"伙伴"。[1] 究其原因，突尼斯威权主义政体展示了其维护稳定和发展经济的能力，体现了这一政权的"有效性"。

突尼斯现代威权主义政治体制在长达半个世纪的历程中经历了自身的独特演变。在此过程中，该体制的有机组成部分官僚体制、政党、军队、政教关系、国家与社会关系，以及对外交往都发生了深刻变革。

其一，突尼斯的行政机构在保持"强人政治"的基础上不断成熟。行政机构在经历"突尼斯化"、扩充后，进一步向"技术型"官僚机构转变。突尼斯行政机构不仅队伍庞大，办事效率由于吸引技术人才的加入而得到了提升。但是，突尼斯行政机构也存在冗员、腐败、裙带作风等显而易见的弊端。

其二，突尼斯经历了一党制向多党制的过渡，新宪政党（以及后来的"社会主义宪政党""宪政民主联盟"）始终处于执政党地位。新宪政党作为民族主义政党，在独立后确立了唯一执政党的地位。在突尼斯政治改革中，新宪政党与行政机构的关系不断融合。突尼斯的威权主义体制的延续正是得益于新宪政党的广大群众基础和崇高威望。

其三，突尼斯威权主义政权对军队和暴力机构的使用有限。突尼斯的军队始终保持在政治之外，发挥了有限的政治影响。随着威权主义体制走向僵化，警察的规模不断膨胀，作用日趋凸显。不过，突尼斯并非真正的警察国家，警察也是行政机构的组成部分。

其四，突尼斯的政教关系历经变革，伊斯兰主义者在威权主义政治中充当了事实上的反对派。突尼斯独立之初的世俗化改革严重伤害了民众的民族、宗教、文化感情，构成伊斯兰主义复兴运动兴起的群众基础。威权主义政治的高压使得一部分伊斯兰主义者走向了激进化。本·阿里统治末期伊斯兰主义者与世俗反对派的结盟既是突尼斯政治发展的结果，也是突尼斯政治改革的保障。

---

[1] Steffen Erdle, *Ben Ali's Tunisia* (1987 – 2009): *A Case Study of Modernization in the Arab World*, Berlin: Klaus Schwarz Verlag, 2010, p. 455.

其五，突尼斯的社会组织发展有限。突尼斯的社会组织受制于威权主义政体的禁锢，也无法突破其自身基础脆弱的限制。社会组织与政治社会的互动有限，其发展一定程度上彰显了阿拉伯—伊斯兰国家政治变革的独特性，其发展方向仍然难以预判。

其六，突尼斯对外交往的成功是威权主义政治延续的必要条件之一。布尔吉巴时期恰逢美苏"冷战"主导国际政局，布尔吉巴亲西方、积极参与国际和地区事务的外交使得突尼斯独具特色。本·阿里上台后调整了突尼斯的外交，发展与所有国家的友好关系，以适应全球化时代的政治、经济要求。

然而，突尼斯威权主义体制推动的政治改革无力克服其内在矛盾。在长达半个世纪的历程中，突尼斯威权主义政权以促进经济发展和加强统治为基本目标。二者之间存在难以逾越的根本矛盾。经济变革和社会变革的不断推进产生了体制扩大和体制内不断重新分配权力的需要。[1]威权主义政治改革的目的是维护该体制的合法性和有效性，维持其运行和发展。因此，布尔吉巴和本·阿里两任总统推动的政治改革都无法突破威权主义政治的框架，从而进入一个新的阶段。

三 突尼斯发生政治变革后的政治走向

2010年年底开始的中东变局具有突发性、连锁性和颠覆性三大特点。它是阿拉伯国家多年以来聚集的内外各种矛盾的总爆发，同时也是阿拉伯世界继20世纪40、50年代的独立运动，50、60年代的共和主义运动和冷战后的"民主化"运动以来，又一次自下而上的和波及整个地区的政治变革运动。其目标在于：反对传统的威权主义统治，争取社会平等、经济繁荣、政治民主和外交独立。换言之，它是阿拉伯民众尤其是共和制阿拉伯国家民众，渴望重新选择本国和本地区政治经济发展道路的一种新的抗争。[2] 作为此次政治变革运动的始发地，突尼斯的政治剧变极具偶然性，完全出乎各界的意料之外。因为这与

---

[1] [美]塞缪尔·亨廷顿：《变化社会中的政治秩序》，王冠华、刘为等译，上海世纪出版集团2008年版，第121页。

[2] 王铁铮主编：《全球化与当代中东政治思潮》，人民出版社2013年版，第18—19页。

突尼斯近代以来形成的"改革主义"传统完全背道而驰。突尼斯之所以首先爆发政治变革，是其对内交往和对外交往的长期发展。如前所述，突尼斯威权主义政权在改革中建立了一个稳定、繁荣的国家，但也存在政治体制僵化、经济严重依附西欧国家的弊端。执政党经过长期蜕变，已经发展为一个相对松散的组织，凝聚力和向心力与"宪政社会主义"时期难以相提并论。警察队伍虽然庞大，却也是中下层民众的就业渠道，与威权主义政权并没有建立利益攸关体。而军队的弱小和专业职业化发展，使本·阿里政权丧失了最后一道防线。因此，突尼斯在阿拉伯国家，特别是共和制阿拉伯国家中率先开展了自下而上的政治变革。

突尼斯政治剧变开启了突尼斯的一个新时代，标志着突尼斯开始走出威权主义政治体制的窠臼。不过，突尼斯是否完全摆脱长达半个多世纪的威权主义政治，尚需观察。威权主义政治之所以取得民众支持关键在于其在突尼斯实现了政治稳定和社会、经济发展。此二者与民族主义一道构成了突尼斯威权主义政权合法性的来源。短期来看，西方式民主政治尚难彻底替代"有效性"所代表的合法性来源。突尼斯历经变革后，国内安全亟须恢复、经济发展亟须重启、社会生活亟须恢复平稳、文化领域亟须整合。然而，突尼斯要实现顺利转型还存在难以克服的严重障碍。例如，引发政治变革的就业问题持续影响突尼斯社会稳定。地区发展差异是突尼斯长期以来无法克服的难题。突尼斯的经济水平仅能跻身南欧国家那样的较低层次。突尼斯社会阶层分化严重，缺乏有效整合。政治变革发生后成立的 100 多个政党难以担当领导政治转型的重任。世俗主义政党和伊斯兰政党之间时常爆发信任危机。伊斯兰复兴运动再次兴起，对突尼斯政治文化发起了强力冲击。极端派别"伊斯兰教法支持者"组织造成的恐怖威胁短期内难以根除。突尼斯的经济发展水平和以世俗—宗教为分野的政治文化构成了其政治转型难以消解的障碍。

对于阿拉伯国家来说，如何在阿拉伯—伊斯兰文化传统基础上引入新的政治模式，如何实现伊斯兰力量与世俗力量之间的相互包容，如何实现内部统一和对外自主始终是它们面临的重大挑战。对于突尼斯而言，转型成功的根本出路同样在于找到适合本国国情的民主化道路。可以肯定的是，突尼斯将在很大程度上延续其改革主义传统，在温和、渐进，以及内外交往的互动下根据自己的特色进行政治转型。突尼斯民众同质性极高、国民普遍受教育程度高、中产阶级规模较大、年轻人占总人口的绝大多数，这些条件都有利于其实现政治转型。

与前两次政治转型不同，突尼斯政治剧变后的政治变革不再被"君主"们自上而下地控制。剧变之后临时政府的历次改组都在很大程度上回应了民众的呼声。伊斯兰复兴运动在较高民意支持下也不得不顺从民意。在经历半个多世纪的"西化"试验之后，突尼斯再一次尝试以"自主化"和"本土化"校准国家发展道路，在新世纪再次起航。

四 突尼斯政治转型的前景探析

在转型研究，尤其是政治转型问题的研究中，主要的问题是西方学者形成的话语主导。一方面，对于新自由主义改革的政治内涵认识不足；另一方面，对于转型的方式、趋势和结果形成了一种思维定式。在中东北非陷入动荡之后，毛里塔尼亚学者穆罕默德·马哈穆德·乌尔德·穆哈麦都与美国丹佛大学教授狄默思·塞斯克合作的《重新引入转型理论——21世纪的民主化》[①]一文对威权主义问题的研究提出了挑战。他们强调新自由主义经济改革的政治内涵，提出重新评价国际金融组织推行的新自由主义改革的政治后果。对转型问题的研究，作者更加重视不同背景的结果差异。同时，他们对阿拉伯国家国家的转型提出了新的问题，认为阿拉伯国家政治转型的成败不能完全从西方民主的传统价值进行评价。对于突尼斯的政治转型而言，这些内容体现得更为明显。

（一）突尼斯与中东剧变

2010年年底至2011年年初，突尼斯发生政治剧变，改变了其历史发展轨迹。此后，受突尼斯剧变影响，在阿拉伯世界产生了连锁反应，埃及、利比亚、叙利亚、也门先后陷入混乱，政权接连垮台。7年多来，突尼斯剧变引发的关注，丝毫不亚于"9·11"事件、"阿富汗战

---

① Mohmmad-Mahmoud Ould Mahamedou, Timothy D. Sisk, Bring Back Transitology: Democracy in the 21st Century, GCSP Papers, November 2013.

争""伊拉克战争"等国际性事件。相关研究①对产生此次事件的原因，进程，特点都有论述。但是，关于突尼斯剧变，仍有一些需要特别考察的问题。特别是关于突尼斯剧变的爆发原因和演变过程，如果从突尼斯社会结构来探究，显然更有助于把握此次事件的本质。

首先，对于突尼斯剧变的爆发时间，媒体广为播报的是2010年12月17日。在这一天，突尼斯南部小城西迪·布吉德小贩穆罕默德·布瓦吉吉点火自焚。这一事件引发了西迪·布吉德民众的抗议浪潮，此后迅速扩展到了全国。但是，仔细梳理突尼斯被推翻的总统本·阿里的最后岁月，突尼斯民众的大规模抗议在2008年就已经产生。作为突尼斯最大的重工业企业"加夫萨磷酸盐公司"所在地，加夫萨拥有突尼斯最大的磷酸盐矿。这一矿藏自从突尼斯独立以来就发挥着重要的经济作用。2008年春，加夫萨地区由于企业违规招聘在群众中间产生了强烈不满。当地矿工和民众进行了为期5个月的抗议示威。最终突尼斯政府通过安全力量和军队镇压了这一运动。另外，为了安抚民众，本·阿里撤换了加夫萨省省长和企业总经理。不过，从这一事件开始，突尼斯工人阶级的组织"突尼斯总工会"在地区层面上已经发生了很大变化。当地工会组织领导人开始站到工人阶级立场上，与统治阶级联盟的总工会领导人划清了界限。突尼斯剧变的种子起码在这个时候已经埋到了不稳定社会的土壤里。

其次，突尼斯剧变的演变过程体现了阶级融合与地区融合的特点。突尼斯拥有庞大的中产阶级人群，根据官方统计，其占到了突尼斯总人口60%以上。② 突尼斯由于其经济自由化的成就，被世界银行、国际货币基金组织等视作成功的榜样。这样，突尼斯存在的阶级矛盾和地区矛盾在很大程度上被掩盖了。事实上，由于区位因素的作用，突尼斯沿海

---

① ［突尼斯］伊美娜：《2010—2011突尼斯变革：起因与现状》，《阿拉伯世界研究》2012年第2期。金灿荣：《中东乱局的成因及其影响》，《现代国际关系》2011年第3期。牛新春：《东北非动荡凸显美国对中东政策的内在矛盾》，《现代国际关系》2011年第3期。王凤：《中东剧变与伊斯兰主义发展趋势初探——以埃及穆斯林兄弟会和突尼斯伊斯兰复兴党为例》，《国际政治研究》2011年第4期。薛庆国、尤梅：《"革命"元年的阿拉伯文学：预警、记录与反思》，《外国文学动态》2012年第4期。

② ［突尼斯］伊美娜：《2010—2011突尼斯变革：起因与现状》，《阿拉伯世界研究》2012年第2期。

地区和内陆省份之间在经济上存在明显差距。沿海地区，尤其是首都地区拥有突尼斯最先进的设施和更多的富裕人口。突尼斯成功的表象，往往通过来此旅游的游客传播到了世界各地。然而，突尼斯的内陆地区，尤其是西部地区、中南部地区和东南部地区经济发展相当落后，基础设施和社会保障都无法满足当地民众需要。而且，在经济自由化的过程中，突尼斯民众产生了很大的被剥离感。在农村地区，土地的私有化使得大量农民失去了生活来源。在城市，对于大量国有企业的私有化也使得工人们失去了谋生手段。由于突尼斯本身没有太多的资本投资，每年有大量的青年人加入失业大军当中。穆罕默德·布瓦吉吉的自焚代表了突尼斯内陆省份对生活绝望的年轻失业人员。因此，穆罕默德·布瓦吉吉自焚最初，抗议的中心主要分布在内陆省份，对本·阿里政权并没有造成重大威胁。但是，12月24日，警察射杀两名抗议者后，局势很快发生了重大转折。突尼斯总工会的众多地区组织，首都突尼斯的律师和学生们加入到了抗议浪潮当中。2011年1月5日，突尼斯律师协会在突尼斯市举行了游行示威。刚开学不久的学生也加入到了这一队伍当中。1月13日，突尼斯总工会宣布将举行总罢工，这最终推翻了本·阿里政权。在突尼斯民众游行期间，"工作是一种权利，噢，盗贼们！"成为最受群众认同的口号。①

再次，突尼斯剧变产生的深层原因是结构性问题。本·阿里1987年上台之后，加速推动了世界银行和国际货币基金组织等推动的"经济结构转型"。这一转型对突尼斯产生了深远影响。从经济上来看，突尼斯被迫放弃了国家资本主义发展道路，采取了"华盛顿共识"②下的经济开放战略。突尼斯将大量国有企业私有化，完全开放市场，换取了国际资本的投资。然而，这一战略在很大程度上并没有造福于突尼斯国民本身，而是有利于国际资本。受此影响，突尼斯刚刚建立起来的民族工业遭到了严重打击，国际资本以更加廉价的产品替代了突尼斯产品。突尼斯通过发展旅游业和服务业，以及纺织业等展现了表面上的繁荣，在工

---

① Sami Zemni, "The Tunisian Revolution: Neoliberalism, Urban Contentious Politics and the Right to the City", *International Journal of Urban and Regional Research*, January 2017, p. 9.
② 美国、英国等西方国家所倡导的以市场竞争作为主要价值标准的一系列政治、经济、社会、文化准则。

业自给能力方面出现了倒退。大量改造后的企业也未能承担经济发展的重要责任。相反，突尼斯开始形成了权贵资本主义。从政治上来看，新自由主义政策进一步加强了威权主义政治。新自由主义改革意味着资产阶级力量的加强[1]和"华盛顿共识"下的既定战略，即经济自由化将导致政治自由化，从而导致西式自由主义民主转型的出现不同，突尼斯的威权主义政治并没有朝着西方民主转型。相反，一种威权主义的变体开始出现，即新自由主义—威权主义。[2] 突尼斯虽然引入了大量自由化措施，但往往只起到装点政治的作用，权力变成了私有。本·阿里家族及其亲信掌握了绝对的权力和大量的财富。与本·阿里家族有关的企业达220家，所获利润占私营企业的21%，占有的财富价值130亿美元，相当于突尼斯2011年国内生产总值的1/4强。[3] 从社会层面来看，新自由主义改革拉大了城乡差距和地区差距，社会不公平现象突出。相对而言，沿海地区居民生活水平更高，内陆地区居民生活困难。具体而言，与本·阿里家族或国家机关有关的利益集团占据了大量财富，普通民众在就业、医疗、创业各个方面遭遇了不公平待遇。社会不公、腐败、裙带主义等问题成为统治阶级和被统治阶级之间的最大矛盾。因此，新自由主义改革导致的结构性问题使得突尼斯剧变成为历史的必然。

最后，突尼斯剧变证明了新媒体的独特作用。传统观点认为，威权主义政治的转型往往需要精英阶层做出战略性决策。这包括新旧精英的博弈和精英阶层内部的分化。然而，突尼斯剧变却是一次缺乏强有力领导、组织和武装力量的成功变革。突尼斯剧变以年轻人为主力，他们尚没有积累起个人威望。突尼斯主要反对党也没有发挥应有作用。最大反对派组织伊斯兰复兴运动尚在蛰伏当中。抗议人群也始终没有被武装起来。

突尼斯政治剧变证明了三个问题：一是青年失业等社会经济问题很容易导致政治变革；二是这种问题的大面积出现，能够在没有强有力的

---

[1] 陈尧：《新权威主义政权的民主转型》，上海人民出版社2006年版，第229页。

[2] Sami Zemni, "The Tunisian Revolution: Neoliberalism, Urban Contentious Politics and the Right to the City", *International Journal of Urban and Regional Research*, January 2017, p. 9.

[3] Bob Rijkers, Caroline Freund, Antonio Nucifora, All in the Family: State Capture in Tunisia, The World Bank Report, March 2014, p. 3.

反对派领导的情况下推翻现政权；三是当一再推迟的政治改革到来时，一切补救工作都被证明太少、太晚了。①

（二）突尼斯政治转型的内容与特点

1. 突尼斯政治转型的前提

威权主义政治转型是一个重大课题。因其艰难，研究者往往设定了政治转型的前提。诸如经济发展，社会组织的形成，政治文化的发展等。② 就突尼斯的历史发展而言，突尼斯有自身的优势。首先，突尼斯国家建构历程比较顺利，不存在民族对抗和国家分裂状况。③ 突尼斯民族同质化程度高，大多数居民信仰伊斯兰教。近代以来，在民族国家构建过程中取得了重大进步。独立以来，突尼斯一直维持了统一局面。其次，突尼斯国家治理机制已经成型，政治发展程度较高。突尼斯继承了法国殖民统治的遗产，在行政区划和政府机构设置等方面实现了现代化。因此，突尼斯政治转型拥有可以利用的制度基础。最后，突尼斯重视教育，民众识字率高，政治文化发展程度具有一定优势。突尼斯独立以来以教育优先，力图培养现代化建设人才。虽然突尼斯在高等教育和职业培训方面存在诸多问题，但以西化为主的教育使得突尼斯形成了信奉西方自由主义民主的广大知识分子阶层，这也推动了突尼斯的政治转型。突尼斯的政治转型以出人意料的自下而上的方式推翻了本·阿里政权，在很大程度上可以归因于西方"民主促进"机制的潜在影响。

2. 突尼斯政治转型的内容

突尼斯政治转型可以分为三个阶段。第一个阶段（2011年1月14日—2011年10月23日）是过渡时期。在这个阶段，突尼斯政治转型的主要任务是稳定国内秩序，恢复经济生产和制定选举制度。在这一阶段，突尼斯清除了旧政权的残留，废除了旧的宪法，确定了大量的政治自由。首先，宪政民主联盟被解散，这个存在了70多年（1934—2011年）的政党退出了突尼斯政治舞台。其次，在民众抗议之下，旧官僚被清除出了政坛。在突尼斯政治剧变后，总理格努希曾短暂留任，但在民

---

① http://carnegieendowment.org/sada/42320.
② 陈尧：《新权威主义政权的民主转型》，上海人民出版社2006年版，第199—202页。
③ Lisa Anderson, *The State and Social Transformation in Tunisia and Libya*, 1830-1980, Princeton University Press, 1986, p. 278.

众强烈抗议之下，格努希最终去职，埃塞卜西取而代之。埃塞卜西是前总统布尔吉巴时期的官员。最后，各种自由权利真正被民众所获得。各种政党如雨后春笋一样涌现，不同党派的政治家积极活动，电视台开始讨论一些具有争议性的话题。虽然一再推迟，突尼斯在 2011 年 10 月 23 日成功举行了自由选举。在选举中 80 多个政党参与，上千名候选人角逐 217 个制宪议会席位。[1]

第二个阶段（2011 年 10 月—2015 年 3 月）是立宪制度重新确立的时期。在这一阶段，突尼斯在三党联合执政下经历短暂的动荡，但最终完成了新宪法的起草和颁布，在新宪法机制内成功举行了全国大选。首先，突尼斯试行了议会制，对传统政治进行了修正。由议会第一大党指定的政府总理合法性明显上升，也为国际社会所接受。相反，总统的地位有所下降，改变了行政权力过大的弊端。其次，制宪议会克服困难，完成了新宪法的制定，并在议会以绝对优势获得通过。突尼斯重新确立了立宪制度，为各项活动确立了规范。新宪法弥合了各方分歧，体现了历史的连续性和突尼斯独特文化，兼具灵活性和规定性，表明突尼斯向巩固阶段开始过渡。最后，突尼斯在短暂的动荡中没有失控，立宪体制经受住了检验，顽强生存了下来。制宪议会完成使命之后，突尼斯成功举行了议会大选和总统直接选举，人民行使了政治权利。突尼斯立宪制度初步取得了成功。

第三个阶段（2015 年 3 月至今）是巩固时期。在此阶段，新当选总统埃塞卜西领导下的呼声党经过谈判，与复兴运动组成了执政联盟，突尼斯各项活动开始走上正轨。突尼斯进入了巩固时期。

3. 突尼斯政治转型的特点

综观突尼斯的政治转型，一种新的"突尼斯模式"基本形成。[2] 首

---

[1] Kenneth Perkins, *A History of Modern Tunisia* (2nd edition), Cambridge, 2014, p. 242.

[2] 所谓"突尼斯模式"在突尼斯剧变之前都有一定范围的使用，主要特征是政治稳定，经济发展，国际形象以开放、现代、宽容著称。当前"突尼斯模式"逐渐成了"妥协政治"的代名词。突尼斯在安全、经济方面的挣扎使其成为一种"模式"的底气不足。参见张楚楚《"突尼斯模式"能走多远?》，《南风窗》2015 年第 3 期；张楚楚《后"阿拉伯之春"时代的国家建构路径——基于"突尼斯模式"与"也门模式"的比较研究》，《武汉大学学报》2017 年第 6 期。

先，从转型方式看，突尼斯基本上实现了和平转型。据有关报道，突尼斯在转型过程中丧生的民众约200人，包括平民和警察。[①] 在转型期间，突尼斯各个党派基本上能够以政治方式解决冲突，没有出现大规模的政治暴力。除了两位著名的左翼领导人毕莱德和吉布哈·沙阿比亚外，突尼斯基本上没有政治家在政治斗争中丧生。

其次，从转型次序看，突尼斯比较注重制定和完善各项制度，并依据各项制度推动了政治转型。政治变革发生之后，突尼斯首先制定了新的政党法和选举法，之后进行了制宪议会选举。制宪议会确定的政府组织法规定了过渡政府的权责。制宪议会通过长达3年的磋商，最终制定了宪法。在新宪法的规范下，突尼斯进行了全国大选，产生了新的议会和政府。这种转型次序的安排虽然缓慢，但相对比较合理。反观埃及的政治转型，全国大选先于宪法制定，导致胜选上台的伊斯兰政党权力在短期内过度膨胀，领导人也被权力冲昏了头脑。虽然埃及的政治转型不能完全归咎于政治转型次序的不当，但程序问题产生的不利影响还是显而易见的。

最后，从转型的结果来看，突尼斯原发性"革命"成功的概率更大。突尼斯是中东北非动荡的始发国。在突尼斯剧变发生后，影响到了其他阿拉伯国家。这种区别在于突尼斯政治变革的爆发更多是突尼斯本身历史发展的产物，受外界影响更小。而且，突尼斯政治变革产生的破坏性产生的破坏性作用较小。而其他的阿拉伯国家受突尼斯政治变革影响，更多关注政治变革的共性，在一定程度上漠视了本国的特性。但本国的国情始终在发挥作用。"滚雪球"效应下，政治变革的方向很难把握，从而使得政治变革的演变趋势变得难以把握。埃及、利比亚、也门、叙利亚的政治转型就表现了这一特点。

（三）突尼斯政治转型的问题与趋势

1. 主要问题

突尼斯在政治转型中也出现了许多问题，在很大程度上制约了突尼斯立宪制度的发展和政治稳定的实现。

首先，旧政权的阴影挥之不去，政权过渡没有完全解决。呼声党上

---

① Kenneth Perkins, *A History of Modern Tunisia* (2nd edition), Cambridge, 2014, p. 243.

台之后，原先被禁止参加政治的本·阿里时期官员由重新回到了政坛。这虽然为突尼斯提供了许多有经验的政治家，但也遭到了民众的强烈不满。因为有大量官员遭到了各项法律指控，且没有完成司法审查。一方面，示威游行的参与者担心会遭到他们的报复。另一方面，大量旧官员重操旧业也难以在突尼斯推动建立新的制度。

其次，传统价值仍然在发挥作用。突尼斯独立以来形成的侍从主义体制、法团主义体制在政府解决社会问题方面发挥了重大作用，是突尼斯保持长期稳定的重要机制。但是前者意味着权力的分配是以私人关系为考量，与民主规则格格不入。后者在布尔吉巴时期曾经发挥过重要作用，只是在本·阿里时期被削弱。突尼斯重要的社会组织团体诸如突尼斯总工会、律师协会、雇主协会在沟通特定利益群体与政府决策层方面发挥着不可或缺的作用。2014年年底，上述组织与复兴运动成功的谈判挽救了突尼斯艰难的政治转型。但是，这些有着悠久历史的社会组织在代表性方面也存在很大问题。尤其是难以照顾到新兴力量和边缘人群的利益。而且，此类社会组织的精英政治倾向也使得他们难以与边缘人群产生联系，遑论为其代言。突尼斯政治转型过程中此类社会组织具有双重作用，对巩固阶段的积极意义和消极意义同时存在。

传统价值的继续存在还引发了广泛的腐败问题，转型时期反腐压力巨大。突尼斯在布尔吉巴时期腐败问题虽然存在，但并不是特别突出。主要原因在于布尔吉巴总统不断进行政府改组，让腐败集团难以成型。本·阿里时期腐败问题有所发展，但由于本·阿里家族和亲信组成的利益集团垄断了权力，腐败行为主要集中在总统家族和亲信。腐败问题成为了特权部门的专利，如安全力量和执政党高层。但是，在突尼斯政治剧变后，腐败行为变得日益猖獗。这是秩序重建过程中腐败分子利用了混乱局面。而民众对新秩序更高的期望使得他们难以忍受腐败的继续存在。因此，突尼斯新政府为了赢得民众信任和外部投资展开了轰轰烈烈的反腐行动。自2016年以来，一些主要人物因为腐败问题被抓。2017年，反腐战线进一步深入到了海关部门。

再次，安全困境难以摆脱。突尼斯曾经以社会稳定、治安良好而著称。突尼斯政治变革发生之前，每年有数百万游客前往突尼斯享受假期。但政治变革发生之后，突尼斯已经成为恐怖主义袭击的重灾区。

2015年3月18日，巴尔杜博物馆遭到恐怖分子袭击，23人遇难。[1] 几个月后，苏塞海滩发生了枪击游客事件，造成38人伤亡。[2] 另外，在突尼斯西部与阿尔及利亚接壤的山区，突尼斯安全部队进行了长期的拉锯战。在东部，突尼斯与利比亚接壤的沙漠地带，安全哨所屡遭袭击。在"伊斯兰国"外籍军队中，突尼斯人成为最庞大的雇佣军，在伊拉克、叙利亚、利比亚的极端主义分子人数达5500人左右。[3] 安全问题阻碍了突尼斯各项引资行动，外部投资者由于安全问题踟蹰不前。安全问题也沉重打击了突尼斯旅游业，对国民经济的正常运行产生了消极影响。旅游业在突尼斯国民生产总值中占1/7，目前这一规模起码降低了1/3。[4] 经济的长期低迷，使得突尼斯在提高民众生活水平和改善民生方面很难有所作为。民众对新秩序的良好愿望由于政府的回应迟缓而不断失落，政府不得不把大量资源投注到维持国内秩序中，这造成了严重的安全困境。

最后，政党政治存在弊端。经过7年多的不断演化，突尼斯政党政治已经初步成型。复兴运动、呼声党、共和大会党、突尼斯希望等成为主要政党。在历次选举中，各个主要政党发挥出色，基本上主导了突尼斯政治转型。相反，一些小的政党由于在选举中发挥不佳面临解体的危机。但对突尼斯政治转型而言，突尼斯政党制度仍然存在很大问题。第一，政党领导人权力过大，影响了民主决策。突尼斯主要政党都依赖其领导人，如复兴运动主席拉希德·格努希，呼声党主席埃塞卜西等对与各自政党的运行有绝对主导权。突尼斯妥协政治的出现，在某种程度上就是几个领袖的决定，而非普遍的党内或党际共识。第二，党内民主并不充分，领导人选拔存在私相授受的特点。呼声党党内，埃塞卜西的儿子上升迅速。复兴运动则长期控制在拉希德·格努希和部分亲信手中。2017年，呼声党部分议员由于不满埃塞卜西的决策，愤而退党。复兴运动二号人物、前总理贾巴里也宣布退党。这说明，突尼斯主要政党在

---

[1] https://edition.cnn.com/2015/03/19/africa/tunisia-museum-attack/index.html.
[2] http://www.bbc.com/news/world-africa-33394847.
[3] 唐恬波：《突尼斯缘何成了"圣战"分子输出大国》，《世界态势》2017年第2期。
[4] http://www.ibtimes.com/tunisia-museum-attack-tourism-economy-will-take-hit-nationally-regionally-experts-say-1852938.

党内面临不同意见时还不能形成调节机制。党内民主的不充分对突尼斯政党政治的发展也是一个不利因素。第三，各主要政党区分度不强，尚未出现能够代表和汇聚民意的优势政党。突尼斯政治剧变的一个特点是缺乏个性鲜明的领导人，缺乏推动广泛社会变革的一个全面的纲领。[①]这也是突尼斯政党政治的一个特点。复兴运动的上台在很大程度上归功于其长期坚决反对本·阿里政权的形象。突尼斯民众在政治变革后希望以新的政党代替旧的政党。但复兴运动的一系列理论，诸如回归伊斯兰、重振突尼斯的阿拉伯—伊斯兰属性等并没有多大的现实意义。在带领突尼斯走出泥淖的过程中，复兴运动除了沿袭本·阿里时期的新自由主义政策外并无甚良方。呼声党以反对党的身份诞生，主要利用了民众对三党联合政府的不满，收集了旧官僚组成了松散的政治组织。在胜选之后，呼声党选择了与复兴运动合作，在执政纲领方面与没有提出具体的主张。而且，政党之间的争论也恶化了突尼斯的发展形势。突尼斯战略研究所（Tunisian Institute for Strategic Studies，ITES）所长贾拉勒指出，政党之间的内耗和相互攻评让许多专业人士失望，他们中的很多人退出了政党。[②] 突尼斯非常重视教育，但还没有完全发挥人力资源优势。

2. 发展趋势

安全问题将长期困扰突尼斯，从而使得政治转型过于依赖安全力量，强人政治有可能恢复。安全问题是突尼斯当前面临的首要问题。如前所述，突尼斯在主要边界问题都面临危机。再加上"伊斯兰国"灭亡之后，"圣战者"回流，突尼斯的安全形势异常严峻。而在威权主义政治下，突尼斯民众几乎不担心会出现安全问题。布尔吉巴和本·阿里的强人政治色彩严厉镇压了反叛势力。突尼斯在政治转型时期恢复强人政治的趋势已经有所体现。2014 年，根据一项调查，突尼斯大部分民众支持强人政治。强人政治的支持率从 2012 年的 37% 上升到了 2014 年的 59%。[③] 埃塞卜西在担任过渡政府总理期间展现的强人政治色彩也使其赢得了民意支持。目前，突尼斯之所以能保持新制度

---

① Richardo Rene Laremont, *Revolution, Revolt, and Reform in North Africa: The Arab Spring and Beyond*, Routlrdge, 2014, p. 8.
② https://thearabweekly.com/seeing-political-crisis-behind-tunisias-economic-morass.
③ http://www.pewresearch.org/files/2014/10/PG_ 14.10.14_ Tunisia.png.

的正常运转和埃塞卜西的个人魅力也有一定关系。此外,埃及的政治转型虽然没有在突尼斯复制,但在未来发展中不排除突尼斯出现此类强势人物的可能。

经济恢复缓慢,新的抗议不断,突尼斯可能会陷入持续动荡。安全问题之外,困扰突尼斯最为严重的是经济问题。突尼斯之所以发生严重社会动乱与经济发展问题有密切问题。这主要表现在分配不公和相对剥夺。但在转型时期,突尼斯的发展已经陷入停滞,合理分配的前提逐渐丧失。这使得许多民众开始对民主政治丧失信心。西式自由主义民主的支持在急剧下降。2012—2014年,对"民主"的支持率从63%下降到了48%。[①] 当前,突尼斯深陷新自由发展模式泥淖难以自拔,经济发展缺乏活力,外部投资严重不足。短期内,突尼斯很难恢复经济快速增长。突尼斯社会存在的结构性矛盾仍然无法解决。因此,突尼斯存在再一次陷入动荡的可能性。

从突尼斯的历史进程看,其政治转型方向是发展西方自由主义民主。不仅突尼斯民众受到的政治文化影响是西方流行的自由主义民主,而且西方国家长期施压,希望突尼斯发展的也是自由主义民主。复兴运动上台之后,也提出了部分新政策。复兴运动试图在资本主义发展方式和社会主义发展方式之间走一条中间道路。一方面,继续坚持私有化政策;另一方面,以国家政权的力量重建一些新兴企业。但这种尝试并没有取得成功。相反,突尼斯政府仍然延续了本·阿里时期的各项政策,仅仅在文化领域进行了一些调整,更加重视民族文化的传承和弘扬。[②] 因此,突尼斯的政治转型方向仍将是西方自由主义民主。由于突尼斯很难完全移植这一模式,因而突尼斯的政治转型仍然存在很大的不确定性。

突尼斯政治转型的风险仍然很高。安全问题和发展问题相互交织,使得西式民主体制很难健康发展。腐败问题的产生,主要原因是规则的不健全。安全问题产生的原因则主要是地区发展的不平衡。这两个问题

[①] http://www.pewresearch.org/files/2014/10/PG_ 14.10.14_ Tunisia.png.

[②] Emel Aksali ed., *Neoliberal Governmentality and the Future of the State in the Middle East and North Africa*, Macmillan: Palgrave, 2016, p.77.

的解决都依赖突尼斯国家治理能力的提升,但传统价值和机制的存在阻碍了制度创新与政治转型,特别是老人政治的延续使得突尼斯在解决安全与发展问题时难以形成长效机制。

  当前,突尼斯的转型仍然显得茫然,前景模糊。突尼斯在移植西方自由主义民主的同时,还需要与本国的传统文化进行调适。这显然是一个非常艰难的过程。

参考文献

（一）英文书目

Abadi, Jacob, *Tunisia since the Arab Conquest: The Saga of Westernized Muslim State*, Ithaca Press, 2013.

Abun-Nasr, Jamil M., *A History of the Maghreb in the Islamic Period*, Cambridge University Press, 1987.

Alexander, Christopher, *Tunisia: stability and reform in the modern Maghreb*, Routledge, 2010.

al-Marayati, Abid A., *International Relations of the Middle East and North Africa*, Schenkman Publishing Company, INC., 1984.

Amin, Samir, *The Maghreb in the Modern World*, Penguin Books Ltd., 1970.

Anderson, Lisa, *The state and Social Transformation in Tunisia and Libya (1830 – 1980)*, Princeton University Press, 1986.

Ashford, Douglas Elliott, *National Development and Local Reform: political participation in Morocco, Tunisia and Pakistan*, Princeton University Press, 1967.

Borowiec, Andrew, *Modern Tunisia: A Democratic Apprenticeship*, Praeger Publishers, 1998.

Brown, L. Carl, *The Tunisia of Ahmad Bey (1837 – 1855)*, ACLS History E-Book Project, 2008.

Cavatora, Francesco, and Vincent Durac (eds.), *The Foreign Politics of the European Union and the United States in North Africa: Diverging or Converging Dynamics?* Routledge, 2010.

Chaabane, Sadok, *Ben Ali on the road to pluralism in Tunisia*, American Educational Trust, 1997.

Entelis, John Pierre, *Comparative Politics of North Africa: Algeria, Morocco, and Tunisia*, Syracuse University Press, 1980.

Erdle, Steffen, *Ben Ali's Tunisia (1987 – 2009): A Case Study of Modernization in the Arab World*, Berlin: Klaus Schwarz Verlag, 2010.

Esposito, John L. and John Voll, *Makers of Contemporary Islam*, Oxford University Press, 2001.

Esposito, John L., *Islam and Politics*, Syracuse University Press, 1984.

Fantar, M'Hamed Hassine, *Tunisia: crossroads of civilizations: catalogue of the archeological exhibition*, Agence Nationale du Patrimoine, Institut National d'archéologie et d'Arts, 1992.

Hamdi, Mohamed Elhachmi, *The Politicisation of Islam: A Case Study of Tunisia*, Westview Press, 1998.

King, Stephen J., *Liberalization against Democracy: the local politics of economic reform in Tunisia*, Bloomington, Ind.: Indiana University Press, 2003.

King, Stephen J., *The New Authoritarianism in the Middle East and North Africa*, Indiana University Press, 2009.

Long, David E., Bernard Reich, Mark Gasiorowski, *The Government and Politics of the Middle East and North Africa*, Boulder: Colo.: Westview Press, 2007.

L. Rienner, *Tunisia in the post-bourguiba era: the role of the military in a civil arab republic*, Air University Press, 1986.

Mahgoub, Mahamed Ahmed, *Democracy on trial: Reflections on Arab and African Politics*, Ander Deutsch, 1974.

Merlin, Samuel, *The Search for Peace in the Middle East: the story of President Bourguiba's campaign for a negotiated peace between Israel and the Arab States*, South Brunswick: T. Yoseloff, 1968.

Mira Zussman, *Development and Disenchantment in Rural Tunisia: the Bourguiba years*, Westview Press, 1992.

Moor, Clement Henry e, *Tunisia since Independence: the dynamics of one-party government*, Berkeley: University of California Press, 1965.

Murphy, Emma C., *Economic and Political Change in Tunisia: from Bourguiba to Ben Ali*, St. Martin's Press in association with University of Durham; Basingstoke, Hampshire: Macmillan Press Ltd., 1999.

Nelson, Harold D., *Tunisia: a Country Study*, University of the American Press, 1988.

Noi, Aylin Unver, *The Euro-Mediterranean Partnership and the Broader Middle East and North Africa Initiative: Competing or Complementary?* University Press of America, 2011.

Perkins, Kenneth J., *Historical Dictionary of Tunisia*, Scarecrow Press, 1997.

Perkins, Kenneth J., *Tunisia: crossroads of the Islamic and European worlds*, Westview Press, 1986.

Perkins, Kenneth J., *A History of Modern Tunisia*, Cambridge University Press, 2004.

Powel, Brieg and Larbi Sadiki, *Europe and Tunisia: democratisation via association*, Routledge, 2010.

Rudebeck, Lars, *Party and People: A Case Study of Political Change in Tunisia*, C. Hurst & Company, 1967.

Sadiki, Larbi, *Rethinking Arab Democratization: Elections Without Democracy*, Oxford University Press, 2009.

Saikal, Amin, and Albrecht Schnabel (eds.), *Democratization in the Middle East: experiences, struggles, challenges*, The United Nations University Press, 2003.

Salame, Ghassan (ed.), *Democracy Without Democrats: The Renewal of Politics in the Muslim World*, I. B. Tauris Publishers, 1994.

Salem, Norm, *Habib Bouguiba, Islam and the Creation of Tunisia*, Guildford and King's Lynn, 1984.

Stone, Russell A., and John Simmons, ed., *Change in Tunisia*, State University of New York Press, 1976.

Tamimi, Azzam S., *Rachid Ghannouchi: A Democrat within Islamism*, Oxford

University Press, 2001.

White, Gregory, *A Comparative Political Economy of Tunisia and Morocco*, State University of New York Press, 2001.

Whitehead, Laurence, *Democratization: Theory and Experience*, Oxford University Press, 2002.

Williams, Ann, *Britain and France in the Middle East and North Africa*, Macmillan, St Martin's Press, 1968.

Wittes, Tamara Cofman, *Freedom's Unsteady March: America's Role in Building Arab Democracy*, Brookings Institute Press, 2008.

Zartman, I. William ed., *Tunisia: the political economy of reform*, L. Rienner, 1991.

（二）法文书目

Azaiz, Tahar Letaiff, *Tunisie: Changements Politique et Emploi* (1956 – 1996), L'Harmattan Inc., 2000.

Bessis, Sophie, and Souhayr Belhassen, *Bourguiba A La Couqueete D'UN Destin* (1901 – 1957), Mathilde Rieusse, 1988.

Bourguiba Habib, *Ma vie, mon oeuvre*, 1929 – 1933. Paris: Plon, 1985 – 87.

Jean Rous, *Habib Bourguiba*, Editions Martinsart, 1984.

Sammut, Carmel, *L'impérialisme Capitaliste Francais et le Nationalisme Tunisien* (1881 – 1914), Publisud, 1983.

（三）英文文章

Abdulrazaq Magaji, "Arab Spring: Will it ever Drift South?", *Pambazuka News*, http://pambazuka.org/en/category/features/85126

Bruce Maddy-Weitzman, "Tunisia's Morning After Middle Eastern Upheavals", *Middle East Quarterly*, Summer 2011, Vol. 8, No. 3.

Bruce Maddy-Weitzman, "Tunisia's Morning After Middle Eastern Upheaval", *Middle East Quarterly*, Summer 2011.

Christopher Alexander, "Authoritarianism and Civil Society in Tunisia", *Middle East Report*, http://www.merip.org/mer/mer205/authoritarianism-civil-society-tunisia.

Christopher Alexander, "Opportunities, Organizations, and Workers in Tunisia and Algeria", *Middle East Studies*, 2000.

Dirk Vandewalle, "From the New State to the New Era: Toward A Second Republic in Tunisia", *Middle East Journal*, Vol. 42, No. 4, Autumn 1988.

Jack A. Goldstone, "Understanding the Revolution of 2011", *Foreign Policy*, May/June 2011.

Jerry Sorkin, "The Tunisian Model", *Middle East Quarterly*, Vol. 8, No. 4, Fall 2001.

Lisa Anderson, "Democracy Frustrated: The Mzali Years in Tunisia", in Reeva S. Simon, ed., *The Middle East and North Africa: Essays in Honor of J. C. Hurewitz*, New York: Columbia University Press, 1990, pp. 185 – 186.

Lisa Anderson, "Demystifying the Arab Spring: Parsing the Differences Between Tunisia, Egypt, And Libya", *Foreign Policy*, May/June 2011.

L. Carl Brown, "Bourguiba and Bourguibaism Revisited: Reflections and Interpretation", *Middle East Journal*, Vol. 55, No. 1, Winter 2001.

L. B. Ware, "The Role of the Tunisian Military in the Post-Bourgiba Era", *The Middle East Journal*, Vol. 39, No. 1, 1985.

Shadi Hamid, "The Rise of the Islamists: How Islamists Will Change Politics, Vice Versa", *Foreign Policy*, May/June 2011.

（四）中文书目

《马克思恩格斯选集》第一卷，人民出版社1972年版。

毕健康：《埃及现代化与政治稳定》，社会科学文献出版社2005年版。

畅征、陈峰君主编：《第三世界的变革》，中国人民大学出版社1997年版。

陈德成主编：《中东政治现代化——理论与历史经验的探索》，社会科学文献出版社2000年版。

陈尧：《新权威主义政权的民主转型》，上海人民出版社2006年版。

丛日云：《当代世界的民主浪潮》，天津人民出版社1999年版。

东方晓主编：《伊斯兰教与冷战后的世界》，社会科学文献出版社1999年版。

哈全安：《中东国家的现代化历程》，人民出版社2006年版。

哈全安、周术倩：《土耳其共和国政治民主化进程研究》，上海三联书店2010年版。

贺文萍：《非洲国家民主化进程研究》，时事出版社2005年版。

黄民兴：《沙特阿拉伯———一个产油国人力资源的发展》，西北大学出版社1998年版。

金宜久：《伊斯兰教与当代世界》，社会科学文献出版社1996年版。

李铁映：《论民主》，人民出版社、中国社会科学出版社2001年版。

刘竞、安维华：《现代海湾国家政治体制研究》，中国社会科学出版社1994年版。

刘军宁编：《民主与民主化》，商务印书馆1999年版。

刘中民：《民族与宗教的互动———阿拉伯民族主义与伊斯兰教关系研究》，时事出版社2010年版。

刘中民：《中东政治专题研究》，时事出版社2013年版。

罗荣渠：《现代化新论》，北京大学出版社1993年版。

彭树智：《东方民族主义思潮》，西北大学出版社1992年版。

彭树智主编：《二十世纪中东史》，高等教育出版社2001年版。

彭树智主编：《伊斯兰教与中东现代化进程》，西北大学出版社1997年版。

王京烈：《动荡中东多视角分析》，世界知识出版社1996年版。

王京烈：《面向21世纪的中东》，社会科学文献出版社1999年版。

王联：《中东政治与社会》，北京大学出版社2009年版。

王林聪：《中东国家民主化问题研究》，中国社会科学出版社2007年版。

王铁铮主编：《全球化与当代中东政治思潮》，人民出版社2013年版。

王铁铮主编：《沙特阿拉伯的国家和政治》，三秦出版社1997年版。

王彤主编：《当代中东政治制度》，中国社会科学出版社2005年版。

燕继荣主编：《发展政治学》，北京大学出版社2010年版。

杨灏城、朱克柔主编：《当代中东热点问题的历史探索———宗教与世俗》，人民出版社2000年版。

杨鲁萍、林庆春编著：《列国志·突尼斯》，社会科学文献出版社2003年版。

应克复：《西方民主史》，中国社会科学出版社 1997 年版。

张宏明：《多维视野中的非洲政治发展》，社会科学文献出版社 2005 年版。

张静主编：《国家与社会》，浙江人民出版社 1998 年版。

张利华、唐士其主编：《市场经济与民主政治》，民主与建设出版社 2002 年版。

赵国忠主编：《海湾战争后的中东格局》，中国社会科学出版社 1995 年版。

［埃及］布特罗斯·布特罗斯－加利：《世界化的民主化进程》，张晓明、许钧译，南京大学出版社 2003 年版。

［法］托克维尔：《论美国的民主》，董果良译，商务印书馆 1997 年版。

［美］巴林顿·摩尔：《民主与专制社会的起源》，拓夫等译，华夏出版社 1987 年版。

［美］霍华德·威亚尔达：《民主与民主化比较》，北京大学出版社 2004 年版。

［美］科恩：《论民主》，聂崇信、朱秀贤译，商务印书馆 1988 年版。

［美］罗伯特·达尔：《论民主》，李柏光、林猛译，商务印书馆 1999 年版。

［美］罗伯特·达尔：《民主及其批评者》，曹海军、佟德志译，吉林人民出版社 2011 年版。

［美］罗伯特·达尔：《民主理论的前言》，顾昕、朱丹译，生活·读书·新知三联书店 1999 年版。

［美］乔·萨托利：《民主新论》，冯克利、阎克文译，东方出版社 1998 年版。

［美］塞缪尔·亨廷顿：《变化社会中的政治秩序》，王冠华等译，生活·读书·新知三联书店 1989 年版。

［美］塞缪尔·亨廷顿：《第三波——20 世纪后期的民主化浪潮》，刘军宁译，上海三联书店 1998 年版。

［美］塞缪尔·亨廷顿：《文明的冲突与世界秩序的重建》，周琪等译，新华出版社 1999 年版。

［美］西摩·马丁·李普塞特：《政治人：政治的社会基础》，张绍宗

译，上海人民出版社 1997 年版。

［美］约翰·邓恩：《民主的历程》，林猛等译，吉林人民出版社 1999 年版。

［美］约瑟夫·熊彼特：《资本主义、社会主义与民主》，吴良键译，商务印书馆 1999 年版。

［以］S. N. 艾森斯塔特：《反思现代性》，旷新年、王爱松译，生活·读书·新知三联书店 2006 年版。

［英］安德鲁·海伍德：《政治学核心概念》，吴勇译，天津人民出版社 2008 年版。

［英］戴维·赫尔德：《民主的模式》，燕继荣等译，中央编译出版社 1998 年版。

　　（五）中文论文

阿布迪：《突尼斯革命及其对阿拉伯国家外交关系的影响研究》，硕士学位论文，吉林大学，2012 年。

安高乐：《从两枝世界论看"阿拉伯之春"》，《国际论坛》2012 年第 5 期。

安惠侯：《突尼斯首位总统布尔吉巴评介》，《阿拉伯世界》2004 年第 6 期。

蔡继华：《突尼斯"新时代"到来》，《世界知识》1987 年第 23 期。

陈静：《突尼斯妇女地位的变化》，《亚非纵横》2002 年第 2 期。

陈慰慈：《布尔吉巴》，《阿拉伯世界研究》1980 年第 1 期。

陈晓红：《突尼斯、摩洛哥近代化改革初探》，《西亚非洲》1992 年第 6 期。

范鸿达：《阿拉伯青年——他们在关注什么?》，《世界知识》2012 年第 17 期。

冯璐璐：《当代突尼斯伊斯兰复兴运动》，《阿拉伯世界》1999 年第 3 期。

李绍先：《埃及大选折射出的阿拉伯走向》，《时事报告》2012 年第 7 期。

刘宁杨：《透析中东北非政局动荡的根源》，《理论界》2012 年第 8 期。

马太平：《突尼斯建构和谐社会的做法》，《当代世界》2005 年第 6 期。

朴英姬：《透视"茉莉花革命"》，《中国报道》2011年第2期。

钱李仁：《面对全球化大潮的突尼斯经济》，《世界经济与政治论坛》2000年第6期。

秦天：《突尼斯"茉莉花革命"的前因后果》，《国际资料信息》2011年第2期。

孙振欧：《突尼斯经济发展成就》，《西亚非洲》1980年第1期。

覃胜勇：《北非成长中的伊斯兰政党》，《南风窗》2012年第17期。

王利平：《突尼斯稳步发展经济》，《国际资料信息》1999年第8期。

王锁劳：《从"突尼斯榜样"到本·阿里下台》，《世界知识》2011年第6期。

王天瑞：《突尼斯总统布尔吉巴》，《阿拉伯世界》1985年第1期。

谢邦定：《中国与突尼斯建交的前前后后》，《百年潮》2006年第11期。

杨帆：《外交档案解密周总理首访非洲》，《觉悟》2010年第2期。

伊美娜：《突尼斯妇女法律地位浅析》，《西亚非洲》2012年第4期。

周意岷：《影响中东国家转型的内在因素》，《亚非纵横》2012年第4期。

朱增泉：《本·阿里被网络站击垮》，《美文（上半月）》2012年第7期。

［突尼斯］穆罕默德·蒙吉·哈比卜、杨鲁平：《突尼斯：以改革迎接挑战》，《西亚非洲》2000年第1期。

（六）参考网站

突尼斯在线：http：//www.tunisia-live.net/

马格里布网：http：//www.magharebia.com/

欧洲地中海公民论坛：http：//www.medea.be/en/themes/euro-mediterranean-cooperation/euromed-civil-forum/

世界银行：http：//www.worldbank.org/en/country/tunisia

中东政策委员会：http：//www.mepc.org/

全非网：http：//allafrica.com/tunisia/

中东国际政策评论：http：//meria.idc.ac.il/

中东论坛：http：//www.meforum.org/meq/archive.php

附录　突尼斯大事年表

公元前 814 年　（传统上）迦太基建立

公元前 263—前 241 年　第一次布匿战争

公元前 281—前 202 年　第二次布匿战争

公元前 146 年　第三次布匿战争

公元前 113 年　朱古塔叛乱

公元前 45 年　重建迦太基

公元 313 年　多纳分裂

429 年　汪达尔人入侵非洲省

439 年　汪达尔人占领迦太基

530 年　柏柏尔部落打败汪达尔国王希德里克

533 年　拜占庭征服非洲省

646 年　格利高里断绝与拜占庭的关系

647 年　阿拉伯穆斯林在 Sbaitla 打败格利高里主教

670 年　凯鲁万建立

683 年　柏柏尔首领库塞拉占领凯鲁万

691 年　哈桑·伊本·努曼重新占领凯鲁万

698 年　柏柏尔抵抗首领卡西拉死亡

735 年　哈瓦利吉派叛乱

800 年　伊本拉欣·伊本·阿格拉布被任命为非洲省总督

827 年　阿格拉比德开始征服西西里

878 年　修建拉卡达

909 年　阿布·阿卜杜拉的柏柏尔勇士战胜阿格拉比德军队；法蒂玛王朝开始统治非洲省

912 年　马赫迪建立

934—947 年　阿布·亚齐德哈瓦立及派起义

973 年　法蒂玛王朝迁都埃及；宰里德开始统治非洲省

1049 年　宰里德与法蒂玛王朝决裂

1052 年　巴努·希拉勒联合阿拉伯游牧民打败了宰里德武装力量

1057 年　巴努·希拉勒洗劫凯鲁万

1087 年　热那亚和比萨舰队为获取赎金占领马赫迪

1148 年　诺曼人占领马赫迪

1159 年　穆瓦西迪将诺曼人赶出马赫迪；突尼斯城成为穆瓦西迪非洲行省的都城

1188 年　穆瓦西迪镇压阿里·伊本·加尼亚叛乱

1203 年　亚赫亚·伊本·加尼亚占领突尼斯

1204 年　阿布杜·瓦希德·伊本·阿比·哈菲斯为穆瓦西迪夺回突尼斯

1228—1249 年　哈弗西迪巩固了阿布·扎卡利亚夺取的突尼斯

1270 年　十字军国王路易九世

1347—1349 年　摩洛哥部落巴努·马林控制突尼斯

1357—1358 年　马林第二次占领突尼斯

1534 年　阿尔及尔的土耳其统治者赫雷丁占领突尼斯

1535 年　哈布斯堡王朝查理五世驱逐土耳其人并将突尼斯和拉古莱特交还哈菲斯王朝

1569 年　奥斯曼阿尔及尔帕夏伊勒及·阿里占领突尼斯

1573 年　哈布斯堡军队恢复哈菲斯王朝

1591 年　德斯在突尼斯发动军事政变掌握权力

1631 年　奥斯曼苏丹承认穆拉德·科索贝伊；穆拉德王朝开始

1673 年　穆拉德二世镇压德斯起义

1686 年　阿尔及尔军队占领突尼斯

1694—1695 年　阿尔及尔军队再次占领突尼斯

1702 年　易卜拉欣·沙里夫刺杀穆拉德三世

1705 年　侯赛因·伊本·阿里自称贝伊；侯赛因王朝开始

1708 年　奥斯曼苏丹授予侯赛因帕夏称号，承认他对突尼斯的统治权

1729—1740 年　阿里帕夏争夺权力的叛乱结束
1746—1756 年　侯赛因王朝由于王位继承爆发内战
1782—1814 年　哈姆达统治时期，经济繁荣
1807 年　阿尔及尔入侵被击退
1837—1855 年　艾哈迈德统治时期；第一次政治与经济改革
1857 年　穆罕默德贝伊签署《基础法案》
1861 年　穆罕默德·萨迪克贝伊颁布宪法
1863 年　第一次签订国际贷款政府协议
1864 年　不断增税导致农村暴动
1869 年　突尼斯债权人建立国际金融委员会
1873—1877 年　改革部长赫尔丁执政
1878 年　柏林会议纵容法国取得突尼斯最终控制权
1881 年　法国占领突尼斯；《巴尔杜条约》
1882 年　《拉玛尔萨条约》确定突尼斯为法国保护国
1891 年　法国总督的建议性机构协商会议建立
1896 年　建立赫勒敦尼亚（Khalduniyya）社团
1907 年　突尼斯人获准有限参与协商会议
1911 年　加拉兹墓地事件
1912 年　青年突尼斯人抵制电车系统
1920 年　《突尼斯烈士》出版；宪政党成立
1924 年　突尼斯劳工大会（CGTT）成立
1934 年　宪政党的异议人士布尔吉巴等创建新宪政党
1938 年　新宪政党领导人被捕，引发反法暴力游行
1942 年　德国军队占领突尼斯；美英联军从阿尔及尔入侵突尼斯
1943 年　联军解放突尼斯；布尔吉巴回国
1944 年　民族主义组织签署《突尼斯阵线宣言》
1945 年　布尔吉巴为寻求对新宪政党的支持逃亡；突尼斯劳工总工会成立（UGTT）
1952 年　新宪政党试图将法—突问题提交联合国议程；法国激进分子刺杀法哈特·哈希德
1954 年　新宪政党就改变突尼斯政治地位与法国展开谈判

1955 年　法国同意突尼斯内部自治

1956 年 3 月 20 日　突尼斯获得独立

　8 月 14 日　独立政府通过决议批准《个人地位法》

1957 年 3 月 9 日　法国授权突尼斯完全控制其司法体系

　5 月 5 日　市政选举；突尼斯妇女第一次获准投票

　7 月 25 日　阿明贝伊被废黜；哈比卜·布尔吉巴成为突尼斯共和国总统

　8 月 5 日　贝伊家族基金和财产被没收

　9 月 9 日　突尼斯在与阿尔及尔接壤地区宣布实行紧急状态

1958 年 6 月 17 日　除比塞大和撒哈拉基地外，法国军队全部撤离突尼斯

　11 月　确定第纳尔为国家货币

1959 年 6 月 1 日　颁布宪法

　11 月 8 日　哈比卜·布尔吉巴当选为总统

1960 年 2 月 18 日　布尔吉巴总统公开反对斋月

　6 月 5 日　与意大利石油公司签约，在拉斯吉拉地区开采石油和建立炼油厂

　11 月 13 日　政府控制 150000 英亩土地，提供 100 万第纳尔的补偿

1961 年 1 月 12 日　艾哈迈德·本·萨拉赫被任命为计划部长；国家开始干预经济

　7 月 11—20 日　比塞大事件；法国军队与突尼斯军民在比塞大和海军基地附近爆发冲突

　7 月 22 日　联合国要求在比塞大停火

　8 月 12 日　反对派领导人在德国遇刺

　8 月 21 日　联合国安理会就比塞大危机召开紧急会议

　8 月 26 日　联合国安理会决议要求法国撤出比塞大

　9 月 22 日　法国与突尼斯签订撤离协议

　10 月 3 日　法国从比塞大撤离；海军设施悬而未决

1962 年 2 月 16 日　决定对主要公共服务工业国有化

　4 月 12 日　哈比卜·布尔吉巴与瓦希娜·本·阿玛尔结婚

　12 月 12 日　计划部部长艾哈迈德·本·萨拉赫呼吁外国援助持续支

持 10 年计划

1963 年 10 月 15 日　最后一批法国士兵撤离比塞大海军基地

1964 年 5 月 12 日　所有剩余外资农场被国有化

　5 月 28 日　所以集体占有的部落土地被收归国家控制

　6 月 25 日　开始在撒哈拉商业开采石油

　7 月 9 日　与梵蒂冈达成协议关闭了大多数基督教教堂，将教堂财产国有化，并取得任命突尼斯主教的权力

　10 月 22 日　新宪政党更名为社会主义宪政党（PSD）；哈比卜·布尔吉巴再次当选为党主席

　11 月 9 日　哈比卜·布尔吉巴再次当选为突尼斯总统

1965 年 1 月 8 日　在伯曼地区发生重大石油罢工

1966 年 6 月 10 日　从伯曼到拉斯吉拉管道开通

　7 月 14 日　第一次石油开采

1967 年 3 月 15 日　布尔吉巴总统心脏病发作

　6 月 7—12 日　阿以战争期间反以示威游行；向埃及派兵的象征性举动

1969 年 3 月 28 日　突尼斯与欧共体签署了部分联系协定

　6 月 24 日　国民议会通过促进外资参与突尼斯经济的投资法

　9 月 9 日　抹黑并罢免本·萨拉赫

　9 月 20 日　国民议会改革合作农场结构

　11 月 2 日　哈比卜·布尔吉巴再次当选为突尼斯总统

　12 月 19 日　政府反对在抵触国民意愿的基础上强加国家计划，但是声称将继续制定广泛的计划纲要

　12 月 29 日　突尼斯修宪，规定总理在总统缺位或丧失能力的情况下成为总统

1970 年 3 月 24 日　前计划部部长艾哈迈德·本·萨拉赫被控叛国罪

1972 年 1—2 月　学生在突尼斯大学进行反政府抗议

　4 月 14 日　政府向出口导向企业提供税收减免和金融特许权以进一步刺激外过投资

1973 年 2 月 5 日　本·萨拉赫越狱

1974 年 1 月 12 日　外交部部长穆罕默德·马斯穆迪宣布突尼斯与利比

             亚合并
     2月11日 马斯穆迪被停止宪政社会主义党职务
     9月14日 国民议会确定哈比卜·布尔吉巴为终身总统
1976年3月12日 加贝斯湾发现可商业开采的油田
     3月19日 艾哈迈德呼吁在宪政社会主义党之外批准建立反对派
             组织
1977年6月10日 突尼斯与利比亚同意将加贝斯湾油田争议提交国际
             仲裁法庭
    10月24日 布尔吉巴总统与反对派领导人艾哈迈德·梅斯迪尼就促
             进政治进程自由化的政治改革达成一致
1978年1月26日 突尼斯、苏塞、凯鲁万等地的大罢工引发了暴力示
             威游行；在大部分爆发严重政治经济骚乱的地区独
             立以来首次宣布紧急状态
     1月29日 工会领导人哈比卜·阿舒尔由于与暴乱关联被捕
     7月19日 工会领导人被控煽动1月骚乱案开庭
    10月10日 包括哈比卜·阿舒尔在内的24名工会领导人由于参与1
             月暴动被判处监禁
1979年6月28日 阿拉伯联盟第一次在突尼斯召开峰会；舍德利·吉
             利比当选为秘书长
1980年1月28日 涉嫌在利比亚受训的突尼斯异议人士在加夫萨发达
             突袭
     4月17日 13名罪犯由于参与加夫萨突袭被处决
1981年9月5日 数十名伊斯兰复兴运动成员被判处监禁
    11月1日 突尼斯共产党独立以来第一次获准参加立法机构选举；
             所有职位都被宪政社会主义党候选人和独立候选人获取
1982年3月30日 激进分子卷入突尼斯大学暴动
        8月 巴勒斯坦解放组织（PLO）将总部转移至突尼斯
   1983年1月 政府镇压伊斯兰组织中迸发的反政府情绪引起了持续全
             年零星的暴力事件
     3月19日 阿尔及利亚与突尼斯签订《马格里布友爱与合作协议》，
             并邀请其他北非国家加入协议

10月20日　政府决定取消对面包等生活必需品的补贴

11月1日　第一位女性内阁成员法蒂亚·马扎里就任

11月19日　社会民主运动（MDS）与民众联盟党—2（MUP-2）获得合法地位

12月16日　社会民主运动第一次会议

12月29日　南部地区由于物价持续上涨和取消生活必需品补贴爆发暴动

1984年1月　严重骚乱继续在全国范围内蔓延

3月17日　布尔吉巴取消涨价

10月29日　宰因·阿比丁·本·阿里在政府镇压异议人士的行动中被任命为负责安全的国务秘书

1985年1—3月　突尼斯大学学生骚乱

3月9日　布尔吉巴确定马扎里总理为其继承人

8月　利比亚驱逐9万突尼斯劳工

10月1日　以色列空袭位于哈曼-沙特的巴勒斯坦解放组织总部

10月23日　宰因·阿比丁·本·阿里被任命为国家安全部长

11—12月　工会由于政府企图控制起而反抗

1986年1月19日　布尔吉巴总统控告妻子瓦希娜和儿子小布尔吉巴阴谋反对他；将他们驱逐出随从队伍

2月22日　5个反对党表示在工会与政府的冲突中支持工会

4月28日　宰因·阿比丁·本·阿里被任命为内政部长

6月22日　布尔吉巴总统任命宪政社会主义党中央委员会成员

7月8日　布尔吉巴总统罢免穆罕默德·马扎里总理

8月1日　布尔吉巴总统与瓦希娜·布尔吉巴离婚

11月3日　所有反对党抵制国民议会选举

1987年3月13日　伊斯兰倾向运动领导人拉希德·格努希被捕

8月2日　苏塞与莫纳斯提尔旅游区旅馆爆炸案；政府指控伊斯兰倾向运动应对此负责

9月27日　包括拉希德·格努希在内的69名伊斯兰倾向运动成员被判处监禁或死刑

10月2日　宰因·阿比丁·本·阿里被任命为总理

11月7日　总理宰因·阿比丁·本·阿里宣布布尔吉巴总统在医学上无法履行职责，并取而代之

1988年2月27日　宪政社会主义党更名为宪政民主联盟（RCD）

4月16日　巴解组织官员哈利勒·瓦栽赫（阿布·吉哈德）被以色列突击队谋杀在位于突尼斯郊区的家中

4月28日　国民议会立法授权建立反对党

4—5月　总统特赦布尔吉巴时期的政治和宗教批评者，包括艾哈迈德·本·萨拉赫和拉希德·格努希

6月10日　阿尔及尔峰会闭幕，马格里布国家首脑承诺通过政治合作推进联合

7月22日　总统特赦令扩展到超过700名政治犯

7月25日　宪法修正案限制总统任期为两个五年任期，总统去世或丧失能力的情况下由国民议会议长接替

7月31日　本·阿里成为民主宪政联盟主席

1989年2月17日　联合毛里塔尼亚、摩洛哥、阿尔及利亚、突尼斯、和利比亚的马格里布联盟在摩洛哥马拉喀什成立

4月2日　在全国大选中，本·阿里以超过99%的得票率当选为总统，虽然受到以独立人士参选的伊斯兰主义者候选人的挑战，民主宪政联盟的候选人获得了所有议会席位。

6月8日　前伊斯兰倾向运动以复兴运动申请成为合法政党的请求未获批准

1990年1—2月　突尼斯大学神学院出现抗议后，出现了全国学生罢课

4月18日　艾哈迈德·本·萨拉赫自从1972年越狱后，结束流亡回国

8月14日　伊拉克入侵科威特后爆发支持伊拉克的示威游行

9月10日　阿拉伯联盟投票决定将其总部迁回开罗

10—12月　激进分子一轮接一轮的反政府游行

1991年1月24—29日　全国范围内爆发反对海湾战争的游行

2月17日　极端主义者袭击民主宪政联盟办公室

5月8—12日　突尼斯、苏塞、凯鲁万大学爆发反政府游行，5名学生死亡

5月22日	由于被控阴谋推翻政府，超过300人被捕
9月28日	政府指控复兴运动试图谋杀本·阿里
10月9日	三名复兴运动成员由于在2月袭击民主宪政联盟办公室以谋杀罪处决
12月10日	300名知识分子和自由职业者签署公开声明谴责政府限制言论自由
1992年3月4日	国际组织指控政府侵犯人权和以酷刑对待伊斯兰异议分子
6月14日	突尼斯人权联盟（LTDH）宣布解散，以抗议立法禁止其成员参与政党活动
7月9日	数百名复兴运动成员受审
8月30日	由于被控密谋反对政府，11人被判终身监禁，多人获刑
12月12日	内政部长宣布"完全驱散了"伊斯兰运动中的激进分子网络
1993年3月27日	由于政府暂停禁止复兴运动成员参与政党活动而恢复非法活动
1994年3月20日	本·阿里在大选中再次成为总统；除预留席位外的所有席位都被民主宪政联盟获得
6月13—15日	本·阿里担任非洲统一组织突尼斯年会的峰会主席
6月15日	巴解组织在突尼斯的大部分办公室被关闭；巴解组织开始将总部迁往约旦河西岸的杰里科
7月11日	亚瑟·阿拉法特离开突尼斯前往加沙
1995年5月21日	在地方选举中，民主宪政联盟获得257个市政委员会议席，1956独立以来反对党首次获得席位
1995年7月17日	突尼斯与欧盟就促进自由贸易达成协议
1996年1月22日	突尼斯与以色列同意在各自国家建立官方机构（利益代表），在形式上突尼斯正式承认以色列
1999年	本·阿里再次当选为突尼斯总统，开始第三个总统任期
2000年	突尼斯开国总统哈比卜·布尔吉巴逝世，享年99岁。
2002年4月	突尼斯德杰巴岛发生恐怖袭击
2002年5月	突尼斯通过宪法修正案，取消了总统任期限制，将总统

候选人的年龄上限定为 75 岁，并决定成立上议院
2003 年　突尼斯制定《反恐怖主义法》
2004 年　本·阿里再次当选为总统，开始第四个总统任期
2005 年 10 月 18 日　突尼斯伊斯兰政党与世俗反对派签署合作备忘录
2005 年 11 月　世界信息社会峰会在突尼斯召开
2009 年 10 月 25 日　本·阿里再次当选为总统，开始第五个总统任期
2010 年 12 月 14 日　突尼斯各地爆发群众示威游行
2011 年 1 月 17 日　本·阿里流亡沙特阿拉伯
2011 年 10 月 23 日　突尼斯举行制宪议会选举
2012 年 9 月 11 日　激进主义者攻击美国驻突尼斯大使馆和美国中学
2013 年 2 月 6 日　左翼议员舒克里·比莱德被极端分子刺杀
2014 年 1 月 26 日　突尼斯制宪议会通过新宪法
2014 年 11 月 26 日　突尼斯举行总统大选，贝吉·赛义德·埃塞卜西当选总统
2015 年 3 月 18 日　突尼斯巴尔杜博物馆遭遇恐怖袭击，23 人死亡
2015 年 6 月 26 日　突尼斯苏塞海滩发生恐怖袭击，38 人遇难
2015 年 10 月 9 日　突尼斯"对话四方"获得诺贝尔和平奖
2016 年 8 月　尤素福·沙赫德被任命为总理，开启反腐风暴
2016 年 12 月 10 日　突尼斯本·古尔丹口岸遭到 100 余名武装人员攻击，但被突尼斯安全部队击退
2017 年 10 月　突尼斯议会通过《行政和解法案》
2018 年 5 月 9 日　突尼斯举行市政议会选举，独立候选人获胜
2019 年 7 月 25 日　突尼斯总统埃塞卜西任内去世，享年 92 岁
2019 年 9 月 15 日　突尼斯举行议会大选，复兴运动重新成为第一大党
2019 年 9 月 19 日　突尼斯前总统本·阿里在沙特阿拉伯去世，享年 83 岁
2019 年 10 月 6 日　突尼斯举行总统选举，独立候选人凯斯·赛义德当选新一任总统

后　　记

　　2020年注定是不平凡的一年。一场突如其来的疫情，迅速从武汉影响到全国。中国通过团结协作、齐心抗疫，换来了整体安全。但在3月之后，疫情逐渐在全球蔓延，大有自由发展的态势。病毒没有国界，人类在它面前是一律平等的。不论大国，还是小国，医疗安全被提到前所未有的高度。

　　本书所关注的是一个小国，即地中海南岸的袖珍国家突尼斯。就在本书即将出版之际，突尼斯也是全国抗疫的状态。民众禁足，国门紧锁，举国上下在紧张地等待疫情结束，似乎和世界其他地区没有多大区别。但对于突尼斯而言，这是2019年大选并组建新政府之后面临的第一场大考。10年前，突尼斯发生的政治变革在很大程度上改变了这个国家的面貌。不过，突尼斯历史上的这种例子颇多。1987年，本·阿里推翻了年迈的布尔吉巴总统，为国家发展带来的活力。1961年，突尼斯宣布推行"宪政社会主义"，人们以为突尼斯要经历重大变革。1864年，突尼斯颁布阿拉伯—伊斯兰世界第一部宪法，引领时代潮流。除此之外，突尼斯著名旅游景点还包括大量迦太基遗址、罗马遗迹、阿拉伯风情。哲人伊本·赫勒敦穿越千年的深邃思想，直到今天仍闪烁着真理的光芒。

　　突尼斯就是这样一个充满魅力的国家，令人着迷。西方国家曾经多次将它树立为榜样，向中东和非洲国家介绍"突尼斯模式"。因而，突尼斯有着许多人造"迷思"，难以琢磨。2008年我考入西北大学中东研究所以来，经师友的指点，开始关注并探究突尼斯的种种"迷思"，如今已经10多年，虽然偶有所悟，但迷雾未解。通过这本小书的出版，希望能与国内外同行交流，或者推动相关问题的争论，或许会让一些问题变得更加明确。成书虽然不易，但一想到能在艰难的工作当中有所成就，总令人感到欣喜。

最后，我想对多年来关心我、帮助我、支持我的师友和亲人道声诚挚的感谢！我的老师、同学、朋友、家人，单位领导和同事通过各种方式鼓励支持了本项研究。另外，感谢本书的责任编辑范晨星。范编辑的专业和敬业让人感动，令本书增色不少。

2020 年 4 月 10 日